U0336149

支点

经营制胜的九个关键

田舒斌 著

机械工业出版社
CHINA MACHINE PRESS

图书在版编目（CIP）数据

支点：经营制胜的九个关键 / 田舒斌著 . —北京：机械工业出版社，2023.3
ISBN 978-7-111-72567-1

I. ①支⋯　II. ①田⋯　III. ①企业经营管理　IV. ① F272.3

中国国家版本馆 CIP 数据核字（2023）第 010414 号

支点：经营制胜的九个关键

出版发行：机械工业出版社（北京市西城区百万庄大街 22 号　邮政编码：100037）

策划编辑：谢晓绚　　　　　　　　　　　责任编辑：王　芹

责任校对：薄萌钰　　王明欣　　　　　　责任印制：郜　敏

版　　次：2023 年 3 月第 1 版第 1 次印刷　印　　刷：三河市宏达印刷有限公司

开　　本：170mm×230mm　1/16　　　　印　　张：25.25

书　　号：ISBN 978-7-111-72567-1　　　定　　价：99.00 元

客服电话：（010）88361066
　　　　　（010）68326294

高光时刻是瞬间，苦旅才是日常

在当下的经济社会形态里，几乎每个人都需要选定一个人生目标，选择一种开启个人财富路径的有效范式。

你可以是你意愿中任何一个相对传统的企业组织中的一员，也可以是你的理念导引下的新生代商业组织的创始人。无论你怎样卡位，你的赛道通向哪里，确定性和不确定性都是并存的。

大批企业家的成败验证了一个道理：没有哪一位企业家是可以随随便便成功的，不经历风雨，难见彩虹。开发一款畅销产品，创立一种经营范式，管理一家有价值的公司，履行一份社会责任，可以改变社会，可以改变企业命运，也可以改变自我。只要选择做企业，风雨就会终生相伴。

伟大的企业总是能在各种危机来临时做出合理有效的选

择，伟大的经营者总是能在风雨中成就人生的财富愿景。企业经营者总是会面临难以计数的选择，这时最重要的就是构筑并锚定支点。

对，支点!

古希腊哲学家阿基米德说过："给我一个支点，我就能撬动整个地球。"可见，支点多么重要。

企业的运转是个复杂的系统工程。管理一家企业，关键是构建一个管用的管理体系，以使要素资源有序配置，系统性难题有效解决，对各种市场变数审时度势、适时应对，并形成一种独特的经营哲学和文化，培育一种内生的力量，进而实现公司价值。

构筑并锚定支点，需要研究科技的发展趋势，需要研究数字经济的时代特质和思维范式，需要借鉴伟大企业管理者的经营圭臬，更需要不落窠臼、永无止境的自主创新。

在新华社长达 33 年的新闻职业生涯中，我做过多年财经记者，从事过新闻机构综合管理工作，参与创立过 2G 至 5G 时代手机与内容产品融合的经营模式，主持编撰过中国第一份物联网智库年度报告，有幸直接操盘了新华网股份有限公司转型上市并担任总裁十余年。这些职业经历使我有机会接触海内外众多的优秀企业及一流企业家。这些企业和企业家震撼人心的故事都给予了我心灵滋养，让我在诸多艰辛时刻获得了经营思维的启迪和创新力量的突破。

当下，科技革命的风潮几乎颠覆了所有商业逻辑。我们正身处一个 VUCA 时代，一切充满着易变性（Volatility）、不确定性

(Uncertainty)、复杂性（Complexity）和模糊性（Ambiguity）。

这无疑为占中国企业总数 99% 的中小微企业的经营者带来了一系列认知上的困惑：数字经济时代，企业数字化转型的支点在哪里？企业经营制胜的支点在哪里？如何构筑有效的支点？

在我看来，当今时代，中国的企业家群体是最需要理解和支持的一类人。这个群体承载着国家、社会、企业以及家庭的使命、责任和超常的压力，他们需要一切有利于赢得数字经济制高点的智慧和方法论，尤其是需要认知那些虽九死而不屈的商业先驱创造的经营哲学和文化，从中获取力量。

经营的核心是塑造企业价值，而塑造企业价值离不开构筑并锚定支点。本书应机械工业出版社李奇社长之邀而作，围绕"经营制胜支点与企业价值塑造"这个命题，以求为中小微企业的经营者做一点事情。

本书基于对数字经济的长期调查研究、亲身实践以及大量的案例及数据分析，从经营哲学和文化的视角，集中阐述了由九个支点，即"洞见趋势""锚定赛道""经营模态""思维范式""多维创新""价值再造""利润法则""格局提升""团队塑造"构造的一个均衡的经营体系；而解构这九个支点，所体现的是领导力、战略和执行三大塑造企业价值的底层逻辑，呈现的是企业价值塑造的"命门""罗盘"和"利刃"。

贸易摩擦、前沿科技脱钩，将给经济、科技特别是高科技领域带来一系列连锁反应。"智能 +"趋势攸关中国经济和科技的未来命运。

企业家若能够有效应对、权衡甚至掌控多元冲突，遵循规律，熟悉科技，精进管理，解决好与上述九个支点相关的具有关键意义的问题，把控底层逻辑呈现出来的价值链要素，就有可能掌控开启企业和职业生涯未来的密钥。

　　数字经济正在成为重组全球要素资源、重塑全球经济结构、改变全球竞争格局的关键力量。尽管有各种艰难和干扰，但中国数字经济稳定增长是所有不确定性之外的确定性因素，这是由数字技术迭代创新和中国经济的韧性、市场容量所决定的，而且是不可逆的趋势。

　　当下的中小微企业掌门人需要知道一个道理：在数字经济时代，商业逻辑、经营模式的迭代周期大大缩短。世界上没有放之四海而皆准的经营管理范式，各种依靠时光和价值理念积淀的经营范式都有可能被重构。但事物都是有规律可循的，对特定行业、特定企业、特定经营者而言，关键是选择"合适"的经营范式并笃定地再造新商业价值。

　　在数字经济时代，风口是有的，但不要盲目相信风口，因为在自然界，"飞猪"是不存在的。复旦大学特聘教授、重庆市原市长黄奇帆先生的"妙论"是：能让猪飞起来的可能是龙卷风，猪一旦摔下来，结果会很惨。也不要相信各种财富神话，跪拜所谓的成功者，因为他们成功背后的幸运基本不可复制。再说，那个叫"幸运"的家伙凭什么会看中你？你该做的就是选对赛道、构筑支点，并持久而智慧地奋斗。

　　"艰难困苦，玉汝于成。"优秀企业家的成长史，往往是一部心灵的磨砺史。正如北京大学管理学教授杨壮所云："成功是身体、意志、精神三者的完美统一，在体能上克服极限的人在精神上也极为坚强。"选择做企业，就是选择体验如何在危机状况下把人性的光辉发挥到极致，从而使自己从精神上站立起来。成就卓越经营者的历程，都是生命中的苦旅！

倘若选择做企业，就是选择苦旅，那也就是选择了无休止的挑战。企业的顺境、困境、绝境，可能只是路边的风景；过程中的焦灼、纠结、濒临绝境和成功时的兴奋、从容、高光时刻，可能在瞬间转换。

曾国藩云："心至苦，事至盛也。"做企业，高光时刻总是瞬间，而苦旅才是日常。反过来说，险峰的风光总是无限的，而这值得咂摸的有滋有味的风光，是独属于攀登者的。在这个百变的时代，选择做企业，就是选择挑战自我。因此，"不是乐观主义者，就不要当企业家"。

优秀的企业家，即便身处最黑暗的时刻，也会眼中有光。这背后的逻辑就是掌控支点，经受磨砺，奋力攀登。无论是否登顶，都是真心英雄！

本书是献给为改变命运而选择苦旅的中小微企业经营者的礼物。

感谢在我生命中相遇、相识、相交、相助的海内外企业家、学者朋友！感谢培育我的沃土——新华通讯社，以及与我一起长期经受磨砺、短暂分享荣光的同事！感谢为本书写作提供直接帮助的李奇社长、杨壮教授、张克镇院长、沈阳教授、于德翔董事长、马斌董事长、唐波董事长、赵龙董事长、赵燕董事长、杜力总经理、李永延会长、王兴海总经理、张瑞海董事长，以及机械工业出版社的各位编辑。

    谬误之处，敬祈指正。

2022 年 10 于京城

CONTENTS | 目录

第 2 章

锚定赛道
企业博弈的战略场景　/41

第 3 章

03

经营模态

→ **商业的底座和商业的渠道　/91**

第 4 章

思维范式

数字经济时代的新商业逻辑 / 133

第 5 章

多维创新

冲突是创新的原动力　/ 167

第 6 章

价值再造

多维视角的企业价值链　/ 207

第 7 章

利润法则

数据财富的新商业逻辑　/ 253

第 8 章

格局提升

→ **成功者的修为与淬炼　/ 299**

第 9 章

团队塑造

构筑人力资本基石　/ 347

洞见趋势

掌控正在爆发的变革

- 科技革命的风潮正在席卷我们所处的时代。

- 数字技术群的渗透力、穿透力的叠加效应颠覆了我们曾经熟悉的经营范式，一场数字经济形态主导的经济变革正在爆发。

- 洞察市场演变的逻辑脉络，消费调节市场、驱动市场的时代特征越来越明显。

- 从"互联网＋"到"智能＋"，中国经济正在经历数字化转型升级和高质量发展的阵痛期。

- 数字化赋能实体经济正在成为引爆产业变革的确定性支点。

- 洞察未来产业趋势，适应数字化技术给经济社会带来的颠覆性变革、成就数字经济新生态，是走出阵痛期的解药。

- 企业家只有看清数字经济底层的驱动逻辑，才能够洞见并掌控因科技竞争、逆全球化加剧而发生的变革趋势。

"不确定时代"的确定性趋势

@ 数字经济：在众多"不确定性"中寻找"确定性"

假如回放一下互联网进化的历史性场景，便可知是"数字化生存"的思想启迪了无数人的思维。当年尼葛洛庞帝描绘的场景，曾被认为是无法理解的虚幻或不可能实现的未来，而今天站在"互联网+"向"智能+"迭代演进的时代节点上观察和比较，我们会发现，不仅他描绘的场景几乎完全实现，而且很多现实生活中火爆的网络应用如元宇宙带来的虚拟场景应用等，是他没有也无法预料到的。现实已然远超预测，人们可能需要一本新版的"数字化生存"指南，否则很难理解和驾驭"数字财富"新场景。

基于 2022 年这一时点看经济，不少博眼球的专家学者给出了许多令人眼花缭乱的观点。而最能感知当下经济态势的优秀企业家实际上有自己敏锐的洞察。无论多么炫目的说法，最终都要看增长曲线的验证。在新冠疫情背景下，全球包括中国成长性最好的领域当属数字经济。中国信通院发布的《中国数字经济发展报告（2022 年）》显示，2021 年数字经济规模在中国 GDP 中的占比已达 39.8%，同比名义增长 16.2%。2017～2021 年年复合增长率达13.6%。数字经济已成为中国经济最澎湃的牵引力。

值得特别关注的是，国务院在 2021 年 12 月针对数字经济发布了首个国家级行业"十四五"规划，即《"十四五"数字经济发展规划》，清晰界定"数字经济是继农业经济、工业经济之后的主要经济形态，是以数据资源为关键要素，以现代信息网络为主要载体，以信息通信技术为融合应用、全要素数字化转型为重要推动力，促进公平与效率更加统一的新经济形态"。换言之，数字经济就是新型实体经济，也是当下最可触摸和掌控的商业趋势。

进一步观察，我们会发现，在新冠疫情特殊背景下的信息消费升级，标志着网络经济的消费场景、消费取向、消费范式已然发生了深刻的变化。这大多发端于以 5G+AI（人工智能）为代表的信息技术群正掀起的变革。

如何看待经济的下一程？关键是准确把握趋势。有观点认为，分析当下趋势，最大的确定性就是"不确定性"。逆全球化加剧、高科技竞争日趋激烈和产业链供应链的颠覆重构态势，都加深了人们对这种不确定性的认知。

但值得指出的是，没有任何一种颠覆是回到过去。任何一种不以人的意志为转移的颠覆都将导致价值链和商业生态的重构与新生。

对所有企业的考验是是否具有洞察趋势、洞见未来的智慧。面对"互联网+""智能+"的新时代，我们可以说，虽然有千种困难、万般"不确定性"，但是我国数字经济的美好前景是肯定的。所以，我们应该审时度势，主动求变，选择数字经济及其细分领域确定性的支点，推动信息技术产业化，赢得未来。

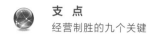

@ "网络化渗透" 加速应用场景迭代进化

在中国接入互联网初期，很多"触网"的公司靠的是一根 1 兆网线连通世界，而现在普通家庭接入的，都已经是千兆光纤。第一部国产 GSM 制式手机 1998 年才诞生，而中国信通院发布的《2021 年 12 月国内手机市场运行分析报告》显示，2021 年全年，国内市场手机总体出货量累计 3.51 亿部，其中 5G 手机出货量达到 2.66 亿台，占手机同期出货量的 75.9%。随着 5G 技术日趋成熟和配套设施的完善，这些数字仍将持续刷新。可以说，每一次信息基础设施的升级，都带来了需求释放，促进了产业演进。基础设施创造的巨大空间，很快被丰富多样的新应用所消化；新应用的快速普及，又反过来对基础设施提出更高要求。如此这般，便形成迭代升级，良性循环。

当下关注数字经济的未来，必然涉及"新基建"。以"钢筋水泥"为代表的传统基建存量基数已很高，而以新一代信息技术演化生成的数字型基础设施为代表的"新基建"却处在起步阶段。可以说，以 5G、物联网、工业互联网、卫星互联网为代表的通信网络基础设施，以人工智能、云计算、区块链等为代表的新技术基础设施，以数据中心、智能计算中心为代表的算力基础设施等，为"互联网＋""智能＋"产业的未来摹绘了广阔发展空间。

数字内容产业是数字经济迭代进化的先锋。历史和实践一再证明，新的信息技术总是首先在信息传播和消费行业落地，不仅自主找到了最直接、最成熟、最广泛的应用场景，也加速了新应用价值扩散的过程。元宇宙的应用风潮比想象中来得猛烈，应用新场景已然超出预期。站在 5G+AI 时代的门口，新技术群带来无限可能，而束缚发展的往往是我们的想象力。

前沿科技与产业深度融合是融合发展的核心路径。许多企业开展了一系列实验，运用卫星技术遥感影像鸟瞰洪灾现场、展现抗疫进程，借助大数据技术实现对热点话题、复杂问题的可视化解读，将 AI 声像分析用于全国两会政府工作报告的数据解读。以消费元宇宙与产业元宇宙为代表的新兴赛道已然火热开启。从技术筛选、场景策划到模拟测试，再到数据可视化，其实都是在为新的场景应用积累经验、探索通路，因为企业家们知道，创造新的应用场景就是创造未来。

@ 5G 定义常驻云端生存方式

中国互联网络信息中心（CNNIC）于 2022 年 8 月发布的第 50 次《中国互联网络发展状况统计报告》显示，截至 2022 年 6 月，中国互联网普及率已达 74.4%，10.51 亿网民人均每周上网时长为 29.5 个小时，平均每天有约 4 个小时工作和生活在网络空间。新冠疫情期间，我们更切身地认识到了互联网的不可或缺，它全方位渗透人们的工作、生活、娱乐，唯一的例外就是睡眠时间。所以说，尼葛洛庞帝于 20 世纪 90 年代提出的数字化生存，在今天已经成为现实。

研判 5G 对生活领域的改变，可以认为 5G 将成为数字经济新引擎，同时在三个维度上推动信息消费业态的深刻变革：一是从传播的时间维度上看，我们可能正在进入一个"常驻云端"的信息环境；二是从传播的空间维度上看，开启新一代的沉浸式体验不仅将成为可能，而且将成为常态；三是从传播的主体维度上看，我们将真正迎来万物皆媒的物联网时代。

当前，得益于互联网技术的发展，科技、传媒、通信等相关行业的关系愈加紧密，发生在互联网领域的变化会直接而迅速地向很多其他领域跨界传导。跨界，不是互相进入彼此的领域，而是共同探索全新的增量空间。在科幻小说中，疯狂科学家的奇思妙想至关重要，而在现实世界中，技术进步则来自无数人的不懈探索。特别是在创新扩散的过程中，群体智慧发挥着重要作用，不同主体间的互动与反馈推动着技术迭代，缩短了创新周期。

从随时在线到常驻云端，我们需要思考的是，人们对美好生活的向往发生了哪些变化，应该提供什么样的服务来满足新的需求。要基于浪潮的走向，而不是风口的变换，来推动信息生产的供给侧结构性改革，构筑面向未来的数字化新业态。新冠疫情迫使我们关了许多道"门"，但数字化探索同时为我们开了许多扇"窗"。譬如线下院线一片惨淡的时候，"移动电影院"正开启连接国内影迷、辐射海外市场的"新院线模式"。正是人们生存方式的变化，让数字文化产业成为大众文化消费的主流形态。

诸多技术环节上的每一个小的改变，需求上的每一个改变，都意味着新的机遇和新的市场空间。

因此，改变即机会，变化即商机，趋势即未来！

数字经济 2.0 时代的价值驱动力

@ 数字经济 1.0 "五个符号" 的价值风向

假如粗略地对数字经济发展的阶段性特征做些分析，不少业内人士倾向于把 2010～2020 年这一阶段称为数字经济 1.0 时代。

围观这一时代，是数字经济从量变到质变的时代，也是最具颠覆性的时代。

构成围观效应的要素包括阿里巴巴等多家互联网公司成功在美上市，以及 2014 年 "光棍节" 淘宝创造的 571 亿元单日交易纪录，甚至还包括小红书、抖音、快手等平台的网络故事。

随着中国网民数量规模超越美国等若干国家网民数量之和，中国的经济社会形态注定将会发生更为深刻的变革。

在这一时代，学界和产业界对于互联网作为驱动新经济发展的变革性力量的认知空前一致。中国数字经济在这一时代则一直被 "破与立" 这对矛盾纠缠着。在 "破与立" 的对立与统一中，发生了数字经济从量变到质变的变迁，浓缩了对于数字经济发展规律的系统性认知。

"破与立"是一个带有哲学色彩的命题，互联网正在或即将颠覆式改造传统行业的经营模式，变革既有社会生产形态的同时，也催生了众多新的行业、职业乃至新的社会生态。过去我们讲解放思想是"破与立"的辩证统一，今天互联网对于经济发展同样是"破与立"的辩证统一。互联网作为科学技术的产物，既是重要的生产工具，代表着先进生产力，也是产业变革的推动力。

互联网进入中国 20 多年带来的全方位深刻改变，尤其是数字经济 1.0 时代的变化，使我们有充分的理由认为，中国的数字经济已然到了从量变引发甚至引爆质变的转型期。

这个判断主要基于以下五个符号。

第一，数字经济形态使中国经济有史以来首次站立在世界前沿方阵。过去 20 年，中国形成了规模庞大且快速发展的数字经济，并为今后 20 年乃至更长时间奠定了上行基础。2022 年 8 月，中央宣传部举行"中国这十年"系列主题新闻发布会，中央网信办负责人披露数据显示，从 2012 年到 2021 年，中国数字经济占 GDP 比重从 21.6% 提升到 39.8%，已是连续多年居全球第二的水平。

第二，孕育了一批世界级的互联网平台公司，对全球网络技术拓展应用场景做出了突出贡献。随着"互联网＋"上升为国家战略，对网络空间释放的政策红利不断加码和升级，产业跃升速度加快，引发全球对中国互联网产业的关注。

第三，网民是成就数字经济的核心要素。互联网人口基数庞大且不断攀升，使中国成为电子商务头号大国。2022 年 11 月，商务部发布的《中国电子商务报告（2021）》显示，截至 2021 年底，中国电子商务服务业营收规模达到了 6.4 万亿，电子商务从业人数达到了 6727.8 万人。中国移动互联网用户和应用规模已领先全球。

第四，互联网打破行业界限，无限地跨界扩展外延，深刻影响着产业和企业的发展走向。新产品、新模式、新业态势如破竹，几乎由日新月异变成"日新日异"。

第五，信息技术变革的周期进一步缩短。在云计算、大数据、智能分析、移动互联网、物联网的广领域、规模化应用的驱动下，信息技术变革周期呈现加速缩短的态势。

数字经济 1.0 时代也可以界定为社会化网络时代、消费互联网时代，以人群联结、信息传递、日常消费互联网化为主要特征。从宏观视角审视，互联网改写了发展模式，重构了经济版图，成为新经济发展的引擎和重要载体；从微观视角来看，互联网意味着千载难逢的创业和创新机遇。

@ 数字经济 2.0 的内在驱动力

迄今为止，对于数字经济 2.0 的研究并没有形成清晰的论点。对中小微企业经营者而言，要想掌控新经济的命门，有必要从各种杂乱混淆、相互矛盾、违背常识的误导性观点中走出来，确立正确的认知。

当下，以"数据驱动、智能交互"为基本特征的数字经济 2.0 时代已正式开启。《"十四五"数字经济发展规划》应是标定这一进

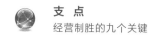
程的最明确信号。企业经营者要掌控数字经济 2.0 的趋势，有必要从四大效应出发认知数字经济 2.0 的内在驱动力。

1. 数字技术群的渗透力、穿透力的叠加效应

自第四次工业革命爆发以来，全球形成了有史以来最密集的科技创新成果，经历了有史以来最密集的技术业态变革。具有底层核心性的云计算、大数据、人工智能和具有应用属性的区块链、AR/VR/MR（增强现实/虚拟现实/混合现实）、元宇宙等构成的数字技术生态系统，渗透经济活动的全领域，改变着商业的业态、模式、价值链，甚至经营哲学与文化。这一生态系统正按照人与人、人与物、物与物的逻辑线延伸、扩展、互联互通，对生活方式、产业模式、商业范式、社会关系等系统性变革产生巨大的推动力。

2. 移动化、社交化生活带来的消费溢出效应

智能手机的功能无限延展和高覆盖率，不仅颠覆了人们的生活方式，而且创造了无所不在的移动化生存场景；社交平台的低成本、广连接、泛交互属性，不仅解放了思想与沟通表达，也催生了信息消费范式的变革。移动化与社交化的融合，正在改变线下场景的商业命运，几乎全时全域消费的商业场景正在向更大范围溢出。

3. 数字化转型与数据化的驱动效应

工业互联网、物联网与消费互联网融合、叠加并快速进入制

造业、流通业等领域，实质性地改变了经济活动的逻辑关系。经济活动和市场行为的数字化转型，使生产力增长模型建构在网络数字技术体系之上，技术赋能于各类企业的时代必然开启全新的财富获得路径。在这个过程中，大规模收集、存储、分析处理、使用数据成为驱动经济的新动能，前沿企业从数据化的价值链上获得商业机会、数据洞察力和数据财富。

4. 智能化、交互化变革的颠覆效应

企业家想要掌控未来的商业形态，就要敏锐洞察全球智能化革命的轨迹。人机交互、体感交互、VR、AR、AI 等技术正在更多的场景下得到应用，云计算、物联网、算力、智能硬件设备等新基建呈现旺盛需求，基于云端的智能制造、智慧医疗、智能驾驶等智慧社会的形态扑面而来。这些都使得智能交互成为数字经济 2.0 的内在驱动力，催生新的商业价值逻辑。智能手机成为渗透率最高的个人随身设备，这几乎颠覆了所有商业的范式。依托于云系统的手机、显示器、音箱等智能交互类技术设备进入生活场景，为用户带来了轻松而舒适的生活体验。

"四大效应"的叠加催生了数字经济新业态，而"智能交互"明显成为数字经济 2.0 的鲜明符号。

回顾尼葛洛庞帝在《数字化生存》中的颠覆性预言，"下个十年的挑战将远远不只是为人们提供更庞大的屏幕、更好的音乐和更易使用的图形输入装置；这挑战将是：让电脑认识你，懂得你的需

求，了解你的言辞、表情和肢体语言"。

"未来已来"，你感受到了吗？

@ 跨界逆袭：打开未来的正确姿势

录像机被 DVD 逆袭、胶卷被数码产品逆袭、通信业被微信逆袭、传媒业被社交平台逆袭、实体店被电商平台逆袭、照相机被智能手机逆袭……跨界逆袭正成为颠覆式创新的一个入口。

中国正处于一个以"代际融合＋迭代提升"为特征的数字经济新阶段。颠覆、碰撞、冲突成为商业的常态，应对的策略就是跨界逆袭、跨界融合。

跨界逆袭、跨界融合的发展模式被着重强调，依托互联网跨产业、跨终端、跨平台、跨渠道的联通融合变成现实，互联网成为数字经济的核心载体和推动新经济前行的驱动力。

在被传统思维范式定义的范畴内寻求突破是一件比较困难的事情，但跨出固有界限看待事物的属性或许别有洞天，正所谓"横看成岭侧成峰"。

在领先技术群推动下的变革越来越呈现出颠覆性特征，审时度势、顺势而为、跨界融合成为企业的必然选择。跨界的商业模式催生了增长的新模式。

从本质上来讲，跨界是一种通过交叉实现跨越的方法论。一个人长期处于特定环境、特定商业氛围里，很容易形成思维定式，但换个角度，将不同学科、不同行业、不同领域之间的要素相互关联，通过资源重组来打破市场供给与分配的固有关系，重构消费市场的价值体系，就有可能产生突破性思路，改变原有商业生态。许多长期无法解决的难题往往是在跨界交叉地带获得突破的。

跨界思维是一种从多角度、多视野分析问题并提出颠覆式创新解决方案的思维方式。跨界的本质在于打破思维定式，破除局限和藩篱，开创新路径。具体分析，经济跨界意味着超越行业界限，科技跨界意味着进入交叉地带。

新能源电动汽车的兴起是对汽车业的一次革命，本质上是造车新势力基于技术迭代打破行业的经验壁垒。汽油车与电动车虽然都是乘用车，但它们在本质上是完全不同的。仅从动力输出模式来看，它们的异同决定了两种车的分野，汽油车拥有十分复杂的燃油动能转换输出系统，而电动车拥有相对简单的电能驱动电机的直接输出系统。在以电动车为主导的新能源汽车行业的赛道上，造车新势力由于少了思维定式、传统经验的束缚，看起来比老牌汽油车企业更加游刃有余一些，并暂时占据领先地位。这不是丰田章男所谓的造车新势力"不讲武德"，而是以老牌汽油车企业为代表的旧势力无法突破传统制造思维，无法适应造车新势力通过跨界思维和跨界实践获得的造车能力的超越。

跨界形成新的挑战，这把"双刃剑"剑锋所指，是从单一向多元的转变，从物理叠加向化学反应的逆袭演进。

消费变革时代的商业逻辑

@ 消费侧发生的蝶变

很多企业熟悉供给侧结构性改革的话题，对"消费侧"的提法也许不甚了解。"消费侧"是与供给侧相对应的经济概念。中国经济之所以出现"供给侧"的课题，是因为中国的消费侧改变了，很多产品积压、滞销，资金无法回笼，导致系统性的失衡和低效益的循环。在这一背景下，我国最高层于 2015 年 11 月正式提出"供给侧改革"这一概念，开始在适度扩大总需求的同时，着力加强供给侧结构性改革，以优化各种生产要素配置，培植新消费市场。

观察中国市场演变的脉络，消费成为主导型市场驱动力的时代已然到来。这不同于曾经的以投资拉动为主的投资、消费、出口"三驾马车"并驾齐驱的时代。

数据显示，中国经济在消费侧发生的改变十分惊人。

先看看消费总量之变。"十三五"以来，中国消费市场规模不断壮大。国家统计局 2022 年发布的经济社会发展成就系列报告显示，2016 年、2019 年，我国社会消费品零售总额先后突破 30 万亿和 40 万亿元；2021 年达到 44 万亿，最终消费支出对经济增长的贡献率为 65.4%。消费成为经济增长的第一驱动力。

再来看结构之变。除了消费总量维持高增长外，居民的消费结构也呈现出多样性和多元化。如服务消费占比提升，居民消费结构中教育体育、文化娱乐、医疗保健支出占比上升；智能化家居生活渗透到中等收入群体和 80 后、90 后群体中，通信、影视、游戏类电子产品消费大幅提升，其零售额增速持续高于总体商品零售额增速；电商平台"网红经济"活跃，直播带货创造的线上消费新业态捕获了消费者线上消费的欲望和体验，数字经济渗透率快速提高。

　　最值得关注的是质变轨迹和质变趋势。中国经济在最近的 20 余年里发生了三次质变。2001 年中国加入世界贸易组织（WTO）开启了贸易全球化进程，"中国制造"呈现高速增长；2008 年的"三驾马车"的切换开启了投资拉动的经济周期，国际资本、国内资金对基础设施和技术创新的投资呈现快速放量态势，投资成为重要的增长驱动力量；而在 2020 年构建"双循环"新发展格局的背景下，增长动力模型发生了前所未有的蝶变，主要特征是消费市场规模进一步壮大，消费结构出现重大变化，消费升级牵引产业升级的趋势明显。2022 年 1 月，国家统计局发布的核算结果显示，2021 年最终消费支出对经济增长的贡献率为 65.4%，拉动 GDP 增长 5.3 个百分点，消解了全球化趋势下行背景下国际贸易和投资增长趋缓带来的阻滞，成为中国经济的"扛把子"，成为下一个周期的增长引擎。

　　经济专家认为，"双循环"主导下的"十四五"期间消费升级趋势将持续。核心原因是"双循环"作为"十四五"规划的主要出发点，将不可避免地涉及土地、资本、劳动力、基础设施、科技创新等诸多生产要素的制度性改革。这一改革态势将持续一轮较长周

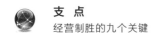

期，并将带来一系列深刻的影响，比如经济稳健增长、居民收入水平持续提高、公正与效率相协调、共同富裕等社会性再分配制度改革缩小低收入群体规模，中等收入群体有望进一步扩大等，这些改变必将带来消费结构的调整，促使消费向高品质方向升级。

观察与消费密切关联的两个标志性节点，其意义显而易见：

其一是中国即将进入高收入国家行列。2021 年中国 GDP 增速为 8.1%，人均 GDP 达到 80 976 元（按年平均汇率折算，约为 1.26 万美元）。根据世界银行 2022 年 7 月 1 日公布的高收入国家最新标准，人均国民总收入（GNI）设定为 1.32 万美元，中国的 GDP 和 GNI 正在接近这一数字。

其二是"十四五"期间预计中国消费市场将进一步扩大，有可能成为全球第一大市场。随着中国消费市场日趋成熟，中美消费市场规模差距将不断缩小。2022 年 2 月，国家统计局发布的《2021 年国民经济和社会发展统计公报》显示，2021 年中国社会消费品零售总额已经达到 44.1 万亿元，比 2020 年增长 12.5%（按年平均汇率折算，总额约为 6.83 万亿美元，人均约为 0.48 万美元）。而美国商务部有关数据显示，2021 年美国全国消费品零售总额为 7.41 万亿美元，人均约为 2.22 万美元。总体来说，如果以美元计算，中国的消费市场要比美国小一些，但若以购买力平价计算，中国的消费市场则比美国要大。未来，考虑到中国经济增长和社会消费品市场的增长潜力，预计中国在"十四五"期间有可能超越美国，在规模上成为全球第一大消费市场。

@ 消费行为迭代升级的三大核心特征

几乎所有观察分析经济走势的专业研究报告都倾向于得出一个结论：由于居民人均可支配收入持续增长，庞大的消费者群体正在发生群体消费行为的迭代转型，而这一现象将推动中国进入较长的消费升级周期。

通过对行业统计、消费结构、电子支付、用户画像等进行大数据分析，可以简单地归纳出三大核心特征。

第一，消费主体转变为"中等收入群体"+"80后、90后群体"，消费理念倾向于时尚化、个性化、高品质。

中国社会商品消费增长的"买单主力"或"消费动力"究竟是谁？

显而易见的消费现象是总数约4亿的"中等收入群体"转变为"品质一族"。"中等收入群体对享受型、消遣型商品关注度高，更注重品质消费，价格不再是唯一的衡量指标"。戴德梁行有关专业市场人士分析认为，"在消费行为层面，中等收入群体追求存在感、参与感、仪式感和幸福感，追求极致体验、个性化和精神享受，而不再单纯满足于物质层面，对精神层面消费需求更高"。同时，中等收入群体呈现出"高品质消费领域拓宽"的态势，品质化生活成为他们共同的追求，并且对各个品类消费品的品质升级皆有追求。

从中等收入群体总体来看，与生活质量直接相关的家用生活类消费品是他们优先考虑升级的品类；智能式生活管理融入生活，贴

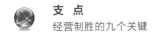

心、聪明、便捷的智能产品加速渗透家庭。从高档住房、智能家电、汽车到数码 3C……需求日趋旺盛，表现出中等收入群体对品质生活的热烈追逐。

同样显而易见的消费现象是 80 后、90 后群体成为拉动消费市场的"主力军"。20 世纪八九十年代出生的居民目前正是处于三四十岁的"黄金年龄"人群，伴随着这一群体逐渐成为拉动消费市场的有生力量，中国市场将延续对全球企业的消费魅力。

消费大数据分析显示，80 后、90 后群体，尤其是被欧美国家定义为"Z 世代"的 1995～2010 年出生的群体，消费行为与前几代人明显不同，概括起来有三个主要特点：寻求个性消费、时尚消费；追求品质消费、品牌消费；倾向于体验消费、超前消费。

还有一个值得研究的消费现象是中国国民消费机制的变迁。伴随着中国经济发展水平的提高，中国国民个人可支配资金大幅度增加，奠定了庞大的消费力基础。中国出于经济增长的需要而对消费实施的鼓励、促进和供给侧结构性改革，从需求和市场两方面共同促进了消费升级，相应地，也促进了消费品类的增加，以及产品品质和服务质量的提升。这种既有消费能力又有消费意愿的局面就推动出现了消费升级的大趋势和更大的消费升级空间。持续升温的海淘、全球购也表明中国对品质消费的要求将持续较长时期。

第二，"服务型消费"增长快于"商品型消费"，促进消费结构呈现出向"精神文化型"消费扩张的态势。

有数据显示，从 2017 年开始，中国的消费结构出现了一次大改变，消费市场对服务产品的购买力迈入升级通道。分析人士认为，这是消费结构从"生存型"向"发展型"升级转变的一个信号。很多人不仅仅为满足物质性刚需而消费，在自我提升、人际交往、休闲娱乐、健康保养、子女教育、家政上的消费意愿也增强了，支出明显增加。

中国市场"消费升级"的内涵开始逐渐从单一的物质产品的种类数量和品质质量升级转向服务属性升级，正好契合了全球范围的服务贸易生长的态势。世界贸易组织界定了服务贸易的十二大领域，包括商业服务、通信服务、建筑及相关工程服务、金融服务、旅游及旅行相关服务、娱乐文化与体育服务、运输服务、健康与社会服务、教育服务、分销服务、环境服务及其他服务，这些几乎都是中国经济高速度增长的赛道。

消费升级呈现出精神消费升级的特征。当年欧美发达国家在人均 GDP 达到 5000 美元后，居民的消费开始转向以精神文化消费为主的阶段。中国的中等收入群体在物质消费比较充足的背景下，相应地更加注重商品和服务的文化内涵，对能够彰显个性的稀缺性、独特性元素的购买需求大幅度上升。特别是 40 岁左右的新一代中等收入群体的精神消费也在进一步升级，其特征就是消费情怀、情调，愿意为各种打动人心的情怀、情调买单，也愿意为"喜爱"而非"需要"买单。

分析人士解析，这类群体的消费体现未来主义价值取向，其不再重复上一代对欧美老名牌的狂热，而更多体现为喜好具有时代感、科技感、文化感、个性化的新兴名牌；新一代中等收入群体的消费理念已越来越排斥"贵"即是"好"的简单逻辑，开始转向"感觉、体验、服务、文化"为一体的新消费潮流，这种情愿为体验、情怀、服务和幸福感等买单的精神型、未来型消费空间将越来越大。

很明显，这种消费结构的变革将是商业模式变革的先导！

第三，消费侧升级驱动供给侧商业模式加速变革。

经济学原理告诉我们，通过市场实现商品的消费功能，这是所有企业、所有产品的价值归宿。消费升级本身也是一个驱动供给升级的过程。

毋庸置疑，消费升级趋势推动着商业模式的变革和创新，特别是催生各种类型的供给侧平台从供应效率、技术工具、货品布局、金融服务、运输配送等多个环节入手，在信息、渠道、资源、物流等多个环节降本提效，从而优化、再造创新型产业链，适应消费侧的需求。

电子商务发展的数据验证了这一观点。专业机构的市场分析报告表明，竞争惨烈的电商平台最终通过制造在线化、产地品牌化、流通智能化和本地服务的网络化，实现整体流通链条的数字化升级。这使得中国电商具备了强大的网络交易实现功能，催生了云端支撑、数据驱动、智能配货、智能物流、信用支付等新的商业供给范式，也使中国建成了便捷、高效、安全的全球规模最大的互联网经济体系。

@ 价值升级：消费升级背后的密码

消费升级一般指消费结构的升级，是各类消费支出在消费总支出中的结构升级和层次提高，它直接反映消费水平和经济发展趋势。有学者指出，"消费体制升级"是中国经济平稳运行的"顶梁柱"、高质量发展的"助推器"，更是满足人民美好生活需要的直接体现。

在市场经济条件下，洞察消费的逻辑变迁是企业的重大课题。消费是所有经济活动的结果，企业投入成本、费用实现消费，方得以产生现金流，继续下一轮财富循环。

时代风云变幻，市场波诡云谲，企业家需要仔细体会当今社会消费者如何消费，需要重新认知消费为何升级和如何升级。

依照大数据定量分析，中国消费市场成熟期大约出现在"十三五"期间。一个佐证是在此期间出现了"剪刀差"。另一个佐证是中国银联联合京东金融共同编制的《2017年消费升级大数据报告》。这份报告随机抽取了银联及京东网络40万活跃样本用户，通过对双方数据的交叉分析，追溯了近三年的消费轨迹，围绕人群结构、地区结构、消费能力、消费品质、信用消费五个维度，分析了我国消费出现的结构性变化，阐释了零售消费呈现出以从注重量向追求质、从基础性向中高端、从有形产品向更多服务消费等为主要内容的消费升级态势。

中国的"消费市场成熟期"可能是一个相对乐观的长周期，庞

大的人口基数、人均收入水平提高、稳定增长的中等收入群体支撑起了这个消费市场成熟期。这是属于这个时代的红利，也是属于这个时代的企业家的红利。

"消费市场成熟期"意味着主流消费人群追求更理性、更持续、更健康、更安全的消费。在这个周期里人们的消费不仅体现出了"花更多的钱"的"量变"，也体现出了消费理念升级的"质变"。

以信息消费升级为例，信息消费升级的根源是知识产品成为时尚消费品。一个引领时尚的消费圈层，首先是一个知识升级、理念升级的群体，没有知识和理念的升级就不可能有消费力的升级。为知识产品付费成为财富风尚，《纽约时报》付费数字订户数超过800万，喜马拉雅音频付费下载量高速增长，一部爆款电影获利超过一家中型企业的年利润，成都小伙俞宸睿（老鱼）做机关人偶装置获利颇丰……这些案例表明，知识产品已经不是纸上谈兵的噱头。知识产品蕴含着丰富的知识、技巧和智慧，从新技术 XR（VR/AR/MR，或多种技术的组合）、AI、动漫等的系统性应用，到审美、体验、互动等，是具有相当学习力的群体的创意、创新和创造的新型生产力组织模式，蕴含系统性商业新思维。

再以现象级的"商业国潮"为例，国潮背后是追求文化价值认同。国潮代表了文化消费领域的消费升级趋势。2022 年 6 月，新华网联合得物 App 发布的《国潮品牌年轻消费洞察报告》显示，相比十年前，国潮热度增长超 5 倍，78.5% 的消费者更偏好选择中国品牌；而在国潮品牌消费中，90 后、00 后成为绝对主力，贡献了

74% 的消费额。故宫文创让古董"卖萌"、汉服携手二次元、古乐器演奏流行音乐，用 AR/VR 展示博物馆文物重器、NFT 数字藏品等，国潮赋予"传统"以"现代"意蕴，使"古董"融入"当代"生活，催生了全新的商业范式。

"Z 世代"消费观背后也是青年一代价值观取向的裂变。追求个性舒张、悦己主义的文化价值链条既能锻造、成就无数青年一代的创业梦想，无疑也将会带来无法想象的商业投资机会。

被英国《经济学人》杂志评为"全球五位管理大师"之一，也被誉为"日本战略之父"的大前研一，曾经根据日本的后泡沫经济时代出现的消费低迷现象提出"低欲望社会"的概念。总有一些学者在市场销售出现短期波动时强调"低欲望社会"的概念，但中国已经成为仅次于美国的世界第二大消费市场，将会运用多重手段避免陷入"低欲望社会"的陷阱。

信息革命与"智能 +"颠覆

@ 信息革命视野下的人工智能

未来学家雷·库兹韦尔（Ray Kurzweil）预测，"由于技术发展呈指数式增长，机器能模拟出大脑的新皮质。到 2029 年，机器将具备人类的智能水平；到 2045 年，人与机器将深度融合，那将标

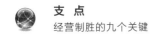
志着奇点时刻的到来"。对这种极端乐观的预言，我们可以姑妄听之；但对汹涌而来的人工智能浪潮，绝对不能采取无视的姿态。

曾经只能在电影中看到的人工智能，如今已经在现实中无所不在。面对汹涌巨浪和空前繁荣，我们需要用历史的视角和发展的眼光认真审视，理解这一引领未来的战略性技术，把握好新一轮科技革命和产业变革的核心驱动力。

纵观人类科技发展历程，18 世纪开启的第一次科技革命，推动蒸汽时代来临，蒸汽机解放了人力；19 世纪开启的第二次科技革命，使机械能与电能实现相互转化，动力层面的技术进一步迭代；20 世纪开启的第三次科技革命，打破了时空的障碍，用计算机和互联网将人们联系在一起；而正在展开的 21 世纪第四次科技革命，探索出了基于深度学习、赋予机器以"智力"的人工智能技术。

从新兴科技的发展成熟及其引起的社会变化来看，人类科技史呈现出"加速度"的发展趋势。《第三次浪潮》的作者阿尔文·托夫勒（Alvin Toffler）曾指出，"第一次浪潮历时数千年；第二次浪潮至今不过三百年；今天历史发展速度加快，第三次浪潮可能只要几十年"。如今，新一轮科技革命已进入"成熟酝酿期"，革命性突破蓄势待发。在这中间，人工智能是最耀眼的瑰宝。

从 1956 年的达特茅斯学院会议算起，至今人工智能已经走过66 年。从理论萌芽、概念构建到落地应用，经历两次寒冬，过程起起伏伏。进入 21 世纪以来，随着大数据技术的发展、深度学习的出现、算力的提升，人工智能的潜力越发被人们重视。当前，随着学科发展、理论建模、技术创新、软硬件升级等整体推进，新一代人工智能终于实现质的蜕变，迈入全新阶段。通过与各行各业形成协同配合，人工智能正深刻改变着人们的生产方式、生活方式、学习方式，推动经济社会各领域从数字化、网络化向智能化加速跃升，帮助人类社会逐步从动力赋能、信息赋能走向机器智慧赋能的新阶段。

生产力的发展史，就是人类通过技术进步不断解放自己的过程。沿着历史的脉络，人工智能将进一步释放历次科技革命和产业变革积蓄的巨大能量，形成对人类体力的替代，帮助人类从或简单重复，或危险繁重的劳动中解放出来，实现人力资源的更优配置。而从现实角度看，2017 年国务院印发并实施的《新一代人工智能发展规划》就已经对战略态势做出了精准判断，认为人工智能将成为国际竞争的新焦点、经济发展的新引擎，也将带来社会建设的新机遇。

或许我们正处在经济转型的一个关键临界点上，人工智能就是帮助我们越过分水岭的关键力量。

@ 技术群的协同进化

我们必须意识到，当谈到人工智能的时候，并不只是在讨论单一的人工智能技术。

自 20 世纪 50 年代以来，学界和业界对人工智能的理解各执一词，科技和商业的多元化发展也导致人们对人工智能的定义五花八门。简单来说，根据人工智能的应用，可以分为专有人工智能、通用人工智能、超级人工智能；根据人工智能的内涵，可以分为类人行为、类人思维、泛智能；根据人工智能的能力，可以分为侧重"快速处理"或侧重"自主学习"。但更重要的是要意识到，如果将"新一轮科技革命"看作一个整体，人工智能在其中并非孤军奋战，而是以其驱动性、带动性、引领性而与其他前沿科技发生着互融互动的横向联系。

近年来人工智能在全球蓬勃发展，很大程度上得益于信息技术群进入密集成熟期。名为 ABC 的组合声名鹊起，它代表的人工智能（AI）、大数据（Big Data）和云计算（Cloud Computing），在很大范围内被认为是新科技的代表。究其原因，一方面，它们各自本身就是一个技术合集而非单一技术，其中就有不断推陈出新的部分；另一方面，三者之间存在相辅相成的关系，当三者协同起来发挥作用时，它们就变得更加强大。

以大数据为例，由阿里云研究中心、波士顿咨询等联合推出的报告指出，人工智能的三种主要技术都需要专有类型的数据：机器学习，例如计算机视觉、情感分析、自然语言处理等技术，需要大量的标签样本数据；模式识别，例如文字、语音、指纹、人脸等识别技术，则偏重于信号、图像、语音等非直观数据；人机交互，例如智能机器人技术，则需要积累大量的用户数据。可以说，互联网催生了大数据，大数据催生了人工智能。

所以当我们谈论人工智能时，谈论的其实是当下科技发展的全部前沿创新。智能化不只是人工智能，5G、大数据、云计算等模块的成熟能够为人工智能发展提供更充足的"养料"，在整个技术群的共同支撑下，人工智能技术才开始走向产业化落地。未来，更多新兴信息技术与人工智能相互促进、相互融合，必将突破现有智能技术的能力瓶颈，涌现更多综合应用和应用场景驱动的技术创新。这也提醒我们，在思考数字经济现实与未来的时候，应当把视野拓宽到人类科技发展的全面图景上。

@ 科幻剧的现实版本

目前仍然有很多人认为，人工智能更多是一种概念炒作而远非现实。但事实上，人工智能已经逐渐渗透各行各业，广泛应用到制造、医疗、交通、家居、安防、网络安全等多个领域。正如毕马威的研究报告标题所示，"人工智能无所不在"。

人工智能能够引领这一轮科技革命和产业变革，在于其强大的带动性和溢出性。从艾瑞咨询绘制的 2020 年中国人工智能产业图谱（见图 1-1）中也不难看出这条赛道空前繁荣，在应用层有大量企业面向不同行业提供服务：在智能制造、智能服务等领域推动经济高质量发展，在智慧医疗、智慧教育等领域服务人民美好生活构建，在智慧政务、智慧城市等领域助力治理能力现代化。产品设计、产能补充、风控安全、管理调度、人机对话、远程作业、大数

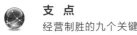

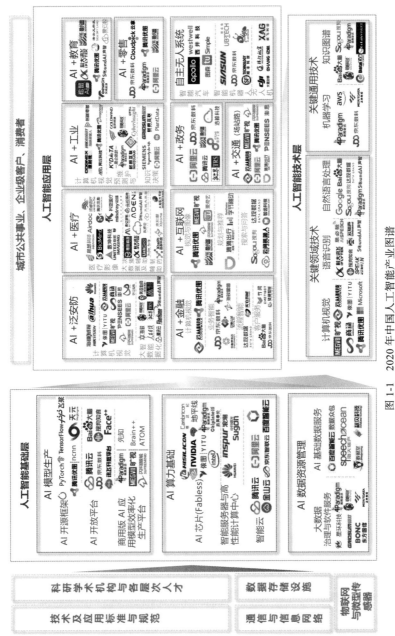

图 1-1 2020 年中国人工智能产业图谱

注释：以企业主营业务为主。图谱中所展示的公司 logo 顺序及大小并无实际意义，不涉及排名。

资料来源：艾瑞咨询根据公开资料研究绘制。

据研判……人工智能广泛渗透经济生产活动的主要环节；感知、认知、决策、执行、高复杂度计算、多因素推理、工作助手……人工智能在各种场景中发挥多元价值。

可以说，技术与应用螺旋上升，科研与市场相互促进，人工智能已经从纯粹的技术转变为对经济、社会和生活有着全方位影响的重要因素。科幻已经走进现实。关于未来，腾讯研究院院长司晓在发布《腾讯人工智能白皮书：泛在智能》时如此畅想："未来，智能技术会是一个渗透生活、无所不在的状态，可以说它很重要，因为万物都会依赖于它；也可以说它不起眼，因为智能技术化为无形，融于万物之中了。"

引爆产业变革的"三大原动力"

经济学对全球经济各发展阶段演变规律的分析，为当下观察经济变革的本质特征提供了一个很有价值的视角。特别是"康波周期"[⊖]，揭示了经济变革周期的起点和终点，尽管当代世界技术变革日新月异，缩短了起点与终点的间隔，但"康波周期"依然有生命力。

英国管理思想大师查尔斯·汉迪有关经济增长的"第二曲线"

⊖ 俄国经济学家尼古拉·康德拉季耶夫提出的"康波周期"认为，由科学技术发展驱动的经济，以40～60年为一个经济波动周期，以创新性技术变革为起点，分为繁荣、衰退、萧条、复苏四个阶段。

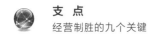

理论同样很有价值。他认为一切事物的发展都逃不开 S 形曲线，即"第一曲线"，但任何一条增长曲线都会面对增长极限的压力，所以一定会掉头向下。而获得可持续增长的秘密是在第一条曲线消失之前开始一条新的 S 形曲线，即第二曲线。第二曲线的选择要根据企业所处的方向和产业大势来确定。

对正处在攀升阶段的企业而言，需要认知数字基础设施投资将带来哪些赛道的产业机遇，需要驾驭新兴技术成熟度曲线中哪些类型的技术能赋予企业新的能量，需要决断哪些是真正能够赢得未来的引擎。

分析得出，"新基建""数据化""前沿技术"这三大原动力将无可争辩地影响企业对投资风口的驾驭，也将决定企业未来的命运。

@ 新基建：酿造重大产业变革的"酵母"

企业家若看不清基础设施资金投向的脉络和包含其中的逻辑要素，就可能错过一个时代提供的机遇。原因在于基础设施资金投向是观察经济大势的"风向标"，恰如"第三次工业革命"预言者杰米里·里夫金所言，"基础设施投资是重大经济变革的关键"。

改革开放初期，中国乡村农家院墙上随处可见"要想富先修路"的标语。那个时期资金密集投向高速公路、机场、码头、制造业、通信、高铁等领域，不仅引领中国数十年的发展潮流，成就了中国世界第二大经济体的地位，而且成就了一批具有全球竞争力的中国企业。

随着 2020 年 3 月有关"新基建"的一系列政策密集出台并正式进入布局，中国经济呈现划时代的"转折点"。有学者认为这是"扭转全球化颓势的国家战略举措"，是有别于传统基础设施的新型"国之重器"，也势必引领中国下一程发展潮流，成就新一批非凡企业。

"新基建"涵盖七个领域，包括 5G 基站建设、特高压、城际高速铁路和城际轨道交通、新能源汽车充电桩、大数据中心、人工智能和工业互联网，渗透数字经济的各个关键环节，本质上是建设以 5G、人工智能、工业互联网、物联网为核心的国家数字化"底座"，让传统产业乘上通向"万物互联互通"时代的高速铁路。

杰米里·里夫金认为，新一代基础设施由三个相关的网络构成，它们是通信互联网、能源互联网和物流互联网。在物联网这个单一互动系统中，通信互联网、能源互联网和物流互联网相互交织，互为依托，提供有关社会上往来的大数据流，使很多商品或服务的边际生产成本及交易成本趋近于零。

围绕新技术革命展开的每一次重大创新的跨界应用，都有可能带来一次裂变效应，这是科技改变社会、改变生活，也改变企业乃至科技人才自身命运的简单逻辑。中国"新基建"的裂变效应将至少体现在三个层次上：更宽广的投资新领域、更有效的投资新机制、更广泛的投资新主体。

"新基建"预示着数字经济将成为中国经济大势。经济学家认为，信息技术革命性变化带来的每一个成果都会成为新经济的推

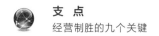

手，而考验企业家的不只是加速完成企业的数字化转型，更要紧的是寻找、挖掘、创造新技术的应用场景。以变革性技术 5G 为例，其使万物互联的本质特征将催生难以计数的应用，而应用的痛点、关键点、支点都将集中在应用场景创新中。

@ 数据化：赋能实体经济的"支点"

一位年过六旬的知名企业家曾说："干了一辈子企业，越来越难捉摸企业该怎样经营了。"这句平常的话，从侧面反映了一个普遍的认知问题，即企业家当下面临着对产业生态变迁认知的严峻性与对产业新生态如何适应的恐慌。

那么，产业生态发生了怎样的变革？

数字时代的前沿思想家埃里克·布莱恩约弗森（Erik Brynjolfsson）、安德鲁·麦卡菲（Andrew McAfee）在《第二次机器革命》中描述道："与以往相对单一或特定领域技术革命不同的是，当今人类正在进入一个信息技术、生物技术、新能源技术、新材料技术等交叉融合，技术环境和基础设施深刻变化，进而可能带来经济社会发展指数级增长、数字化进步和组合式创新的新时代。"

畅销书《失控》《必然》的作者、《连线》杂志的创始主编凯文·凯利更是预测："未来你做的所有生意，不管是房地产、医药、化工还是教育生意，都是数据。"

所有实体企业应对未来变局都需要新的能量，而能够赋能的就是数字化。企业家如果看不清数字化的本质和趋势，就可能错过可以增强自身能量的时代机遇。

"以信息技术为代表的数字技术是当代最具有颠覆性的成果和应用。中国利用这一技术变革的机遇实现了一次蜕变，也将依靠自身补短板的过程实现再一次蜕变。"这种认知越来越成为多数人的共识。

在接入互联网的 20 多年里，中国的数字化完成了信息基础设施、互联网普及率、互联网服务平台三项突破，使数字经济在 GDP 中的占比达到 39.8%，成为持续 10 多年的经济增长驱动力。

尽管如此，中国经济仍在经历转型升级和高质量发展的阵痛，而解药就是适应数字化技术给经济社会带来的颠覆性变革，成就数字经济新生态。

数字化赋能实体经济正在成为引爆产业变革的最重要支点。其中蕴含着以下三层逻辑。

第一层：实体经济数字化转型。

10 年前，IBM 率先提出以"应用数字技术对企业业务流程进行集成优化和提升"为内涵的数字化转型理念，主张应用数字技术重塑客户价值主张和增强客户交互与协作。10 年后，中国政府的政策是"以数字化转型整体驱动生产方式、生活方式和治理方式变革"。

"未来几十年，新一轮科技革命和产业变革将同人类社会发展形成历史性交汇……信息技术成为率先渗透经济社会生活各领域的先导技术，将促进以物质生产、物质服务为主的经济发展模式向以信息生产、信息服务为主的经济发展模式转变，世界正在进入以信息产业为主导的新经济发展时期。"这一权威表达表明，数字化转型的核心是发展方式的转变，主要聚焦于推动传统业务体系创新变革，形成数字时代新商业模式，开辟数字化发展新空间，将适应物质经济的发展方式转变为适应数字经济的发展方式，创造数字经济新价值。

对企业而言，要遵循的实践路径就是：顺应新一轮科技革命和产业变革趋势，应用云计算、大数据、物联网、人工智能、区块链等新一代信息技术，优化业务和管理流程，实现企业生产要素的数字化连接，激发数据要素创新驱动潜能，使企业获得信息时代生存发展必备的"第五种生产要素"——数据。

第二层：数据化赋能实体经济。

"数据化"（或"网络化"）是对"数字化"的提升。如果说"数字化"阶段主要聚焦于利用数字技术实现企业内部资源综合配置优化和业务流程集成优化，那么"数据化"阶段则主要聚焦于通过人、机、物的开放互联，实现跨企业资源和能力的社会化动态共享和协同利用。

"数据化"的本质是向数据索要生产力，通过整合所有相关的资源和条件，进而拥有数字经济时代所需的新型能力。未来型企业都将具备良好的数字能力，企业能力体系也将演变升级为数字能力体系。

企业建构数字能力的目的在于支持企业内部以及企业之间的生产要素流转、社会化协同和商业价值实现，通过企业数字链模型化、模块化、平台化、可视化等大数据平台化功能，实现让内外部资源动态匹配、业务按需协同，以及智能产品群、产品全生命周期、产品全价值链等多维服务按需提供的业务场景，构建和形成基于平台级能力的价值网络多样化创新模式，获取产业链、供应链乃至价值链整体的成本、效率、质量、产品和服务创新、用户连接与赋能等方面的价值效益和竞争合作优势，通过满足用户个性化、全周期、全维度需求，扩大价值创造空间。

第三层：数据驱动智能经济。

通过网络化实现企业生产经营要素"数据化"，为数据驱动商业活动、实现智能经济提供前提。

观察 IBM 等企业的运作范式，可以看到数字化转型成功的标志是成为数据驱动型企业。为此，企业需要构建一个支撑数据驱动型商业机构所需数字能力的中台系统，这个具有枢纽价值的中台涵盖业务流、客户流、信息流、现金流和决策层的组织治理意图。数据技术侧注重业务的基础性资源和能力的平台化部署，支持按需调用，OT 网络与 IT 网络能够实现协议互通和网络互联，基于企业内、企业与企业之间的全要素、全过程的数据在线自动采集、交换和动态集成与共享。而数据管理侧注重关键业务在线化运行、核心能力模块化封装、共享应用和治理机制体系，进而实现数据、技术、流程和组织等四要素的平台化协同、服务化延伸、个性化定制等业务

模式创新。

伴随企业与企业之间实现数据化的过程，"智能化"阶段主要聚焦于利用物联网、数字孪生、智能工具、虚拟现实、增强现实等实现全社会人与人、人与物、物与物的智能交互与赋能，支持全要素、全过程、全场景的资源、能力和服务的按需精准供给，最终形成智能经济形态。

数字化转型的终极目标是通过数据化实现"智能+"商业时代。可以说，数字经济的痛点是数字化转型，数字化转型的痛点是滞后的理念和落后的社会数据化水平。

所有实体企业的颠覆性机遇就在于把握"数据价值、数据能力、数据驱动"的数字化转型内在逻辑，快速转型为新实体经济模式。

@ 前沿科技：掌控趋势的"思维钥匙"

前沿科技是引爆生产力变革的引擎，是决定国家和企业未来方向的核心因素。对这一点无须做冗余的论证，重要的是如何洞察科技趋势，洞悉痛点和拐点，洞见未来商机。

通过案例分析可以得出掌控前沿科技需要的以下五把"思维钥匙"。

1.拥有对前沿科技的执着信念

一些发达国家的经济之所以强大，一个无比重要的原因是有一批"活着就是为了改变世界"的科技精英。

中国国力之所以能实现跃升，一个无比重要的原因是有一批科技精英在高科技赛道上坚韧地追赶。正如任正非"为人类做贡献""在中国的土地上与欧美先进企业一决高下"的坚定信念，牵引着华为公司实现历史性突破。

企业家倘若缺乏对前沿科技的热爱、情怀、信念，将失去拥抱未来的勇气，也必将错过布局、错过未来！

2. 科技突破是最硬核的突破

决定企业伟大与否的最硬核标准，是在高科技领域能否取得突破，尤其是一些颠覆性突破。

很多企业家至今仍然很疑惑，为什么世界科技史上会刻下"任正非现象"和"马斯克现象"的烙印。

仔细分析后发现，支撑这一现象的内核还是颠覆性创新，"颠覆性创新＝认知突破＋科技突破＋模式突破＋格局突破"。

只是现象级的科技突破在中国依然不够，整体性的科技实力提升依然是中国最紧迫的课题。

3. 高新技术的财富叠加效应最显著

真正的高新技术是可以直接利用并能够在现在或将来转化为商品，形成产业，创造巨大经济效益的技术，因此，伴随高科技的人才密集、投资密集、技术密集、知识密集特征的经济效应是产出密集。

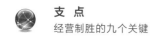

国家科委原主任宋健曾提供了经济部门对工业制造领域研究的结论：传统的手工业方式，人均年产值只有几千元；传统的工业生产，人均年产值可以达到几万元；只有高新技术产业，人均年产值才能高达十几万元乃至几十万元、几百万元。

当中国企业家的产业观是"科技型"产业观的时候，中国必将迎来科技实力最强的时代。

4. 数字技术是全球竞争格局的主要塑造力量

在过去十多年间，数字技术给社会经济生活带来了超乎想象的巨大变革，当下这一变革趋势仍在继续。

数字经济的高成长性昭示：驱动我们的生活和经济发生变革的主要力量是数字技术。

数字技术在给企业带来极大利益的同时，也带来了持续性、颠覆性改变。不论企业被迫转型还是消亡，都可能是一种不以人的意志为转移的常态。

企业家只有凭借对数字技术和社会发展趋势的精准研究，适应数字化生存，方可决胜数字经济时代。

5. 前沿科技虽有"门槛"但并非高不可攀

根据有关资料，被多数国家认同并列入21世纪重点研究开发的高技术领域，包括信息技术、生命技术、新能源与可再生能源技术、新材料技术、空间技术、海洋技术等。而这几个高技术领域拥有"七个密集"的特征，分别是人才密集、知识密集、技术密集、资金密集、风险密集、信息密集和产业密集。

高技术并不可怕，只有体验过跟跑和并跑的滋味，才能更好地感受领跑的感觉。

从全球高科技发展态势看，中国与欧美当前正处于比较优势转换周期，中国企业在前沿科技领域追赶、替代、突破、领先的节奏会赋予企业新的能量。

锚定赛道
企业博弈的战略场景

- 博弈是企业战略的本质属性之一，其目标无非是应对"丛林法则"并获得竞争优势。

- 围绕竞争优势这个命题，企业家要思考一些深层次问题：哪些是管理层面解决的问题，哪些是战略层面解决的问题。如果将二者混淆，则可能导致企业"内卷"，甚至陷入"囚徒困境"。

- 企业确定性增长可能靠管理的效应，但裂变式持续性增长则更多倚重企业对趋势和战略机遇的研判能力、对赛道的掌控能力。

- 世上没有一成不变的事物，商海也没有永恒的生意。

- 遴选并锚定赛道，适时扬弃、转换赛道，都是事关企业生死存亡、兴盛崩塌的大事，不可掉以轻心。

- 在趋势面前，是顺势而为，还是逆势而动？这是一个需要深思和决断的问题。

赛道选择与转换的底层逻辑

@ 选赛道就是从周期性中看趋势

"谁能知道'黑天鹅'与'灰犀牛'哪一个先来?"

"手中的旧地图能不能找到明天的新大陆?"

这些流行于网络的睿智问题,道出了人们对当今"日新日异"的社会变化态势敏锐而深刻的感知。

面对逆全球化、新冠疫情……企业家群体明显表现出战略焦虑。

据 2022 年 6 月工信部在"中国这十年"主题新闻发布会上发布的数据,截至 2021 年底,我国企业数量达 4842.3 万户,其中 99% 以上的企业是中小企业。对于这 99% 以上的中小企业而言,处在这种"唯一不变的是变革"的周期,无疑面临着无穷无尽的选择与抉择。

站在十字路口的每一次选择都具有方向性,可能导致成功,也可能导致失败。从某种意义上讲,企业成功就是一次又一次正确选择的叠加;而失败却有可能因为仅仅一次错误的选择。

传统商业运行规则不断被颠覆,经济社会发展的趋势和规律到底是什么,这是对企业家战略认知能力的大考。

经济学理论可以对企业战略做出无限的指引,但企业家头脑中的战略往往比较具象,那就是如何遴选、培植、掌控赚钱的路径。从这个意义上讲,选赛道就是确定企业博弈的战略场景。

战略研判源于大势分析。财富的世界里永远不缺机会，而财富的密钥藏在规律性、周期性和趋势性之中。

这样的观点正好契合了已故著名经济学者周金涛的论断："人生就是一次康波""人生发财靠康波"。在他看来，经济周期决定了人生的财富命运。人和企业的财富积累，本质上都来源于经济周期性波动带来的机会，而不完全因为个人和企业本身多么有本事。

为什么说"人生发财靠康波"？有分析认为，自工业革命以来，全球经济经历过四轮"康波周期"，每轮周期开始或终结均以突破性的技术作为标志，例如纺织工业和蒸汽机技术、钢铁和铁路技术、电器和重化工业、汽车和计算机。

经济是个十分复杂的系统，在逆全球化、新冠疫情的背景下，如何看清经济下一程的趋势成为当下不少企业家的"迷茫点"，而"康波周期"以及关联度极高的"库兹涅茨周期""朱格拉周期""基钦周期"所提供的周期性视角，显然是一把帮助人们认知经济规律性与趋势性的思维钥匙。

从历史的角度看，经济并不总是在增长，而是表现出像四季更替一样的规律性和周期性，春的复苏、夏的繁荣、秋的衰退、冬的萧条始终是周而复始的。按照熵增定律，每隔一段时间，必有一种新东西出现，用来打破原有的平衡，形成新的平衡。一些生意消失了，一些新的生意又会出现。

按照"康波周期"的一般划分方式，我们正处在第五"康波周期"中的以信息技术为标志性技术的创新周期。如果对应到具体

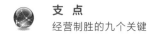

时间段，则包括 15 年的繁荣期（1991～2005 年）、10 年的衰退期（2005～2015 年）、10 年的萧条期（2015～2025 年）、20 年的复苏期（2025～2045 年）。

综合各种分析可以得出一个参照：生活在 2022 年的企业家们正在面对的是第五"康波周期"的萧条期，而历史上每次"康波周期"的萧条期都伴随着战争、饥荒。这一阶段将由生命健康科学、人工智能等技术驱动，进入 2025 年后的复苏期。

与"康波周期"密切关联的"库兹涅茨周期"描述了以建筑业及房地产市场驱动经济增长的周期，长度为 15～25 年。若对应 1998 年政策推动的住房货币化改革和房地产市场爆发式增长的 15～20 年周期，中国当前房地产市场已经过了 15 年左右的上行期，正处于下行调整期。"库兹涅茨周期"对于观察和研判当下房地产市场走势不无裨益。

法国经济学家朱格拉提出的以制造业设备更替和资本投资为生产力驱动力的"朱格拉周期"，以及英国经济学家约瑟夫·基钦提出的以单个微观企业生产、投资、库存动态调节影响经济形势为主要特征的"基钦周期"，则相应地从不同角度描述了各种生产要素对经济周期波动规律产生的深刻影响。这对于分析当下企业承受的压力和如何积极过渡到第五"康波周期"的复苏期不无借鉴价值。

以"康波周期"为主的四种周期被学界视为"最具代表性的经济学四大周期"，它们对经济周期性、规律性的揭示，是帮助企业家认清趋势、走出迷茫的思维钥匙。

@ 战略博弈的关键点："卡位"

在竞争日趋激烈的商业空间里，哪个位置最有利，如何抢占并掌控这个有利位置，这个课题就是"卡位"！

篮球或者足球比赛中的战术用语"卡位"，是指在比赛过程中球员精确判断球的有效落点，抢先对手占据有利位置，将对手阻挡在最佳位置以外从而获得控制权。

在商业战略博弈中，"卡位"意味着占据主动和优势赛道进而赢得竞争优势。股票"卡位"一般是指在牛股的拉升途中逢低买入或者追高买入，在判断该牛股后市还将大涨的前提下，早一步布局；网站域名的"卡位"是指把各类型关联域名串联注册，然后溢价沽出获利；电商的"卡位"则是指按商品垂直细分类属抢占流量入口进而获利……由此可见，商业战略博弈空间处处为"卡位"而战。

传统行业还有多少机会？制造业有多少机会？文化消费产业有多少机会？数字经济有多少机会？机会点究竟在哪里？从战略视角分析，"卡位"的功夫往往会影响公司的命运。准确"卡位"，则事半而功倍；反之，则艰难无比。

从中观行业视角分析，企业在产业链上的"卡位"，如同动物在食物链上的"卡位"。企业在产业链上的上端和关键环节上的攀升，亦如动物往食物链顶端攀升是一样的道理。

在新兴产业链上怎样精准"卡位"？

围绕"卡位"对经济趋势和行业态势洞察力的理论研究中，"波特五力分析模型"和"新波士顿矩阵"体现了较强的实用价值。

"波特五力分析模型"是迈克尔·波特（Michael Porter）于 20世纪 80 年代初提出的，用于有效分析企业、客户的竞争环境，对企业战略制定产生了全球性的深远影响。波特认为，行业竞争中存在着决定竞争规模和程度的五种力量，分别为同行业内现有竞争者的竞争能力、潜在竞争者的进入能力、替代品的替代能力、供应商的讨价还价能力和购买者的议价能力。

根据这个模型提供的验证表明，这五种力量决定行业的竞争激烈程度、获利潜力、资本流向，进而决定企业可进入性和进入后的成长前景、获利能力。多数情况下，企业要充分考虑进入一个行业的门槛、竞争参与者广泛度、产品生命周期、客户市场成熟度以及退出竞争的成本代价等因素后再做出价值锁定。

"新波士顿矩阵"提供的企业"卡位"视角是把经营单位分成四种类型：第一类是以汽车、家电等装配加工业为代表的"产量规模行业"，随着市场占有率提高，企业产品成本降低而利润增加；第二类是以农产品加工业为代表的"僵持行业"，进入壁垒较低、盈利能力偏低；第三类是以饮食业为代表的"分层行业"，市场空间十分拥挤，同质化严重，企业盈利能力与市场占有率关系不大，而与企业是否拥有独特优势高度关联；第四类是"专业细分行业"，企业初期市场占有率可能较低，但由于产品具有特色而具有高盈利能力，随着市场占有率的提高，盈利和投资回报率也将提高。

这个矩阵模型根据设定的四个象限，为企业制定差异化战略提供了不同的选项依据，对企业定位研究，尤其是界定企业在行业中的市场占有率和利润的关系影响很大。

@"卡位"与"换道"：体现企业家的洞察力

从某种意义上来说，企业"卡位"就是找准博弈的正确点位，在选择赛道、掌控赛道和顺应市场变化及时转换赛道的过程中，体现洞察力，造就核心竞争力。

中国创业板第一股"特锐德"在新能源领域的精准卡位就体现了企业家于德翔的商业洞察力。

2004 年，工程师出身的于德翔从河北电力系统辞职，带领 23 人创办了特锐德。彼时恰逢国家第六次铁路大提速，急需一款高可靠、高稳定的铁路箱变产品。箱变是一种可移动的高度集成的电力设备，可广泛用于铁路、煤炭、石油、电网工厂的户外用电场所，起到变电、配电的作用。基于对电力系统的深刻认知，于德翔认为箱式电力设备是大公司不愿意做、小公司做不好的产品，而这正是特锐德的机会所在。特锐德聚焦箱变领域，下功夫做好箱变产品。2006 年国家建设青藏铁路，由于特锐德对铁路箱变产品的准确卡位，提前积累了丰富的技术优势，成功拿下了青藏铁路沿线的所有

箱变项目。2009 年，特锐德成功上市，成为刚刚开闸的创业板第一股。

上市之后的特锐德虽然已快速发展成为中国最大的箱式电力设备研发生产基地，但由于箱变市场行业发展空间有限，预计仅有百亿元规模，不可能实现爆发式增长。于德翔和团队进一步思考如何在电力行业找到企业增长的"第二曲线"。

经过两年多的调研与研判，他最终选定新能源电动汽车领域，成立了"特来电"。与大多数企业走上竞争激烈并已显现拥挤的新能源整车赛道不同，于德翔选择了"非对称竞争"的新能源汽车充电这条赛道。

在技术路线上，"特来电"聚焦充电网技术。充电网是支撑大规模电动汽车的基础设施网络，是构建以新能源为主体的微电网络，是聚合电动汽车电池及梯次利用的储能网络，是深度连接车、电池、能源的工业互联网。于德翔和团队在整合现有技术团队的同时，引进了电力电子、大数据、云平台、智能调度等领域的数十位首席科学家及数百位技术专业人才，成立十大研发中心，全力攻克充电网技术难题。

在商业模式上，于德翔和团队提出，"新能源汽车＋充电网"是实现国家提出的 2030 年"碳达峰"和 2060 年"碳中和"目标的最佳路径之一，消费者开新能源汽车也可以不用花能源费。国家大力发展新能源，但新能源发电具有间歇性、波动性，大规模接入电力系统将对电网稳定性和能源安全构成巨大威胁，因此必须加大对电储能领域的规模化投入。"特来电"提出利用充电网把每台电动汽车的电池连接聚合成巨大的储能网,让电动汽车在电网用电低谷、电价便宜的时候充电,在用电高峰、电价贵的时候卖电(放电),一充一放不仅解决了电储能问题,还让消费者通过卖电获得一笔差价收益,实现免费开新能源汽车。若中国有几千万辆甚至上亿辆电动汽车,"特来电"通过充电网把分布式电动汽车电池聚合在一起,将形成一张天然巨大的储能网,不仅储能成本最低,而且响应电网需求的速度快,从而打开大规模发展新能源发电的消纳通道。

先人一步向"新能源互联网"赛道的转换使"特来电"获得了巨大的新能源汽车配套市场份额和核心竞争力。经过八年的快速发展,"特来电"夺得五项全行业桂冠:建设并运营充电终端 32 万个,市场占有率 40%;累计充电量 160 亿度,市场占有率 38%;注册客户数 1100 万,每天产生 5TB 数据,形成最大充电网大数据;研发投入 20 亿元,由 1300 名科技人员组成的科研团队成为充电网技术开创者和标准的制定者;运营城市 350 个,服务车辆 900 万辆。"特来电"已成为中国最强、最大的充电生态网运营商之一,与中国新能源汽车行业一起成为领跑世界的中国力量。

于德翔和团队利用前瞻性的战略眼光,一次次卡准了位、换对了道,实现了企业发展一步领先,步步领先的格局。

规避方向性错误的法则

@ 国家战略：不可错过的政策红利

在趋势面前，是顺势而为，还是逆势而动？这是一个需要深思和决断的问题。俗话说，企业家的战略能力就是谋航向的能力。

谋航向就是在波诡云谲的商业海洋里，企业家如何帮助企业在复杂的环境中避免触碰暗礁。答案就在"国家战略"政策红利中。

那么，该如何理解和运用"国家战略"政策红利？

有学者归纳：国家战略就是为维护和增进国家利益、实现国家目标而综合发展、合理配置和有效运用国家力量的总体方略。

有专家解读：国家战略是指国家制定的在较长时期内具有全局性的通盘长远规划，是筹划、指导、运用国家总体力量以实现国家发展总目标的方略，是国家战略体系中最高层次的战略，是指导国家各个领域的总方略，是国家的最高战略……

无论如何解读，毋庸置疑，"国家战略"是一种无与伦比的顶层力量，尤其在中国的体制下，通过一个个"五年规划（计划）"体现国家意志、实现"一张蓝图绘到底"，可以成功实现"政治力"赋能"经济力"。"国家战略"体系包括七大发展战略：科教兴国战略、人才强国战略、创新驱动发展战略、乡村振兴战略、区域协调发展战略、可持续发展战略、军民融合发展战略。与此同时，中国还制定了长三角一体化发展、京津冀协同发展、粤港澳大湾区建设、长江经济带发展、黄河流域生态保护和高质量发展五个引领关键区域突破的战略。这些"国家战略"就是国内外不少经济学家一直在寻找的"中国经济奇迹"背后的核心密码和原动力。

为什么一流企业家大都十分关注时事政治？为什么不少企业家出差路上的必修课之一就是浏览国内国际政经要闻？

原因只有一个：经济与政治是孪生关系，经济政策是政治理念的具体化符号；经济问题本质上是政治问题，政治问题本质上也是经济问题。

国家战略关系国家的未来！

一旦确立了一项国家战略，就意味着国家优质资源的聚集效应将凸显。长周期密集的资金、科技、人才等资源投入将引领新兴产业产生可持续增长机会，形成巨大的产业空间。

出门要观天象，营商要接"天气"。这里的"天气"就是指国家政策。如何对国家政策进行价值判断并做出决策？下面讲一个真实场景。

2015 年盛夏的一天，我问美国著名投资家吉姆·罗杰斯（Jim Rogers）："你通常如何预见中国的经济趋势？如何决定投资项目？"这位被誉为美国证券界最成功的实践家之一的华尔街风云人物狡黠地笑了笑说："我比任何人都更加重视中国政府的文件，我靠这些公开的官方信息就能知道该往哪个方向走！"

罗杰斯还讲了下面的话："2013 年底中国举行了十八届三中全

会，为未来的五年制定了经济发展蓝图，这个会议非常重要，吸引了我的注意。十八届三中全会中提到最重要的一点是让市场在资源配置中发挥决定性因素。在未来的 10～20 年里，中国将进一步让市场来发挥决定性的作用，在这样的背景下，我从十八届三中全会的决议中洞察到一些可以重点投资的领域。这些领域我并没有按照什么顺序来排列，它们都是同样非常重要的，包括农业、旅游业、环保行业、金融业、医药行业、铁路行业，这六大行业是最具投资价值的领域。"

中国的诸多优秀企业家无一不是研判"国家战略"政策红利的高手。他们给予后来者的启示就是：企业经营者切不可错过政策红利！

@ 数字化转型升级：不可走偏的方向路径

客观来说，中国传统经济与发展方式同欧美发达国家间仍然存在差距，但恰好在第四次工业革命及其引发的数字经济中中国有了跨越式发展的机会。国家政策把实施网络强国、实施国家大数据战略、加快建设数字中国当成举国发展的重大战略，摆在前所未有的重要位置。以数字化转型升级为杠杆，推动中国经济社会发展进行深层次变革，是大势所趋，更是时代必然。

2021 年 12 月，国务院正式印发《"十四五"数字经济发展规划》，对未来我国数字经济发展的重点和目标进行了明确谋划。专家学者普遍认为，中国将有条件成为全球数字经济发展的最大推动者，并有可能建成最大的、最有活力的、最有创造性的数字经济体。数字中国正在向我们走来，每个组织、每家企业的未来都将与数字化息息相关。

一贯走在时代前列的上海，率先推行国有企业数字化转型"一企一策"和"一把手"负责制，将数字化转型目标纳入国有企业领导人员《创新使命责任书》签署范围。可以预见，在不远的未来，类似的政策会在更大范围内实施。什么是数字化转型，往哪些方向转，具体怎么转，已经成为摆在许多企业经营者眼前的迫切问题。

数字化转型究竟是什么？每个人都关注这个问题，但所持观点各异，而这正是数字化转型的特点：重要性毋庸置疑，触及企业和个人的"基因"；同时，没有可复制的经验，不存在标准答案。如果非要给数字化转型进行定义，其中一个答案应该是这样的：数字化转型是指企业面临全新环境，这个全新环境的基础是互联网、大数据、人工智能以及 5G 技术；数字化转型的关键是适应与利用这个环境，通过利用或开发数字技术及支持能力，新建富有活力的智能化商业模式，并在此过程中优化企业经营与管理，重塑组织与协同，以求实现敏捷经营、基业长青。

其实，数字化并不是刚刚出现的新趋势，它是过去几十年技术创新的延续。从自动化到信息化，从互联网到人工智能，都是数字化不断演化的体现。新冠疫情给数字化按下了快进键，很多企业开始真正意识到：数字化转型绝不是一句口号，不仅仅关乎效率，更

是生死存亡之道。

数字化转型究竟要往哪里转？按照国民经济行业分类标准，各行各业可划分成 20 个门类、97 个大类，每一个门类可能都有自己独特的数字化转型方向，每一个企业家可能都有自己的理解。具体答案，不一而足，但从战略层面来看，以下几个方向将始终位于选择的第一序列，不容偏失。

首先是"新零售"。"新零售"可能是这些年来数字化转型最为人熟知的前进方向。自从 2003 年"非典"催生电子商务行业的兴起，伴随着中国加速进入移动互联时代的大势，我国零售行业不断发生"颠覆性变化"。据中国商务部测算，2013 年我国电子商务交易总额超过 10 万亿元，其中网络零售交易额约为 1.85 万亿元。仅仅 10 年的时间，我国就发展成为世界上最大的网络零售市场，一度导致"实体必死"的言论甚嚣尘上；然后又出现电子商务巨头（阿里巴巴和京东）在 2015 年转身与传统零售商（苏宁和永辉）建立战略联盟，形成线上渠道和线下渠道相结合的"全渠道"电商；接着，2019 年，我国直播电商进入"万物皆可播"的发展元年，并迅速形成当前最为强劲的电子商务新潮流……新零售已经成为新风口，且劲头正强。这种以消费者体验为中心、以数据为驱动、融通服务与娱乐的泛零售形态，不仅通过驱动"人""货""场"的重构变革了零售服务行业的整体形态，而且逐渐改变着全人类的社会生活方式，成为商业经营不可回避的新型环境。

当然，"新零售"只是中国经济数字化转型大步跃进的一个方面，值得关注的还有许多其他方面，比如产业互联网和智能制造。自 2016 年起，腾讯、阿里巴巴、百度等互联网巨头便陆续开始布局产业互联网。腾讯认为，互联网的上半场是消费互联网，下半场则是产业互联网，也就是利用互联网等技术帮助相关产业和企业转型；阿里巴巴提出"五新战略"，即新零售、新制造、新技术和新能源；百度则力推智能经济。这些都是互联网巨头开始意识到产业互联网的价值并开始"由虚向实"的探索。当然，从实体制造企业来看，它们更习惯把这种趋势描述为"智能制造"，其本质是通过数字技术，打破物理和数字空间的边界，从而实现产品或业务全生命周期、全要素的连接和实时反馈，通过预测性的生产系统和服务体系快速满足产业链上各用户的个性化需求。企业能否把握住机遇，承担起产业链"链主"或系统集成商的角色，将决定其在数字化浪潮的行业"洗牌"中能否站稳脚跟。

其次是"新基建"。自 2018 年底中央经济工作会议首次提出这一概念以来，"新基建"概念不断被拓展、完善，各种支持性政策文件不断出台。2020 年 3 月，中共中央政治局常务委员会召开会议，提出要加快 5G 网络、数据中心等"新基建"的建设进度。此后，全国 31 个省（自治区、直辖市）陆续通过政府工作报告或专项行动纲要对"新基建"工作进行了部署，有的地方提出"适度超前布局"，有的则明确"加快"。据财政部专家库有关专家预计，"十四五"时期，新基建总投资规模或超过 15 万亿元。在国家政策的大力扶持、市场需求的指引以及创新性投融资环境改善的背景

下，"新基建"对于不少企业来说，都是一次拓展的全新机遇，是企业在获得创新赋能、实现增长的新方向。

最后是"数字乡村"。国家高层发出的权威声音是"乡村振兴是一盘大棋，要把这盘大棋走好"。数字乡村是乡村振兴的重要内容，也是数字中国建设的重点环节，可以极大带动各种软硬件服务行业以及物联网和人工智能等行业在"三农"实践中的场景落地和行业企业的快速发展。近年来，互联网巨头已纷纷开始布局数字乡村建设。据财联社报道，阿里巴巴集团正在加速布局数字乡村业务，中国已有数十个县跟阿里巴巴签订了数字乡村合作协议，围绕数字兴业、数字惠民、数字治理等领域展开合作。京东科技在2021年底首次发布 JDT 乡村数智化解决方案，提出建设以乡村数智操作系统为代表的乡村新型基础设施，打造以乡村产业数智化、乡村治理现代化、乡村生活智慧化三大类解决方案为核心的数智乡村理念愿景和战略方向。腾讯以"腾讯为村"为抓手，致力于为乡村可持续发展提供数字化服务平台。这些互联网巨头为何会做出这样的战略选择？答案很明显，在全球化形势下，城市化道路的"城市红海"存量竞争日趋乏力，中国特色的"乡村蓝海"增量竞争有着强劲的动力，成为驱动经济发展内循环的新引擎。企业的本质和使命是盈利和发展，要推进数字化转型，就不能忽视"数字乡村"这一数字经济的重要潜力空间。

以上几个方面是数字经济发展的大趋势，是数字化转型的战略方向，接下来还是要回到数字化转型的具体实施上。

　　麦肯锡认为，数字化转型是一项需要组织全面动员的系统工程，是业务、组织和技术三大领域并驾齐驱的转型之旅。赛迪智库的观点更加丰满，认为企业的数字化转型是"有为数据、有为组织、有为决策、有为创新"的统一，并提出了通过战略数字化、设施数字化、资源数字化、要素数字化、业务数字化、效益数字化来实现企业整体数字化转型的"六化模型"。

@ 数据、算力和算法：不可忽视的新型生产要素

　　众所周知，数字经济的发展离不开三个主导要素——数据、算力和算法，它们之间环环相扣、缺一不可，其中数据是新生产资料，算力是新生产力，算法是新生产关系，三者共同构成数字经济时代的生产基石。以 5G 等为代表的现代通信网络将三大要素紧密联系起来，让它们协同作业，发挥出巨大的价值。

　　通俗地说，数据好比烹饪所需的食材，算力好比烹饪时所需的煤、电、柴火，算法则是烹饪的具体方法。"巧妇难为无米之炊"，作为生产资料的数据，是数字经济的基础，决定着数字经济发展的深度。

　　传统意义上的生产要素是土地、劳动力、资本和技术。2020年，我国政府正式发文增加了第五大生产要素——数据，并突出其重要性超过前四大生产要素。可以认为，数据不仅是数字化、网络化、智能化的基础，更日益成为各行各业最重要的创新资源，商业、工业、农业、金融业、教育行业、医疗行业……概莫能外。不

夸张地说，基于数据的创新会推动人类社会在多个领域实现巨大飞跃。

当今社会正拥有人类有史以来最伟大的创新资源：数据，但数据本身并不必然意味着价值，要成就数据的"伟大"，还需要一个前提，那就是对数据进行有效分析并合理使用，这就离不开算法。说到这里，很多人都会想到"数据就是石油"的比喻。第一个将数据与石油进行比较的人是英国数学家克莱夫·汉比（Clive Humby），他提出了"数据就是新的石油"的说法。他说："数据是有价值的，但如果没有提炼，就不能使用。必须像石油一样转化为气体、塑料、化学品等，以创建一个有价值的实体，推动盈利活动。因此，必须对数据进行分解和分析，使其具有价值。"

数据提炼程度越高，提供的价值越大，就能应用在越多、越复杂的场合。无论是智慧城市、智能制造、智慧医疗等宏大愿景，还是自动驾驶、智能机器、虚拟现实等前沿应用，抑或是智能购物、智慧出行等生活场景，数据都是在算法的支撑下，被人类感知、利用并产生巨大商业价值的。算法直接决定了数字经济发展的质量和高度，人类社会即将在算法的引领下进入智能时代。

最后说算力。"算力"，顾名思义，就是计算能力；更具体地说，算力是通过对信息数据进行处理，实现目标结果输出的计算能力。人的大脑就是一个强大的算力引擎，在大部分时间里，我们会通过口算、心算进行无工具计算。但是，这样的算力有点低。所以，在遇到复杂情况时，我们会利用算力工具进行深度计算。而算力工具从远古时期的草绳、石头到算筹、算盘，再到 PC（个人计算机）以及现在的分布式计算和数据中心，已经发生了翻天覆地的巨变。

依托算力的快速发展，Alpha Go 打败了人类，摘取围棋的桂冠；一个超级 App 中每天播出十亿条视频成为可能；基因测序、天文测算、蛋白质分析进入新的发展阶段；半导体、消费电子、互联网、元宇宙，一个又一个产业凭借着强大的算力进入繁荣井喷期。如同传统工业时代的电力一样，在数字经济世界中，我们每个人的生活、工厂企业的运转、政府部门的运作，都离不开算力。在国家安全、国防建设、基础学科研究等关键领域，也需要海量的算力。

根据清华大学、国际权威机构 IDC 等联合发布的《2021—2022 全球计算力指数评估报告》，在全球范围内，算力指数平均每提高 1%，数字经济规模和 GDP 将分别增长 3.5‰和 1.8‰。全球数字经济持续稳定增长，算力作为数字经济时代的关键生产要素，已经成为推动数字经济发展的核心支撑力和驱动力。在全球算力规模前 20 的国家中，有 17 个都是全球排名前 20 的超级经济体。全球各国的算力规模与经济发展水平，呈现出显著的正相关关系：一个国家的算力规模越大，经济发展水平就越高。

算力不但是衡量国家实力的指标，而且正在中国各大城市间引发一场热战，北京、上海、深圳、杭州一直领先，贵州凭借华为、苹果、腾讯等公司的大数据中心落地，上演了一场 GDP 逆袭。2022 年 7 月，首届中国算力大会在山东济南举行，算力更是被提升到前所未有的高度。围绕城市间的算力之争，使一大批集约化的

大型数据中心拔地而起，并由此掀起一场规模空前的新基建风潮。在这场风潮中，算力正取代电力，成为新基建的核心。显然，对整个人类社会来说，算力早已不再仅仅是技术维度的概念，而是已经上升到了经济学和哲学维度，成为数字经济时代的核心生产力，决定着数字经济发展的速度和社会智能发展的广度。

"卡脖子"的短板意味着最宽的赛道

@ 那些"卡脖子"的技术短板到底有多短

在信息化为主角的第四次工业革命浪潮来临之前，中国的工业化答卷还没有答完。因此，中国政府的经济政策中出现了一个导向，就是"两化融合"，以信息化带动工业化、以工业化促进信息化，核心是以信息化为支撑，追求可持续发展模式。

这种灵活应对变化的政策取向，虽然解决了政府引导的问题，但没有从根本上解除工业基础弱的"病根"。

尽管拥有最全的工业部类，但一些关键领域、关键部件、关键材料实际存在的技术短板仍牵绊着中国经济发展的脚步。

那么，中国到底有多少技术短板？

就制造业领域而言，论规模，中国已是制造大国；论水平，中国大而未强，整体大部分处于全球价值链中低端，少量进入高端。

中国工程院院士、国家产业基础专家委员会主任委员陈学东在一次演讲中介绍，2019 年工程院组织专家对中国 26 类代表性制造业进行比较分析，结果表明，11 类产业世界领先或先进，15 类产业与世界制造强国差距大或巨大。[⊖]

为什么会这样？陈学东认为：中国制造业关键核心技术对外依存度高，比如大型盾构机主轴轴承、电动汽车电液转向架；部分产品的一致性、稳定性和可靠性不高，寿命大概只有发达国家最高水平的 30%；制造业单位 GDP 能耗是发达国家的 2.6 倍；数字化、网络化、智能化制造尚处在初始探索阶段。

按照工信部的介绍，全球制造业已基本形成四级梯队发展格局：第一梯队是以美国为主导的全球科技创新中心；第二梯队是高端制造领域，包括欧盟、日本；第三梯队是中低端制造领域，主要是一些新兴国家，包括中国；第四梯队主要是资源输出国家和地区，包括 OPEC（石油输出国组织）、非洲、拉美地区等。

"工欲善其事，必先利其器。"当前，行业共识是："从制造大国迈向制造强国、质量强国、品牌中国的必由之路是工业强基。"工业基础包括核心基础零部件/元器件、关键基础材料、重要基础工艺、工业软件、质量技术基础。而在体现制造业核心竞争力的工业基础能力上的三大短板——高端芯片、工业软件、新材料，恰恰是中国制造难以抹去的阴影。

⊖　出自中国工程院院士陈学东在 2022 年《财经》年会上的演讲。http://view.inews.qq.com/k/20211130A0A35P00.

归纳一下，制造业中任何环节都在产业链上客观存在一个坐标。为什么中国必须清晰定位自己在产业生态体系中的位置？因为，技术短板正是创新的着力点和创新的方向。在高档数控机床、高档装备仪器、运载火箭、大飞机、航空发动机、汽车等关键部件精加工生产线上，中国超过90%的制造及检测设备依赖进口。每年进口半导体芯片费用达4000亿美元，超过进口石油的花费近一倍。

当中国无法获得国外的高端芯片、高精度数控机床等时，难题就变成了企业的机会。可以说，技术领域的每一个短板都意味着一个重大的战略机遇，意味着巨大的投资空间和发展空间。

虽然每一个短板都代表一个机会，但问题是企业在哪个环节发力呢？首先，要看制造业的智能化和智能经济的态势；其次，要看制造业数字化转型过程对智能硬件的旺盛需求；最后，要看智能化之后产生的大量数字资产，因为数据驱动的知识经济业态正在高速成长。

方向的选择是战略选择，是建构在对经济发展态势研判之上的战略判断。数字化，尤其是通过数字化转型实现的智能制造是企业经营者可选的最宽赛道，也是企业的重大机遇所在。

@ 向死而生：高端芯片突围并非"迷思"

中国芯片市场规模达数千亿美元，但中国核心集成电路国产芯片占有率低得可怜，中国企业在全球芯片产业格局中仍处于中低端领域，目前中国能自主制造类比、分离等低端芯片，但逻辑、存储等高端芯片还无法自给。连续多年，中国芯片进口一直居于所有贸易品类前列，贸易逆差近两千亿美元。

国外对华为高端芯片的断供，搅动了中国对信息化战略的认知。很多企业家在反思，没有先进制程的半导体产业，中国制造、中国创造的信息化、智能化，就形同于在沙滩上造楼。

全球半导体工业正在挑战的制程工艺为 5 纳米、3 纳米，这个尺寸不到头发丝直径的万分之一。苹果 iPhone 13 搭载的新型芯片相当于在指甲盖大小的材料上放置 150 亿个电路，没有高端高精度光刻机装备是无法加工完成的。国外作为"芯片之母"的光刻机一直以来都是禁止向中国出口的，尤其是 EUV 光刻机，像一根套在中国芯片产业链脖子上的绳索。还有近 10 种芯片制造专业设备、专业材料，中国在相关方面仍处于低端水平或空白状态。

2022 年 8 月，中金公司发布半导体行业报告指出：目前配套供应链国产替代仍为中国半导体产业链发展的主旋律。展望未来，国产替代仍为中国企业在科技领域的"立身"之本。

这份报告量化分析了当前的态势，具体特征表现在五个方面。一是半导体设备：总体国产化率在 10%～20%，对关键环节、先进制程覆盖面较弱。二是半导体材料：整体国产化率在 20%～30%，不同环节分化较大，目前光刻胶、掩膜版等国产化率最低。三是半导体零部件：呈"碎片化布局"，机械类零部件国产替代进程较快；

其他气/液路、电气、光学等零部件国产化率在 10%～50% 不等。
四是半导体设计：整体国产化率偏低，国内厂商从中低端产品切入，
但高端产品仍依赖进口，MCU（微控制单元）、车规级[⊖]IGBT（绝缘
栅双极型晶体管）等产品国产替代空间大。五是 EDA（电子设计自
动化）工具：整体国产化率在 10% 左右，作为半导体设计和制造环
节的基础，EDA 工具国产替代具有较大意义。

中国先进制程芯片制造仍弥漫着浓重的雾气，能否解开"芯
片困境"的"结"，"芯片链主"在哪里，半导体产业如何突破技
术封锁，仍然是难题。中国产业界当前最需要的是拨开迷雾看清本
质，抓住要害，找到支点，同时也需要在研发与创新上保持定力和
耐力。

"打压不是坏事，可能带来弯道超车的机会。"美国政府发布
《芯片和科学法案》，限制中国企业使用设计 GAA（全环绕栅极）芯
片的 EDA 软件，一度造成了产业界和社会普遍的忧虑。而中国工
程院院士邬贺铨接受媒体采访时表示："美国打压除了让我国在原
有技术路线上继续探索外，也加速了我国在新型芯片技术路线上的
探索，去寻找新技术，实现弯道超车。"

邬贺铨院士回顾了中国在通信技术标准上由落后到领先的历
程，在 3G 时代，中国提出了 TD-SCDMA 标准，当时国外并不看
好，也不支持。这迫使我国从芯片、仪表、天线、软件全方位起
步，我国通信产业链有了一个从零开始的机会。最终才有了我国

⊖ 适用于汽车电子元件的规格标准等级之一。

TD-SCDMA 标准成为 3G 三大标准之一，也为如今我国 5G 标准领先打下基础。

物极必反。"没有退路，就是最好的出路。"

国外的打压、围剿，可能就是中国先进制程芯片产业向死而生、全面突围的最佳动能。

@ 久久为功：工业软件直道超车进行时

基于无数工业经验集合而成的工业软件，是工业装备，也是工业互联网转型智能制造的大脑。工业软件在广泛的工业系统设计中起着非常重要的作用，可以极大地提高设计效率、节约成本并实现可视化管理。CAD（计算机辅助设计）、CAE（计算机辅助工程）、CAM（计算机辅助制造）这三大类软件是如今航空、船舶、汽车等领域产品研发不可或缺的"利器"。用行业人士的生动说法，CAD 软件让设计师不再手工绘图而在电脑上画图，CAE 借助软件对设计产品进行仿真分析并验证设计效果，而 CAM 利用计算机连接设备，辅助完成从生产准备到产品制造整个过程的活动，是实现智能制造的关键一环。令人遗憾的是，目前这三大类软件基本上都被美、法、德三国所垄断。

当下，世界上基础性产业的顶尖软件大多掌握在欧美国家手中。美国、德国、日本、法国、加拿大、英国、爱尔兰以及印度，号称"世界八大软件强国"。美国的基础软件和工业软件涵盖的

领域最为广泛，如①操作系统，包括 Windows、Unix、Android、Mac OS、iOS；②数据库；③通用办公软件；④数据分析处理软件；⑤专业计算软件；⑥ EDA 芯片设计软件；⑦计算机辅助设计软件。

在由专业机构发布的全球 100 强软件企业综合实力排名中，中国企业仅占一席（东软集团，第 80 位）。按国别统计，上榜企业数量分别是：美国 73 家，德国、英国各 5 家，日本 4 家，法国、加拿大、荷兰各 2 家，中国、俄罗斯、比利时、巴西、以色列、斯洛伐克、挪威各 1 家。

这些工业软件作为工业知识经验的积累沉淀，其开发、应用水平都直接反映了国家工业发展的成熟度，而中国目前正处于被国外公司"卡脖子"的竞争劣势周期。

"操作系统是比芯片更加迫切的供应链问题，"工信部原部长苗圩在 2022 年 9 月 6 日举办的"全球新能源与智能汽车供应链创新大会"上列举了中国在智能手机操作系统上的教训后说，"过去总认为开源开放的操作系统没什么问题，但是两年前国外打压华为，除了停止供应芯片外，还限制使用安卓操作系统。不是限制华为使用安卓的操作系统，而是限制华为使用搭载在安卓上面的 App 应用软件，这使得华为被迫将之前工业用的操作系统临时转正，才算是挺过了这一关。"

苗圩同时警示道："通过手机操作系统缺失这件事，我们深深地认识到，在功能产品向智能产品的转换过程中，如果没有操作系统，芯片再强，汽车做得再好，都是沙滩上起高楼。"他还提出一个担心："三年或者五年以后会不会形成这种局面——全世界的智能汽车都采用一个开源的、开放的、全免费的操作系统，一旦这个生态形成，那就是丛林法则、赢者通吃。"

制造业领域专家刘亚曦发文指出，工业软件可以理解为无数经验、知识的集合体，以软件的形式承载出来，甚至因为不用重复造轮子，工业软件的经验可能远超单个人所能达到的上限。

网民一直在讨论：为什么有的互联网大厂在工业软件这个亟须发力的领域缺乏热情？大家的答案是由于工业软件具有基础性，一些专业软件工程量巨大，短期收入不及网络应用软件来得快。曾有专家解析了一个案例：企业若下载使用法国达索公司的一款名为CATIA 的三维 CAD（计算辅助设计）软件，会生成将近 17 万个文件、4000 多个文件夹，整个安装包约占据 7GB 的容量。正是因为如此，达索公司在三维软件领域的市场占有率一直保持较高比例。这也验证了一个道理：科技创新和成功的超越，从来都是源于长期主义的价值塑造！

刘亚曦同时分析道：中国要想从制造大国转向制造强国，必须攻克工业软件这个行业。发展工业软件就是一种软件强国战略，因为工业软件是一切高精端制造的基础，没有工业软件，工业 4.0 无从谈起！

既然软件产业的规律决定了中国软件行业既无法弯道超车，也不可能换道超车，那就只有直道超车一条路了。依照这个产业逻辑，中国在新能源汽车取得全球产销量第一的工业基础上，打造自

主车载操作系统是一个十分紧迫的课题。

鸿蒙操作系统的突破，显示了华为在产业认知上的突破，假如缺乏对操作系统底层价值的深刻洞察，假如没有深厚的产业经验积累和横下一条心投入科研力量求突破的英雄气概，华为乃至中国智能电子消费产业的局面将不会是今天的样子。

@ 新材料：点滴突破都将改写供应链地位

新材料是国际竞争的重点领域之一。据"新材料在线"发布的《2020 年全球新材料产业发展趋势报告》，全球新材料产业规模大约为 3 万亿美元，其中先进基础材料占比 49%，关键战略材料占比 43%，超导、石墨烯、3D 打印材料等前沿新材料占比 8%。绝大多数高科技产品都离不开高科技材料的支撑，我国在高科技材料方面被欧美日"卡脖子"也是真实存在的，低端产品过剩、高端产品稀缺的问题仍旧比较突出。

工信部先后发布过两组数据：2018 年中国有 32% 的关键基础材料为空白，52% 需要进口，进口依赖度高，尤其是智能终端处理器、制造及检测设备、高端专用芯片领域，进口依赖度分别达70%、95%、95%；2021 年对中国 30 多家大型企业 130 多种关键基础材料的调研结果显示，30% 的关键基础材料在中国仍为空白，50% 依赖进口。

以上数据说明，虽经努力，但改变不大。在作为基础产业的材料科技领域，中国迄今仍是追赶者；中国材料科技产业存在巨大的国产替代空间。

有专家介绍，全球先进材料市场的竞争格局分为两个梯队，美国、德国、法国、日本为第一梯队，俄罗斯、中国、韩国为第二梯队。尽管中国也有一些非常领先的新材料，如石墨烯、碳陶刹车材料等，但整体的先进性、种类覆盖面与第一梯队还有很大差距。业内专家分析，需求量大的大直径单晶硅、第三代半导体材料、碳纤维、高温合金、特种钢材、高性能轻合金、稀土储氢材料、新型显示材料等都有待于科研和产业应用的重大突破。

科学家预言：未来科技是建构在新材料基础上的。高科技材料支撑高科技产品，又依赖于高科技产业。2021 年 3 月中国发布的"十四五"规划涉及新材料的蓝图，提供了三条产业突破路径：第一条是推动高端稀土功能材料、高品质特殊钢材、高性能合金、高温合金、高纯稀有金属材料、高性能陶瓷、电子玻璃等先进金属和无机非金属材料取得突破；第二条是加强碳纤维、芳纶等高性能纤维及其复合材料、生物基和生物医用材料研发应用；第三条是加快茂金属聚乙烯等高性能树脂和集成电路用光刻胶等电子高纯材料关键技术突破。可以说，新材料领域的突破不仅事关高科技产业要素保障能力的提升，而且是科技创新的主赛道、壮大战略性新兴产业的新动能。

据招商证券发布的报告，中国六大类新材料正行进在突围的路上：轻量化材料（包括碳纤维、铝合金汽车车身板）、航空航天材料

（包括聚酰亚胺、碳化硅纤维）、半导体材料（包括硅片、碳化硅、半导体用溅射靶材）、新型塑料（包括尼龙 66、聚乳酸）、电子电器电容新材料（包括电子陶瓷等）、光学和电子化学品（包括光学膜、光刻胶、有机发光材料），以及包括聚苯醚、对位芳纶、高吸水性树脂在内的多用途新材料。[一]尽管这些材料的名字对非专业人士而言显得陌生，但其广泛的应用已经存在于人们的日常生活中；巨大的新材料市场需求和国产替代空间，决定了一个可见的趋势，那就是每一种新材料的突破和国产替代都将改写中国企业在产业链、供应链中的地位。

辩证法告诉我们，任何事物都处在不断变化的动态体系之中，当一个难题出现的时候，解决这个难题的方法已然存在，只是需要发现和坚持才能获得。

据媒体披露，中国在新材料领域的突破可圈可点：中国稀土稀有金属材料提取以及永磁材料加工技术取得新突破，主要用于半导体制作的稀有金属镓的材料产量占全球产量的 96%，处于绝对垄断地位。

据每日财经报道，中国的半导体光刻胶相关专利申请量快速增长，2020 年中国光刻胶专利申请量为 1.29 万项，实现了对日本的反超，日本 2020 年光刻胶专利申请量下降至 8982 项；中国半导体光刻胶有望在 2022 年实现放量。[二]

[一] 张夏，耿睿坦，郭亚男. 新材料行业专题研究：我国哪些新材料被"卡了脖子" [EB/OL]. （2022-08-27）. https://baijiahao.baidu.com/s?id=1742273055521161684.
[二] 苏锋. 国产光刻胶的机遇来了 [EB/OL]. （2022-06-06）. http://meiricaibao.cn/16634.html.

　　中国企业"兴澄特钢"历时 30 年，终于研发出了"特钢之王"高端轴承钢的制造技术，打破了国外企业一度垄断了 98% 市场份额的被动局面。

　　太钢集团历经多次失败，先后进行了 700 余次试验，终于从有着 4 万种可能的轧辊排列组合中研发出一种更加轻薄的手撕钢。这种可用于手机折叠屏等精细制造产品的手撕钢，厚度仅为 0.02 毫米，宽度为 600 毫米，达到世界一流水平，并于 2018 年实现了量产，打破了德国企业的长期垄断。

　　可以说，关键基础材料领域的点滴突破，都将改写产业链、供应链格局。

互联网生态圈的时空变换与价值转场

@ 消费互联网的"红海逆袭"

　　互联网在近 30 年的发展历程中发生了无数惊心动魄、惊天动地的事件，我认为最值得铭记的是三个烙印：成就了消费互联网，哺育了产业互联网，奠基了智能互联网。在 2022 年这个时代节点上，中国互联网价值正在发生转场！

　　2022 年 8 月 8 日和 8 月 16 日，网民注意到了搜狗搜索 App 和搜狗游戏中心停止服务的公告，加之此前搜狗地图、搜狗阅读、搜

狗借钱、搜狗号等多项业务的关闭，意味着曾经表现还比较亮眼的一家互联网公司的谢幕。无论这背后有多么复杂的原因，本质上是拥挤的消费互联网赛道价值转场的一种体现。

在中国接入互联网的 28 年里，网络基础设施、互联网普及率、渗透率连年快速提升，互联网公司成长和网民数字化生活丰富多彩，构成了中国在消费互联网时代网络大国的图景。

在最近的十年周期里，围绕网络化、平台化，中国互联网出现了应用爆发期和规模用户转化为流量财富的红利期。社交媒体、网约车、共享单车、社区团购、移动支付、在线教育、直播带货……资本的癫狂型"烧钱圈地"，把争夺互联网入口和用户的竞争搞成了一场接一场的血淋淋的战争，进场和离开同样频繁、消亡和新生天天上演，不足 10% 的存活率"血拼"，让几乎所有互联网公司血脉偾张、凌空起舞。在资本的混沌式创新中，一天"烧掉"几亿元的疯狂"烧钱"争霸大赛连连上演，如共享单车 ofo 三个月"烧光" 60 亿元之类的，希冀靠超常规价格补贴方式实现一夜暴富的神话，盲目扩张，生死博弈……成千上万企业的创业投资，在赢家通吃的法则面前灰飞烟灭。2018～2021 年成为中国互联网公司消亡最多的一个时期。一度被资本带偏了的互联网节奏和方向，揭示出消费互联网赛道的拥挤和创新匮乏。

监管权杖的落下对无序扩张和垄断、信息安全隐患说"不"，为互联网平台降了温。2022 年行业开始"脱虚向实"，野蛮生长周期结束，历经遍地哀鸿的残酷之后，觉醒的互联网开始冷静下来。

当下经历了"血拼"的互联网赢家如何行走？

微信公众号"奇偶派"2022 年 8 月 22 日发布文章《周期理论看互联网》，分析了当前中国互联网行业三大变现能力最强的细分赛道——互联网广告、电商和游戏里典型公司近半年的业绩数据，以及历史周期中广告、电商与游戏行业的发展曲线，并总结当下互联网行业所处阶段的特征：以字节跳动、快手和百度为代表的互联网广告大厂、广告行业仍在增长，但增速已整体放缓；淘宝、京东、拼多多这样的互联网电商公司、电商行业有增长也有下降，主要是线下供应链与消费者的消费热情受影响较大；以腾讯、网易和三七互娱为代表的国内游戏公司、游戏行业仍在增长，受到的影响最小。互联网行业只是从原先的"烧钱"跑马圈地，逐渐调整为缩小规模寻求利润增长的新阶段。

进入存量竞争时代的中国消费互联网行业已经相对饱和，没有颠覆性技术创新的逆袭，短期内大概率是高风险赛道。

当然，"奇偶派"的分析没有涉及中国消费互联网行业的另一面，那就是以 BAT（百度、阿里巴巴、腾讯）为代表的一批互联网公司同时注重科技研发，在云计算、大数据、人工智能领域取得科技创新成果。中国移动、中国电信、中国联通在这些领域也有领先的布局和成果。这些成果标志着中国互联网骨干企业真正意义上的第一次整体迭代开始呈现，以信息连接为主体的消费互联网时代翘楚的重心开始转向赋能数字化转型，助推中国产业互联网赛道整体进入加速周期。

@ 产业互联网的"蓝海跨越"

2012 年，全球工业设备制造业龙头美国通用电气（GE）董事长伊梅尔特首次提出工业互联网的概念。正是这个以物联网、大数据等技术优化、提升机器运营效率的理念，开启了世界制造业数字化革命。

2013 年，德国提出工业 4.0 概念：人类将迎来以信息物理融合系统为基础，以生产高度数字化、网络化、机器自组织为标志的第四次工业革命。

"许多人眼里的制造业是一种以机器、设备、油脂和钢屑为代表的陈旧事物，而现在突然变成了某种恰好符合这个以软件、互联网、机动和云计算为代表的摩登时代的事物。"德国工业 4.0 专家乌尔里希·森德勒（Ulrich Sendler）对工业 4.0 概念做出的这个本源性描述对世界工业界产生了深远的影响。他同时预测："到 2030 年，互联网和其他服务联网的系统将使所有行业实现智能化，并取代传统的机械和机电一体化产品。"

就在这个时期，美国发布"先进制造伙伴计划"（2014 年），中国制订"中国制造 2025"计划（2015 年）。德国、美国、中国的战略核心都是围绕把握先进制造业的"数字化 + 网络化 + 智能化"潮流，而目标分别是"保证制造业的领先地位""实现在未来先进制造业中的领导地位"和"跻身世界制造强国行列"。2017 年 11 月，国务院发布《关于深化"互联网 + 先进制造业"发展工业互联网的指导意见》，可以说，那时中国工业互联网赛道就已正式开启。

对企业家而言，梳理全球工业互联网思想源流的价值在于消除认知和行动之间的阻隔。企业家应该认识到：不同于消费互联网由资本和互联网企业主导，产业互联网是由政府主导的国家大战略。这一轮革命性的全球先进制造业竞争不仅仅将重构产业链、供应链格局，更重要的是将导致企业重构组织管理、生产模式、商业模式、人力和财务管理理念等。换句话说，工业互联网将重新定义传统产业。

当然，产业互联网的成长周期相对较长。企业数字化转型是基础，新一代信息技术和技术平台赋能是支撑，其核心不仅仅是解决制造业的效率效能效益，更重要的是通过云计算、大数据、5G、AI、边缘计算、物联网等新一代信息技术与工业经济深度融合，实现生产过程中所有要素的连接、整合、重构，培育形成新模式、新业态，构建起覆盖全产业链、全价值链的全新制造和服务体系。

以工信部 2022 年 7 月发布的数据和其他可信来源数据，可以初步勾勒出中国工业互联网目前的真实图谱。

中国工业互联网初步建成位居全球前列的网络、平台、安全三大体系；工业互联网融入 45 个国民经济大类，产业规模迈过万亿元大关；150 多家平台连接的工业设备数超过 7900 万台、工业App 数量 28 万余个、工业互联网相关企业 12.6 万家；建成代表全球智能制造最高水平并被世界经济论坛（WEF）评定为"灯塔工厂"的样板企业 37 家（占比超过 1/3，总数位居世界第一）；"5G+ 工业

互联网"在10个重点行业建设项目超过3100个并形成了柔性制造、远程设备操控、AI机器视觉质检、无人工厂等20个典型应用场景。

从见诸网络的公开信息可以看到，在物流行业，数字射频技术被广泛应用，机器分拣速度和精度大幅提高；在钢铁行业，数字车间引入5G网络，一举实现天车作业的远程操控，综合效率大幅提升；在家电行业，工业互联网联手人工智能技术，不仅提高了产品缺陷检出率，而且降低了人力成本。

在由亿邦动力主办的"看见数字化价值－产业互联网大会"上，国联股份创始人、总裁钱晓钧在演讲中以"蒙达钛业"为例，用数据说话。经过国联股份辅助数字化改造，"蒙达钛业"的产能提升了12.5%，产品不良率降低了10%，总体运营成本降低了10%，人工成本降低了3.7%，库存周转提高了60%，采购成本降低了5.7%，订单交付周期缩短了33%。

作为新一代信息通信技术与制造业深度融合的关键基础设施，产业互联网已迈过起步期，正在进入快速成长期，这个尚处于非激烈竞争阶段、市场容量十多万亿元的蓝海市场赛道，仍面临工业软硬件自主创新水平有待提升、设备互联互通难度较大、深层次应用不够丰富等问题。

尽管如此，支撑产业互联网乃至数字经济体系的算力网络已经形成，中国算力规模和水平已居全球前列。在业界率先提出"算力时代"论断的中国电信前总经理李正茂鲜明地主张"算力就是生产力!",并通过探索"云网融合"实践,推动算力基础设施加速向"算力网络化、智能化、绿色化、可信化"发展演进。

基于以上分析,可得出的基本判断是产业互联网商业价值链处于蝶变期。需要借助产业互联网蝶变期机遇以满足"资源共享、业务协同、价值创造"三大需求的企业家,应基于这个风口优化战略、调整应对策略,尽早实现"蓝海跨越"。

可以设想,当物联网实现连接一切可以连接的人和物的时代即将到来时,当O2O(线上到线下)加速开启新商业模式裂变式增长成为常识时,当云计算、大数据、人工智能成为每个人都离不开的生产生活资源时,当消费互联网向产业互联网加速迁徙演进时,当互联网解构几乎使每一个产业都呈现出泛互联网化的特征时……我们有理由相信,我们将迎来一个更加应接不暇的互联网经济时代!

@ 智能互联网的"星辰大海"

伴随着5G、人工智能和物联网技术的融合发展,一个万物智能互联的时代——智能互联网时代正在到来。

从技术和应用迭代演进的逻辑来分析,以数据、算法、算力为主导的新一代信息技术体系为智能互联网时代奠定了基础。

换一个视角来看,如果说"高级自动化"是目前能看到的工业互联网的日常形态,那么智能互联则是人工智能赋能互联网而出现的全链条升级形态。可以预见的是:这个趋于以人为核心,基于

云计算、物联网、大数据、人工智能等互联网技术的融合型技术系统，与各种丰富的应用场景相结合，将推动更智能的机器、更智能的网络、更智能的交互，创造出更智能的经济发展模式和社会生态系统。

观察互联网演变的进程，科学界和企业界的认知趋于一致，那就是互联网已然发生了三次革命性拓展。

第一次是"信息互联"时代，是信息与人的连接，通过网站、网页、App 实现信息流通的多元化和普惠化；第二次是"互联网＋"时代，互联网平台与传统产业渐趋融合，承载着经济和社会生活的数字化转型，并加速形成数据、算力等新型生产要素体系；第三次是正在扑面而来的"智能＋"时代，这个由人工智能、5G、物联网为引擎的时代，让设备、网络、交互变得智能化进而改变社会，使"人"这个社会主体得到更新颖、更丰富、更高效的生活。

从产业链视角来看，智能互联网将至少从以下三个层次颠覆性地塑造新的商业范式。

第一，社会形态将被智能化信息技术重塑。未来的智能互联网将加速现实的物理世界与虚拟的数字世界的深度融合，绝大多数行业的组织架构、商业模式、竞争法则、利润规则等都可能发生改变。

第二，将为颠覆性数字服务商业模式场景化开发提供更适宜的生态。人工智能通过对物联网系统提供的感知数据进行关联和分析，使数据驱动型应用场景得到爆发式增长。交通物流、工业制造、智慧城市、医疗保健、公共安全、文化娱乐等领域，广泛应用智能监控技术、生物特征识别技术、工业机器人、服务机器人、无人驾驶汽车、远程诊疗技术、写作机器人等，经济和社会生活的场景数字化、智能化趋势加速。

第三，以幸福感获得感为主导的生活服务新范式将如雨后春笋般涌现。商业创新将更依赖和聚焦于人的位置关联而展开。以人和智能移动终端的紧密融合，从时间和空间、虚拟和现实等多个维度出发，更智慧地捕获分析人的活动位置、关联需求，更智慧精准地服务人的个性化、多元化生活，使以往以 IP 为核心的模式产生动摇，进而派生出意想不到的商品与服务交易模式。智能家居、在线游戏、智能穿戴设备、数字孪生、生活服务机器人、AR/VR/MR 以及更为复杂的元宇宙都将借助"智能＋"提供的技术条件快速升温。

智能互联网将成为引领经济和生活升级与变革的核心引擎。诚然，在智能基础理论、高端人才、核心算法的关键技术方面，中国与领先国家仍存在很大差距，应用场景还不够丰富稳定，但从总体上看，中国在智能技术产业领域具备与世界并跑甚至局部领跑的条件，所有与此相关的变革都将为丰富多元的创新型商业赛道提供支撑。

"智能＋"趋势攸关中国经济和科技的未来命运。

对行走在科技赛道上的企业家而言，智能互联网时代的财富空间恰如广阔无边的"星辰大海"。

吴军博士在其畅销书《智能时代》中有一段深情的描述："在历次技术革命中，一个人、一家企业，甚至一个国家，可以选择的

道路只有两条，要么进入前 2% 的行列，要么被淘汰，抱怨是没有用的。至于当下怎么才能成为这 2%，其实很简单，就是投身智能革命的浪潮。"

逆全球化的风险与"分布式"增长格局

@"配置风险"投资哲学的警示价值

理性的企业家要防止两种有害的声音干扰自己对经济趋势的洞察：一是盲目夸耀局部突破的"厉害"，二是贩卖焦虑误导对未来的认知。很多时候，透过纷繁复杂的经济现象看清本质和趋势并非易事，但这是企业家智慧修炼的必修课。

自加入 WTO 的 20 多年来，由于搭上了经济全球化的列车，中国经济实力稳健上升，但近两年来趋势正在发生改变。我曾就如何洞察经济趋势的话题与一些知名企业家做过交流，他们提及较多的是瑞·达利欧（Ray Dalio）的思想和方法。

从 1984 年至今，作为全球最大的对冲基金——桥水基金的创始人，瑞·达利欧参与并持续关注着中国"非常伟大的变化"，他坦言自己"见证了中国在全球历史当中最伟大的经济增长和发展"。这位资深投资家把他的思想集中体现在《原则》和《债务危机》这两本深刻影响中国投资界的经典畅销书中，尤其是他"配置风险，而不是配置资产"的核心投资哲学，引发广泛关注。

瑞·达利欧 2020 年时写过一篇文章《悄悄变化的世界格局与宏观周期》，提出了很有意思的观点。他说，"回看历史，与我们现在所经历的时期相似度最高的是 1930～1945 年这一时期。这也是我非常担心接下来会发生的一切的重要原因。在研究历史的过程中，我看到的是一长一短两种典型周期的吻合与交叉，其中的长周期由两种元素组成：一是安乐繁荣发展期，决策者们和谐共处、携手并进，以可持续的方式追求创造财富；二是痛苦下行震荡期，各方为争夺权力和财富不断发生摩擦和冲突，阻碍了经济的和谐发展与生产力的不断提升，有时甚至会导致战争和社会动荡，这些动荡通常造成破坏和痛苦"。

也是在 2020 年，他还做出很值得企业界警觉的趋势预测："经济全球化大不如前！未来世界可能会形成一个所谓的平行世界，经济全球化进一步退化，国际合作进一步退化，很多国际公共产品无法被提供。所有企业要做最坏的打算！"

当 2022 年夏季到来时，人们看到：由于贸易保护主义盛行、新冠疫情肆虐、俄乌冲突、逆全球化等因素叠加释放出的破坏性效应，国际航线中断或阻滞，贸易联系减弱退化，能源供给失序，货币和金融体系正在发生裂变，国际贸易的兴盛景象已不复存在。一系列灾难性信息纷至沓来，全球性产业布局、生产制造、资产配置、资本市场、汇率、供应链以及人们的日常生活全方位受到影响。未来几年全球经济趋势难以预测。

就在这个时刻，瑞·达利欧又提醒道："三大力量正催生全球高风险环境！"据《证券时报》报道，2022 年 5 月 14 日，在"2022 清华五道口首席经济学家论坛"上，瑞·达利欧指出，当前国际社会正处于大规模的债务货币化、内部冲突、大国崛起三大力量齐头并进的时期。首先，巨大的债务伴随大规模的债务货币化，中央银行印钞票来购买债务在全球三大主流货币当中尤为严重。其次，一些西方国家存在严重的内部冲突。最后，大国的崛起将带来大国之间竞争过程中难以避免的冲突。而历史经验表明，每当这三大力量齐头并进，就会产生高风险环境。他呼吁，各国应有序竞争、避免冲突，保持对话、合作共赢，共同为经济发展与科技进步做出努力。

"了解历史规律从而洞悉未来。"对于艰难的状况，瑞·达利欧写道："这自然会产生一种适应痛苦变化的过程，最终将我们整体变得更加强壮和柔韧，尽管最后将会有新的与我们所熟识的不同的世界秩序和新的世界力量产生。"

瑞·达利欧认为中国还会继续进行经济改革。中国将会克服新冠疫情带来的挑战，并避免陷入一场削弱国力的战争。中国的经济增长率会低于过去几十年的水平，但仍然很有可能会大大超过美国的经济增长率。他还分析说：全球都受到了疫情冲击，但中国的产业链是最完备的，中国的生态是最好的，所以很多贸易合作伙伴把合作机会给了中国企业。在疫情之下，这对于中国企业和中国投资者来讲可能是个值得欣慰的消息。

瑞·达利欧号称"金融界的乔布斯"，其"配置风险，而不是配置资产"的核心投资哲学是被证明过的"干货"。尽管他描述的是通过调整资本市场股票、债权、大宗商品投资组合的比例关系降低投资风险的问题，但其思维方式里透露的"相对多元""分布式投放"的思想理念，对当下中国企业洞察复杂的国际国内趋势、趋利避害是有一定启发意义的。

@ 从"分布式引擎"中寻找新动能

在新冠疫情、逆全球化交织的背景下，中国经济走到了一个重要节点，十分突出的现象是传统行业显得十分拥挤，传统发展方式的边际效益正在大幅降低，甚至互联网、通信行业也出现收益率下滑态势，未来经济必须依靠创新驱动发展来寻找新的增长动力。

新动力来自新引擎。2016 年国务院政府工作报告中明确提出要"打造动力强劲的新引擎"。那什么是新引擎？如何打造中国经济增长的新引擎？

很多企业经历了"十三五"增长周期的波动变幻。国内智库基于大数据所做的分析表明，学界对宏观经济形势形成了一个共识，"城市化＋土地财政＋房地产"经济对经济发展的推动作用即将触顶。在这种情况下，企业界共同关心的一个问题是：经济下滑的底部到底在哪里，下行触底的时间到底有多长，中国经济会不会因为增长动力不足而长周期"滞长"？

宏观经济学家习惯于把中国经济增长的路径描述为投资、消费、出口"三驾马车",产业经济学家则侧重于中观视角下的垂直细分行业的变化研究。而企业家观察经济的视角一定是企业在宏观、中观背景下的微观活力,也就是公司在增长曲线里的价值培育。

回溯近十年来中国经济的发展脉络,可以得出一个结论,以新技术、新产品、新模式、新业态为特色的"四新增长极"已然成形。这种引擎性质的经济范式具备"分布式"特征。

所谓"分布式引擎",是指中国经济发展的新动力不会集中在少数行业、少数企业,不会拘泥于既有的形态或有限的类型。引用"分布式"这个计算机网络架构系统的概念来解读商业模型,重在阐述集中与分布、主项目与培育型项目的可伸缩性特征。换个形象一点的说法,就是类似于中国高铁动车组的多元动力,组合形成效益横向扩展的协同系统。

横向扩展是指通过增加更多的机器来提升整个系统的性能,每当性能下降的时候,就需要增加一台机器,这在理论上可以达到无限大的工作负载支持。

"新引擎"将来自千万家中小微企业的成长壮大,来自"大众创业、万众创新"激发的活力,来自"互联网+"创造的新业态。我们不应寄希望于单骑闯关,依靠少数领域的突破拉动中国经济增长,我们希望看到万马奔腾,以全面创新驱动全面发展。唯有如此,动力才均衡,活力才持久。

共享经济模式就是一个典型的应用场景。虽然其起源于美国，但中国目前已经成为全世界最大规模的实践基地。据国家信息中心发布的《中国共享经济发展报告（2022）》，2021 年我国共享经济市场交易规模约为 36 881 亿元，同比增长约 9.2%。从市场结构上看，生活服务、生产能力、知识技能三个领域共享经济市场规模位居前三，分别为 17 118 亿元、12 368 亿元和 4540 亿元。共享型消费作为顺应消费升级趋势、技术创新和模式创新结合的新业态，成为备受人们欢迎的消费范式。在中国新旧动能转换的关键时期，共享经济无疑为整体社会运行注入了一股新的动力。

再看现代服务业的蝶变。国家统计局统计数据显示，中国服务业增加值占 GDP 比重于 2012 年首次超过第二产业达 45.5% 起，到 2015 年占 50.77%，再到 2021 年占 53.3%。从数据上分析这种演进轨迹，对当今社会应对经济不确定性具有决策价值。若具体到物流业，则更能看清动能转换的底层逻辑。来自美国供应链调研与咨询公司 Armstrong&Associates 和世界银行的数据显示，中国物流业 2013 年起市场规模就居全球首位，但整体竞争力却只能排到 15 名之外。此后，在"互联网 + 物流"的理念下，互联网、大数据、云计算、人工智能、区块链等信息技术与物流深度融合，推动物流业乃至中国经济的转型升级。代表物流业方向的智能物流迎来了发展的黄金时期。"互联网 + 高效运输""互联网 + 智能仓储""互联网 + 便捷配送""互联网 + 智慧物流""互联网 + 供应链一体化"等模式创新，使各种不同类型的物流企业借助"互联网 +"实现智能

化、高端化转型升级。据中国物流与采购联合会公布的数据，2021年中国物流总额已超 335 万亿元，规模巨大，但竞争力依然有待提高，仅以全球揽货量为例，前 20 名的物流企业全部为欧美日国家所属。从整体来看，"互联网＋物流"有巨大潜力可以挖掘。

在"互联网＋""智能＋"赋能传统行业的渗透率日益提高的背景下，制造业、农业、建筑业、金融业、生活服务业都将转型为新实体经济。这些产业经历了数字化转型的过程，不仅展现出惊人的发展速度，而且跨界对其他行业产生了颠覆性的影响。虽然中国数字化转型深度还不够，但从现代服务业成长的系统性环境要素综合分析，从新技术、新产品、新模式、新业态的异军突起来看，中国经济多元化、分布式新动能、新引擎拥有广阔的拓展空间。

@ 科技角逐：哪些产业决定未来

当今世界日趋激烈的竞争态势，表现为实力的比拼，但底牌是科技竞争。

综合各方数据测算，中国 2021 年 GDP 总量为 17.77 万亿美元，接近美国 GDP 总量 23.03 万亿美元的 80%，与七国集团（G7）除美国之外的日本、德国、英国、法国、意大利、加拿大六国的 GDP 总量之和 19.39 万亿美元接近；在过去十年间，中国对全球经济增长的贡献约占 1/3……这些深刻影响了全球政治经济格局。尽管中国规模庞大的制造业整体尚处于中低端水平，但部分高新技术产业如高速铁路、5G 通信、人工智能、新能源汽车等正在发生的向高端跃升甚至超越的态势，使西方长期主导的科技革命、科技产业变革遭到挑战，这使得全球对科技制高点的争夺成为较量的新焦点。

这一点，正是令许多人困惑的大国间激烈冲突的根源。

凯文·凯利在其《必然》一书中对下一波可能进化为技术颠覆的 12 个大趋势做了富有想象力的阐释，他告诉人们"所有的东西都是一种流动的状态，都在不断升级"。

当高科技领域"被脱钩"的趋势日益显性化的时候，中国应更加理性地向"科技主导型"发展模式学习借鉴，在"变动的趋势"中寻求决定未来的战略性新兴领域核心技术的突围。

辩证分析"被脱钩"、逆全球化的形势，以下问题值得企业家关注。

● 会不会撼动全球产业分工格局？

复旦大学特聘教授、重庆市原市长黄奇帆认为，中国经济是稳定全球产业链、供应链的关键力量。因为中国是世界独一无二、超大规模的单一市场，"产地销"和"销地产"这两种模式在中国都可以得到充分的施展。事实上，与印度碎片化的市场不同，中国超大规模单一市场加上门类齐全的制造业体系，造就了中国经济独一无二的强大竞争力，进而造就了不会轻易被撼动的全球供应链和产业分工格局。具体而言，中国市场的规模效应可以大幅摊薄制造业的研发成本、固定资产投资成本、物流成本、市场开发成本甚

至原材料采购成本，这种规模优势可以影响到整个制造业成本的
30%～40%。某类产品只要在中国能够生产，马上就能大幅压低同
类产品的售价，这是中国超大规模单一市场的威力所在。

● 会不会是重构全球科技产业格局的机会？

答案是确定的。有专家认为，未来产业将以创新性甚至颠覆性
的技术为主导，其技术路线图将打破"延长线"思维定式，更加具
有多变性、复杂性和不确定性，极难跟踪、模仿或封锁。

核心技术一直是中国经济的短板，差距是多方位的，体现在知
识创造、资金投入、人才培养、核心专利、标准制定等方面。中国
在关键装备、核心零部件、基础软件、高端芯片、新材料、新医药
等领域的不足较为明显，依赖进口和跨国企业。如何保障产业链自
主可控成为中国企业的迫切问题。

因此，不少专家认为，未来产业如果可以有所突破，中国就有
望打破"引进—消化—吸收—落后—再引进"的"新怪圈"。

● 哪些高新技术是未来十年的"科技主导型产业赛道"？

根据对美国、欧盟、日本、韩国等先进工业国和地区近期发布
的未来产业价值链报告数据的分析比对，国内外众多机构对正在加
速布局的战略性新兴产业的预测总体上集中在八大高新技术领域。

一是电子信息技术：重点关注人工智能、5G/6G 通信、基础软
件、量子信息科技；二是生物与新医药技术：重点关注生物生命基
因技术；三是航空航天技术：重点关注低轨道、深空探测、控制、
应用技术；四是新材料技术：重点关注第三代半导体、材料基因工

程；五是高技术服务业：重点关注工业机器人、智能物流等；六是
新能源及节能技术：重点关注绿色低碳、替代化石能源技术；七是
资源与环境技术：重点关注全球气候变化、土壤污染修复与治理、
固废无害化与资源化；八是先进制造技术：重点关注高新技术改造
传统产业、高精度智能制造、半导体设备等。

全球经济界和产业界的共识是，"位于全球价值链高端环节的
未来产业具备高附加值、高回报性，通常能够产生巨大的经济社会
效益"。这条赛道也是中国构建未来持续竞争优势、从"跟跑者"
向"领跑者"转变的关键性选择。

经营模态

商业的底座和商业的渠道

- 新模态商业范式导致商业组织的变革，组织架构选择与业务架构选择构成了商业的底座和渠道。这两者是经营模态的核心和支点。

- 曾经为达到商业目标而制定并遵循的流程、方法、规则、范式，正经受新生代消费群体消费范式迭代和变迁的冲击。

- 市场无定式，商业模式亦然。

- 无论多么高明的商业模式都是围绕商业逻辑而展开的。

- 构建一个生态，通过有效的组织方式掌控这个生态的全要素，促进产品精准触达消费人群，是商业模式的最高境界。

- 对中小企业来说，善于盯住缝隙市场，依托"专精特新"，长于非对称性"突围"，恰恰最有可能在所处的细分领域中拥有左右市场的定价权。

连接新生代消费者的范式变迁

有人说，Z世代的消费者"最难搞"，但其实，只要你了解了他们的性格特点和由此带来的消费范式转移，你的品牌可能就会成为Z世代最好的朋友。

Z世代，一般指1995~2010年出生的年轻人，也被称作"移动互联网原生代"。AppAnnie统计数据显示，Z世代人口规模已占全球人口数的1/3，并且超越了"千禧一代"（也称Y世代，通常指出生于1980~1994年的人），成为人口数量最多的一代。中国国家统计局的数据显示，目前，我国出生的Z世代人口总数约为2.6亿，最年轻的Z世代人群（2009年后出生）已经进入中学阶段。随着Z世代步入职场，收入逐步提升，他们正在成为未来主力消费人群。

美国彭博社曾称，Z世代已经成为中国最"牛"的新兴消费群体。有报告预测，我国Z世代整体消费规模预计到2035年将增长4倍，达到16万亿元，是未来消费市场增长的关键。更重要的是，除了在数量上强力拉动消费，Z世代还携带着鲜明的消费标签，他们倡导"我的消费，我做主"，对社交媒体的体验是沉浸式的，更注重产品带来的体验。他们独特的消费方式以及不同的消费选择，将对消费市场产生深刻的革命性影响。

可以说，Z世代是典型的"SoLoMo"（社交、本地和移动）消费群。"SoLoMo"这个概念是由著名风险投资人、美国凯鹏华盈风险投资公司（Kleiner Perkins Caufield & Byers）合伙人约翰·杜尔（John Doerr）于 2011 年首次提出的。他把当时最热的三个关键词整合到了一起：Social（社交的）、Local（本地的）和 Mobile（移动的）。"SoLoMo" 一经提出，便得到了互联网科技行业的认可，并很快风靡全球，被认为是互联网科技行业的未来发展趋势。近几年，我国新媒体发展如火如荼，微博、微信、抖音、小红书等社交媒体迅速普及，各种软件均开设 "本地" "附近" 板块，移动互联网高度覆盖…… "SoLoMo" 时代已然快速来临。

当 Z 世代遇上 "SoLoMo" 时代，这一代消费者的消费范式便发生了变迁。

@ 消费社交化：社交平台、分享、KOC 影响消费行为

社交化连接，是新生代群体消费的重要特征。X 世代（通常指出生于 1965～1979 年的人）、千禧一代和 Z 世代都已习惯于生活在互联网世界里，他们的学习、购物和娱乐都离不开互联网，但 Z 世代仍有不同：他们未曾亲眼见过互联网出现之前的世界，是真正的 "移动互联网一代"。他们人手多个社交平台账号，在微博、微信、抖音、知乎、小红书、大众点评上发表观点，分享好物；他们热衷于成为各种应用的会员，加入各种群组，在群组里 "种草" 和 "被种草" ……这些行为影响了消费习惯，使 Z 世代消费群体的社群化趋势越发显著。

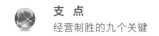

21世纪经济研究院的调查结果显示，Z世代了解某品牌的主要方式分别为：平台KOC（Key Opinion Consumer，关键意见消费者）测评和推荐（77.55%）、圈层内同好"种草"（52.30%）和社群推送/导购微信（33.19%）。The Influencer Marketing Factory研究报告显示，97%的Z世代消费者都将社交媒体当作购物灵感的主要来源。大约40%的人在社交媒体上关注品牌，而68%的人在首次购买前看了至少三则评论。

经调研发现，相较于其他年龄段的消费者，Z世代消费群体更加乐于表达和分享，也更希望得到关注与倾听，61.2%的Z世代在发现自己喜欢的品牌时会向身边朋友"种草"。与此同时，他们爱好广泛，有圈层文化，喜欢用自成一派的语言逻辑和体系建立起诸如时尚服饰、电竞游戏和网红美食等不同类型的社群，从而形成病毒式营销。比如，抖音等平台的短视频或网络热点之所以很快就会得到上百万的点击量，是因为其极短的循环周期：有人品尝一块蛋糕，感觉美味，在几秒钟之内就会把感受和相关信息发送给朋友。因此，Z世代社交化消费范式突出，容易受他人分享的影响，并因此增加购买欲望，超过八成的网民相信自己群组里的人的推荐。

虽然KOC一般比明星、大V的声量要小许多，但是他们的"种草"内容十分生活化，将产品与生活场景融为一体，且用生活化的语言来描述使用体验，这种真实的体验感非常容易唤起消费者的信任感和参考意愿，因而也成为影响消费的一大重要因素。

@ 消费个性化：自信、独特、O2O 是鲜明标签

美国《财富》杂志 2022 年 8 月的一篇文章提出，西方品牌需重新思考其在中国的战略并学习破解中国 Z 世代密码的新规则。最近，阿迪达斯、耐克等不少传统的国外知名品牌也都在思考一个问题："为什么它们的产品不再吸引中国年轻人？"想知道这个问题的答案，就应该先了解 Z 世代的性格特点和消费特征。

Z 世代最显著的特点是自信。中国 Z 世代出生、成长于中国人均 GDP 高速增长、移动互联网高速发展的时代，他们成长的环境是平视而非仰视世界的时代，他们有更多的选择而且多数衣食无忧，消费观更加随性自我。这样的成长背景使他们拥有对自我的自信、对时代的自信、对文化的自信以及对国家的自信。他们的心理状态会具体反映在消费行为上。

他们最显著的消费特征是对国潮的推崇。我们先来看几个数据：2022 年，京东消费及产业发展研究院发布的《2022 Z 世代消费指数报告》显示，2022 年以来，Z 世代购买"中国红"元素商品的销量同比增长 326%。2021 年，《百度 2021 国潮骄傲搜索大数据》显示，国潮在过去 10 年关注度上涨 528%。而麦肯锡 2020 年的调查也发现，10 年间表示会购买中国品牌而非国外品牌的人从 15% 增至 85%，其中 Z 世代是最主要的贡献者。可以说，近年来，从听国潮音乐到逛潮玩展会，再到吃文创雪糕和抢购国货产品，购买新国货品牌成为 Z 世代的消费日常。

中国 Z 世代不只喜欢新国货，还热衷于新国货蕴含的文化、科技等中国力量。近几年，在技术的驱动和传统文化的加持下，国产新能源汽车、美妆、手机等多个行业自主品牌关注度超过国外品牌。这也就有了前述那个问题的答案："以前，西方品牌总被认为是更优质的。如今的年轻人，则不再这样认为。"

Z 世代的另一大消费特征是渴望独特。反映到消费上，他们希望通过购买与消费不同的产品来凸显独特个性，并打造专属的"人设"，而为了找到自己的"人设"，他们愿意在能代表自己的领域投入大量的热情、时间甚至金钱。麦肯锡的研究报告称，中国 Z 世代渴望"独特"的产品与服务，在 Z 世代消费者中，逾半数（51%）偏爱提供个性化产品的品牌，53% 会选择提供定制服务的品牌。调研还发现，Z 世代消费时更重视体验、个性、炫酷等非功能性刚需，比如买手机时更关注智能黑科技，买汽车时更关注重内饰，喜欢智能汽车、新能源车等；更加注重产品和服务的创意附加值、情感附加值、文化附加值，对于定制、独家产品、个性化服务等颇为青睐；更加喜欢可以彰显个性的商品，如盲盒、球鞋、二次元、虚拟偶像等。应该说，这股消费潮流能够引发关注，不只是因为大量资本的注入，其背后也隐藏着 Z 世代个性化的消费需求。

此外，Z 世代还是 O2O 模式的最强拥趸。一方面，Z 世代不再"上网"，而是"活在"网上，"活在"手机里，线上生活已经成为他们生活的一部分，无论是服装、消费电子产品、杂货、家居用品还是健康和美容产品，所有东西均可"线上购"。另一方面，他们也喜欢线下购物，且在线下购物时非常看重体验，会借助多种渠道比如使用手机 App 比较价格，或通过社交媒体和手机等征求朋友、家人甚至线上"陌生人"的意见。麦肯锡发布的报告称，相比其他国家，中国 Z 世代更习惯于全渠道购物。以服装为例，近 40% 的中国 Z 世代消费者表示会去门店看实物，然后在线上下单。

@ 体验消费升级：垂直化、场景化、虚拟化增强沉浸感

当下，我们基本能形成一个共识，那就是新一代消费者不再盲目追求性价比，而是更加重视消费过程中的悦己"体验"。

"体验经济"这一概念最早由美国经济学家 B. 约瑟夫·派恩和詹姆斯·H. 吉尔摩在 20 世纪 90 年代末提出。他们在《体验经济》一书中提出：体验经济是一种通过满足人们的各种体验而产生的经济形态，是一种最新的经济发展浪潮。当企业有意识地以服务为舞台，以商品为道具，以满足人们情感需要和自我实现需要为主要目标时，体验经济就产生了。

近年来在国内广受追捧的宜家等都是体验经济的良好案例。但 Z 世代消费群体对体验经济有了更多的要求。他们希望体验更专业，更具场景化和沉浸感。因此，新的体验经济需要通过调动人的感官思维和心思维，强化情感和体验，最终引导消费。

在各个领域，新体验经济已经开始展现它的威力：美妆、美食等各垂直领域的"短视频 + 直播"测评给消费者带来体验感，带货

能力强大；VR 看房、VR 会展、VR 文旅备受欢迎，忙碌的年轻人享受躺在家里"身临其境"的体验；密室逃脱、剧本杀的沉浸式场景带来真实参与感、体验感，备受 Z 世代消费者追捧；实体商业空间的沉浸度，成为流量竞争的关键性因素⋯⋯根据美团研究院的统计，2020 年仅美团平台上的新体验类生活服务业新业态就多达 47 个，包括主题餐厅、VR 餐厅、电影酒店、沉浸式展览馆 / 博物馆、DIY（自己动手制作）手工坊、电子竞技馆、轰趴馆、室内萌宠互动、共享自习室、整理收纳、在线问诊、智慧养老等。

我们特别应该强调的是，体验消费看起来是可感知、可衡量的，但实际却又具有抽象、无固定标准、无法度量的特性，它更多的是一种感受，因人而异。因此，对于体验消费的提供者来说，如何更了解消费者，提供消费者喜爱并且"感受"好的商品至关重要。

作为讲究场景的体验经济大趋势的一个亮眼的注脚，位于北京石景山游乐园的"飞越中国"飞行影院在 2018 年 8 月正式亮相。这家影院由大陆"飞览天下"公司建设，台湾一家全球领先的科技公司提供专业设备。在一个半球形银幕上，或提供镜头飞越云巅、掠过山川、穿梭在中国以及世界各国秀美景色之中的动感体验，或提供 XR 多维立体空战格斗的虚拟空间体验，这样一个立足体验经济的科技文化项目迅速蹿升为京城的网红打卡地。在新疆天池以及厦门、贵阳、海口开设的同款场景体验项目，也同样成为网红打卡地。公司负责人杨雷把这种基于强烈的科技感与文化感无缝交汇的融合型产品与服务概括为"极致体验"文化。这在消费升级的背景下具有独特的创新价值和象征意义。

　　Z 世代是"线上一族"，他们的线上行为为我们提供了海量的数据和样本，对这些数据和样本进行更好的分析与利用，对于我们制定商业和营销策略至关重要。

　　技术的发展、新代际的登场、新冠疫情的催化，共同推动了消费范式变迁。对企业来说，谁最先占领有裂变式营销前景的细分市场，谁就能成为整个市场的定局者。

　　消费范式的变迁既是挑战，也是机遇。只要把握住这种态势，增进对新生代消费者的理解，或许就能赢得"最难搞"，同时也是"最牛"的新兴消费群体。

再造数字内容产业价值链

　　一旦互联网成为整个社会的操作系统，它对每个行业的改变就不只局限于微观层面，而是系统性和全局性的。具体到传媒业，当价值链和竞争格局被重构时，传统媒体就面临着角色危机。能否适应全媒体时代的要求，重获内容优势、重建用户关系、重构商业模式、重构价值链，成为媒体是否有存在价值的关键。

@ 用户的数字化迁移

　　传统主流媒体的危机集中体现在用户连接的断裂，主要原因是

互联网环境下传统主流媒体价值的弱化和用户体验的缺失。传播权力已经从纸质媒体转移到网络媒体，传统纸媒在一定程度上已从主角沦为配角。

特别是随着移动互联网席卷全球，用户向移动端的迁移势不可当。以新闻客户端这一移动互联网主流应用为例，第三方监测平台 TalkingData 的数据显示，2021 年 1 月排名前十的新闻资讯 App 无一出自传统主流媒体。无论是活跃用户还是有效时长，传统主流媒体推出的新闻客户端与商业公司动辄千万量级、亿量级的资讯 App 差距巨大。更何况，还有微博、微信等超级 App 带来的"流量黑洞"效应，让传统主流媒体在移动互联网这个新战场上的生存空间进一步遭到挤压。

应当说，媒体融合从 2014 年成为国家战略以来，传统主流媒体进行了积极探索，取得了显著成效，也推出了许多爆款产品，但无法摆脱"有爆款没用户，有流量没平台"的困境。商业平台掌握着用户，短期内这一格局难以改变，这就迫使传统主流媒体不得不采取"借船出海"的战略。入驻商业平台虽然扩大了传统主流媒体内容的覆盖面和影响力，但只是实现了缺乏黏性的信息触达，无法建立真正意义上的用户连接。更重要的是从长期来看，一些传统主流媒体因此患上了"平台依赖症"，被绑定和封锁在商业平台的生态系统中，失去了主动权和自主权。

因此建设新型主流媒体，首要任务是厚植用户价值、建立有效用户连接、扩大实际用户规模，关键路径是构建自主可控的强势平台。正如传播学者宋建武痛陈的那样，"没有一个主流媒体自主可控的平台，就没有主流媒体的一切。我们失去了平台，就失去了话语权，失去了主流媒体在当地作为最有权威的信息枢纽的功能"。只有通过自主"造船"，传统主流媒体才有希望将用户引流到自己的"领地"，创造出与用户的深层连接，拥有自主运营的私域流量，进而从根本上提升传播力和影响力。互联网智能化让这一任务更为紧迫，从商业平台携用户聚合资源、积累数据的发展经验来看，这也是平台建设和用户增长形成良性循环的重要动力。

@ 内容的分布式供给

当前，传播领域的主要矛盾是优质内容供给能力和结构同广大人民群众日益增长、不断升级的需求之间的矛盾。互联网智能化使"万众皆媒"成为现实，在一定程度上为解决这个矛盾提供了方案。但是，传统主流媒体的生产能力衰退和多元主体的生产能力爆发，此消彼长之间，也让传统主流媒体曾经的地位难以维持。

机器人大规模生产内容大行其道，但目前看这并不是最致命的打击。人工智能工具在创造内容方面可能会非常强大，但仍有其局限范围和天然弱点。更关键的变化在于，从社交媒体到分发平台，打破了过去垄断式、中心化的内容供给模式。

一方面，内容生产的权力正从专业媒体转移至自媒体。近20年来，互联网逐步打破了原有专业媒体机构对内容生产的垄断，以

微博、微信为代表的社交平台和以今日头条为代表的分发平台，进一步降低了内容生产的门槛，也彻底抹平了内容生产者和消费者之间的鸿沟。这种更彻底地去中心化的生产模式释放了蕴藏的生产潜力，推动大量自媒体不断涌现，生产的内容也超出新闻资讯领域，呈现爆炸式的增长。有人说，这一现象就像是"从计划经济到市场经济的转型"，海量内容也为算法分发的发展奠定了基础。

另一方面，内容分发的权力也被褫夺。从专业媒体到社交媒体和分发平台，编辑、算法、社交分工合作的新分发模式成为主流，并提供了一个根据人们的兴趣、需求和人际关系来分发内容的方案。据不完全统计，到2021年，基于算法的个性化内容推送已占整个互联网内容分发的70%左右。信息过载越是严重，碎片化消费越是盛行，碎片化消费所占比重也随之越来越高。采用算法分发的商业平台，反过来会在获取内容源方面争取更大的话语权和掌控力。近年来，今日头条号、百度百家号、企鹅号等自媒体平台相继成立，通过高达百亿元的内容补贴奖励激励内容生产者，它们拥有的自媒体生产者人数都已超过百万，由此建立了由海量内容支撑的生态体系。

正因为有了"千人千面"的分发逻辑，才催生了长尾领域自媒体内容的爆发；也正因为有了数以百万的自媒体生产者，才进一步促使"千人千面"的分发机制更加成熟。内容生产权力的分散化与分发权力的集中化，两者相互促进，对传统主流媒体构成了双重挑战。

@ 商业模式的坍塌与重建

传统主流媒体深陷经营状况严重下滑的窘境，表现为市场萎缩、造血功能锐减、营收指标持续下挫。这些都与互联网对传统商业模式的颠覆有关。"发行＋广告"的二级售卖模式曾经支撑了纸媒的辉煌，但当用户大幅流失、内容优势不再，传统媒体承担的角色和发挥的功能被替代时，商业模式的坍塌也就成为必然，这是全球传统媒体共同面临的问题。

互联网对广告产业的影响深刻而持久，广告主已经大量转移到互联网上，网络广告已经成为我国广告市场的主导。据《2021 中国互联网广告数据报告》，从总量看，我国的网络广告规模已经从 2009 年的 207 亿元攀升到 2021 年的 5435 亿元，在短短 12 年的时间内增长了约 25 倍，远超电视、报纸、广播、期刊四大传统媒体广告收入之和；从结构看，阿里巴巴、百度、腾讯等少数几家巨头占据了中国网络广告市场的过半份额，市场高度集中，马太效应明显；从趋势看，2015～2021 年，字节跳动广告收入从 30 亿元到突破 1000 亿元，字节跳动以 21% 的市场占比，成为国内仅次于阿里巴巴的互联网公司。

在这些数据背后，是人工智能、大数据和云计算等智能技术对广告运作模式和产业竞争格局的深刻改变。商业平台以技术和计算为驱动力来进行精准的受众定向、效果预估以及优化，带来了投放效果和服务效率的提升，进而获得了最多的市场份额；而广告展

示手段创新、多维度数据提供等方面的不足成为传统媒体的竞争劣势，由于媒体特点、流量规模、交易成本等的限制，传统媒体难以满足广告主的需求，导致广告收入持续流失。

努力抓住互联网智能化带来的广告模式升级新机遇，只能解决部分问题。摆脱"赢利模式困境"，还需要更多元、更可持续、更合乎逻辑的商业模式作为支撑。从产业角度看，今天已经到了需要对"媒体"重新审视、重新定义的时候。未来媒体的地位和作用将更加复杂，不仅是新闻发布者、信息传播者，而且将是服务提供者、关系建构者。中共中央办公厅、国务院办公厅印发的《关于加快推进媒体深度融合发展的意见》中开创性地提出，"要发挥市场机制作用，增强主流媒体的市场竞争意识和能力，探索建立'新闻＋政务服务商务'的运营模式"。数字内容产业未来的机会和方向就藏在其中。

数字底座：破解实体经济数据化痛点

@ 哪些因素在束缚新实体经济

1986年，美国管理学大师彼得·德鲁克提出将整个经济体系分为实体经济（Real Economy）和符号经济（Symbol Economy），实体经济指产品和服务的流通，符号经济指资本、外汇和信用的流通。当下，多数经济学学者更倾向于用实体经济和虚拟经济来表述。实体经济是国家经济的核心，是立国之本。虚拟经济是市场经济高度发达的产物，以服务于实体经济为最终目的。

新实体经济是传统实体经济在新时代背景下的升级、转型和发展，把实体经济和虚拟经济打通，通过技术创新和模式创新共同打造的一种新经济形态和产业业态。新实体经济是数字经济形态的重大变化，是我国经济增长新旧动能转换的重大成果。"推动互联网、大数据、人工智能和实体经济深度融合"，这既是国家层面应对科技革命和产业变革做出的决策部署，也是对我国新实体经济的形象描绘。

首先要认知新实体经济面临的"生态问题"。新实体经济的发展可以使我们更多地通过数字经济的发展提供过去没有的新动能。在制造业领域，随着数字化、网络化和智能化渗透生产加工各环节，基于信息物理系统的智能生产、智能物流、智能工厂等智能制造形式开始引领制造业的变革。在零售业领域，以数字技术为依托，通过技术创新和数字化驱动生产、流通、销售全链条的重构，以供应链健全产业链，促进形成了高品质产品与消费升级的正向循环。但是，我们也看到，在加速打造数字、智能、信息科技与实体经济深度融合的进程中，新实体经济发展的提速换挡仍面临很多政策、理念的束缚。

其次要认知新实体经济急需的"内生动力"。人工智能可能会成为下一轮新实体经济发展最强大的动力，世界主要国家已经行

动起来了。2016 年，美国发布《国家人工智能研究和发展战略计划》，对人工智能合作、人工智能安全、人工智能管理研究加大资助；2019 年，美国发布《维护美国人工智能领导力的行政命令》，强化其在人工智能方面的领先地位。德国在 2018 年连续出台《联邦政府人工智能战略要点》《人工智能德国制造》和《高技术战略2025》，推动人工智能技术的开发和应用。

从我国乃至全球范围来看，以人工智能为代表的数字技术产业化仍面临严峻挑战。核心问题在于，双创企业全生命周期服务链尚不完备，创业创新要素尚不能形成规模化、集聚性发展，科技型企业和科技型企业家"群"阶段尚未到来。因此，解决新经济实体内生动力的关键是以企业为主体，鼓励合作、交流、共享的数字化、智能化战略，在生产端、供应端和消费端全面深入铺垫数字化应用，以数据的集成和共享打通渠道、降低成本、提升效率。

最后要认知金融生态的支撑力不足。金融生态存在于数字经济和实体经营融合的顶层架构中，包括前瞻性的战略指引、强有力的金融体系以及保障性的资源整合，发挥制度、政策和组织的最大效力。发展新实体经济需要金融资本强有力的支持，而金融体系是当前颇为掣肘的一个因素。在我国经济发展的现阶段，新实体经济处于金融支持的边缘地带，甚至有脱节的风险。一方面，虚拟经济以及高回报率的投资项目牢牢把控资金流向；另一方面，融资结构比例失衡，直接融资成为制约金融服务实体经济的短板。而这些问题不仅仅是资金投放问题，更是市场机制、金融体系和政策保障问题。

　　金融体系对新实体经济发展的掣肘并非我国独有，部分欧美国家的做法可以为我们提供一些启示。以德国为例，2016 年，《德国数字战略 2025》中明确了 10 项举措，其中就有：创建数字代理商，尤其强调配套政策激发新老企业创新能力，2017 年投入 3 亿欧元用于高新技术创业；挖掘中小企业与新兴企业的创新潜力，联合大型企业为中小企业数字化发展提供服务和帮助，等等。[⊖]

　　因此，要摆脱我国现有金融体系对新实体经济的支撑困境，需要让金融全面渗透新实体经济的各个环节，引导金融机构的资金投放，强化金融监管，提高金融体系服务新实体经济的安全性和自发性，以金融改革和创新来支持实体经济的升级换代。

@ 数据中台：掌控数字营销的密钥

　　"中台"一词，最早出现于我国东汉时期，尚书台因成为政府管理中枢而被称作"中台"。近年来，随着互联网生态体系逐渐从消费互联网向产业互联网转化，企业需要将以往沉淀的成熟通用能力进行复用，并在此基础上快速创新，"中台"一词被赋予了新的内涵，成为互联网技术术语。

　　通常情况下，中台指灵活应对各种变化的架构，广义的中台则

　　⊖　张晓东 . 国内外数字经济与实体经济融合发展的经验借鉴 [J]. 当代经济，2022，39（1）：3-9.

指一种集业务、数据及组织为一体的数字化、智能化解决方案。从根本上讲，中台是企业自身综合能力的集中体现，中台的使命是实现企业级业务能力复用和企业内组织之间能力的融合贯通。

根据其特征和发挥的作用，中台可分为业务中台、数据中台和技术中台。业务中台在于实现企业级业务能力的复用，通过将不同前端不同应用场景中的共通业务进行下沉，提炼整合成通用服务，助力前端业务部门提升工作效能。数据中台是一种可让企业的数据持续动态利用的机制，通过大数据、云计算等技术收集、清洗、存储并加工大量数据，不断把数据变成资产并为业务赋能。技术中台则为业务中台和数据中台提供高可用性、高可扩展性，以及高健壮性的中间件和技术引擎。

《"十四五"数字经济发展规划》中明确指出，"数据要素是数字经济深化发展的核心引擎。数据对提高生产效率的乘数作用不断凸显，成为最具时代特征的生产要素"。在数据要素市场不断建设完善与深化发展的进程中，随着数字化变革的不断深入，数字化营销实践的关键性作用越发重要。以数据中台为核心载体，构建数字化全链路营销能力成为当今企业进行精准营销的重要命题，数据中台正在成为企业掌控数字化营销的密钥。

企业如何构建一个能够支撑数字营销的数字底座？一般来讲，数据中台需要具备五种能力：数据采集接入、数据清洗加工、数据关联挖掘、数据交互可视化以及数据价值变现的能力。

数据采集接入：企业由于自身发展原因，内部系统大多独立建设，导致形成多个数据孤岛。数据中台通过数据采集或接口调用等技术手段打破各业务系统间的数据隔阂，汇总形成统一的数据湖或数据中心。

数据清洗加工：根据数据特色和重要性制定数据分级分类标准，对采集接入的各类半结构化或非结构化数据进行垃圾信息过滤、关键信息抽取及结构化处理，形成企业的元数据资产。

数据关联挖掘：以业务应用需求为出发点，运用关联分析、人工智能、机器学习等技术手段和算法模型对大量数据进行分析，最终形成有助于解决业务领域特定问题的知识。

数据交互可视化：借助图形化手段，将数据集或数据分析结果构建成数据图像，以数据动态演示的交互方式呈现，最大限度地减少视觉噪声，使用户可自主构建对数据的理解。

数据价值变现：为前台业务提供智能化数据服务，支撑企业在流程智能化、运营智能化以及商业模式创新等领域不断突破发展，实现数据价值变现以及"数据业务化和业务数据化"的"双轮"并进。

借助以上五种能力，数据中台随着业务的不断滋养，可逐渐形成一家企业专属的数据驱动业务、业务反哺数据的数字生态。这个直面数字化营销中的痛点和堵点，全面打通客户、营销、管理和运营，在企业内部构建起发展数字经济的强大底座，通过建设企业经营产品数据资源池和客户资源信息库，打造数字营销一体化服务平台、用户全场景互动营销平台和企业经营资源集约化管理平台，最

终实现对企业内跨部门、跨业务、跨平台的多类型、多业务场景产品和服务资源的全方位整合和一体化管理。最终，以实时数据可视化解构实现对企业经营工作的实时数据掌握和数字化全链管理，以数字决策带动企业营销成果的规模化和创富的持续化。

随着数字化转型浪潮的风起云涌，数字化营销作为距离客户最近的战场，将成为企业数字化转型走向深海的第一战略。以数据为基础和驱动打通和不断优化营销全链路，将大幅提升客户营销体验的可控性、连贯性和逻辑性，进而不断增强企业的精细化运营水平，从而助力创造企业的下一个增长极。

@ SaaS 服务与 B 端用户市场的突围

1999 年，Oracle 前高级副总裁马克·贝尼奥夫（Marc Benioff）在美国旧金山的一所小公寓里创立了 Salesforce。为解决传统软件实施交付成本过高、收入难以持续等问题，Salesforce 推出了在线客户关系管理服务，将软件服务能力以订阅服务的方式提供给用户，SaaS（Software as a Service，软件即服务）由此诞生。

与传统软件服务模式相比，SaaS 模式可显著降低企业在前期的大量投入，根据客户需求快速提供解决方案，客户"按需购买"服务，开箱即用。经过二十余年的发展，全球 SaaS 产业已成为云计算服务领域最大的细分市场。咨询公司高德纳（Gartner）的数据显示，2021 年全球 SaaS 服务市场规模达到 1522 亿美元，预计在 2022 年，用户在 SaaS 服务领域的最终支出或将达到 1766 亿美元。

中国的 SaaS 服务市场起步较晚，从 2010 年才开始逐渐进入规模化发展阶段。2020 年，新冠疫情给整个商业环境带来了巨大冲击，倒逼企业加速进行线上转型，SaaS 概念受到资本热捧。中国信通院发布的《云计算白皮书（2022 年）》显示，2021 年我国 SaaS 服务市场继续稳步发展，规模达到了 370.4 亿元，增速为 32.9%。

数字经济展现出强大的渗透性和延展性，我国 SaaS 服务市场迎来新一轮增长机遇期。随着互联网流量趋于见顶和人口红利的逐渐消失，互联网巨头们也纷纷开始布局以 SaaS 服务模式为主导的企业端（B 端）市场。《"十四五"数字经济发展规划》中明确，到 2025 年，我国数字经济核心产业增加值占 GDP 比重将达到 10%，这意味着企业数字化转型升级成为非常确定的重要发展方向。《全球数字经济白皮书（2022 年）》数据显示，2021 年，我国数字经济规模达到 7.1 万亿美元，位居世界第二。

数字经济的蓬勃发展既是大量企业积极进行数字化转型的结果，也是驱动更多企业进行数字化转型的强大动力。企业进行数字化转型，需要企业由内而外全方位地数字化，包括企业内部、企业与客户之间、企业与上下游之间，等等。企业通过将自身的关键业务和传统 IT 服务设施向云端迁移这一路径，最终实现自身在商业模式方面的创新和商业生态的重构。在这个过程中，基础要素就是互联网和云服务。SaaS 将成为企业数字化转型的主要服务模式以

及企业业务应用的主要承载者。企业数字化转型推动 SaaS 蓬勃发展，SaaS 则助力企业实现降本增效，为企业赋能。可以说，企业数字化转型与 SaaS 相互成就。

B 端 SaaS 可分为垂直领域型和通用工具型。从垂直领域来看，SaaS 服务已在多个行业得到越来越多的应用；通用工具型 SaaS 如 CRM、在线支付、协同办公、企业通信等在不断发展完善。但巨头均尚未出现，这两条赛道将在 3～5 年内保持较高热度。

海比研究院发布的《2021 中国 SaaS 市场研究报告》显示，截至 2021 年，我国 SaaS 服务的 B 端用户数达到 915 万家，其中付费用户 102 万家，占 SaaS B 端用户总数的 11%。用户的付费能力和付费意识在逐步提升。我国中小企业数量众多，数字化转型存在不会转、不敢转等多个难点，SaaS 在企业进行数字化转型的初期具有很大的价值，B 端 SaaS 服务市场渗透率有大幅提升空间。

随着互联互通和开放融合趋势的进一步增强，B 端 SaaS 的发展路线将围绕以下点位展开。其一是随着用户对产品和服务的要求越来越高，B 端 SaaS 持续向细分领域纵深发展，小而精、小而美的 SaaS 服务产品价值日益凸显，SaaS 企业应以在某个细分领域做到极致为目标，真正解决 B 端用户业务场景中的实际痛点。其二是 SaaS 企业需要树立伴随式成长思维，除了提供优秀的 SaaS 产品外，还要充分认识到提供优质服务和提升用户体验的重要性。SaaS 企业需保持与用户的高频业务交流，及时收集用户需求并把握好加法与减法之间的平衡，不断更新迭代，最终实现最大程度的用户留存。

随着产业链上下游企业的全面数字化转型，企业在为不同的 SaaS 服务买单，SaaS 与 SaaS 之间的数据孤岛逐渐显现，数据一致性问题越发重要。SaaS 企业需提前布局或参与到 SaaS 生态的构建或 SaaS 全链路解决方案中，只有这样，SaaS 企业才能实现健康和长远发展。

产业链重构变革周期的机会链

@ 势不可当的产业链蝶变效应

在商业的世界里，"血腥味"是一种常态。

如何洞悉当下搅动全球产业链颠覆性变革的态势，决定着众多企业未来的命运。

以决定国家经济竞争实力的制造业为例，中国实现了两次划时代的跃升。

第一次是中国对全球产业链的渗透期。加入 WTO 后的 10 年间，中国全面参与全球产业链的分工，充分释放了经济改革、土地、人力、自然资源等综合优势，数十项工业产品的产销量居世界首位，成为制造业和贸易的主角之一。

第二次是中国对全球产业链的赶超期。从最近 10 年的数据分析来看，中国企业敏锐地抓住了新一代工业革命的每一次机会，从

基础科技到以互联网为主的信息技术应用获得系统性突破，中国在多数领域赶上了全球先进经济体，在前沿科技和关键产业的部分领域进入势均力敌的态势，在影响未来的少量领域小范围实现领跑，成为被追赶的对标物。

也许正是中国第二次跃升的态势直接促成了全球产业链新秩序，加之近六年来全球地缘政治图景的剧烈演变，产业链和供应链进入了颠覆性重构变革的新周期。

换个角度辩证地分析，这种颠覆性一方面来自西方发达国家采取的高科技脱钩、贸易保护主义等逆全球化政策，另一方面来自科技变革推动的经济周期性变革的规律性。两者叠加，而且无法调和，全球产业链的剧烈冲突自然无法避免。

观察当前产业经济形态，"代际融合"是一个独特的视角和新的理念。那么，该如何理解产业"代际融合"？

当下中国产业经济进入了一个"代际融合"的新时代。几次工业革命，中国有的赶上了，有的没有赶上。要补上一些空白，但不能为了补上空白就放弃或放慢追赶的脚步。

有经济学家对一系列经济理论和应用探索进行了实证研究，成果显示，前沿科技每一次进步产生的蝴蝶效应，在多数情况下都处于融合迭代、渐次递进的进程之中。

有的新技术、新应用、新工艺显然覆盖了以往的一些技术、应用和工艺，如5G涵盖了4G的一些功能，所以不能为了补上4G而迟滞了对5G、6G的追逐探索。又比如中国在硅基芯片方面的落后，固然要补上一些空白，但也不是为全面地补上这些空白，才去赶路，而是应该有破局、换道的思维。摩尔定律在芯片制程的工艺上趋于失效，一些科学家在碳基、光量子等新型芯片理论上的研究有可能为高端芯片找到破茧而出的新路径。

目前在人工智能基础理论方面需要重大突破，但这不可能从根本上束缚住中国企业家渴望广泛拓展应用场景的心。由此产生的比西方企业用户体验更多、维度更广、量级更大的验证场景，恰好是中国算力、算法产业向数字技术产业链上游进步并趋于领先态势的强有力支撑。由此，数字资产、数字治理、数据产业链正在取得与西方平起平坐的发展成果，而且潜力巨大。

认知产业链"代际融合"的阶段特征，有助于企业家辩证地看待制造业当下代表的财富类型和高科技产业代表的未来型财富。高端制造业是竞争的主战场，但制造业也并非"唯高是举"，庞大的市场需求决定了制造业提供的基础型产品的支撑地位，尽管这条赛道比较拥挤，但产品品质提升仍然是具有很大市场份额的领域，创新的成本代价也相对较低，因此，应对全球产业链颠覆性变局需要企业家的眼力和应变力。

@ 科技垄断：看清产业链上游角逐的底牌

当今世界的产业链角逐和演进的底层逻辑，本质上是国家和企业争夺高科技产业链上游地位，其实质是沿着两条主线展开的决

战：一条是关键核心技术，另一条是稀缺性战略资源。

关键核心技术日益成为控制新兴产业命运的决定性因素。在现实的经济世界里，掌握了全球重点产业链上游环节的关键设备、关键零配件、关键元器件、关键材料、关键工艺和工业设计软件、先进制程芯片等领域的创新研发和生产制造能力，就能够掌控和主导全球产业链、供应链体系的利益利润分配话语权，同时能够影响全球产业链、供应链体系发展方向和分布格局的调整方向。

美国自 2018 年出台政策制衡华为高端芯片供应，并于 2022 年 8 月推出《科学与芯片法案》，贯穿始终的逻辑就是通过科技垄断，压制中国企业在关键产业链上游取得支配地位；通过科技脱钩，迟滞中国在全球产业链、供应链体系层面的核心竞争力。

经济学常识告诉我们，物质、能量、信息作为推动社会经济发展的三大支柱，彼此之间的均衡性构成社会进步的基础生态，失衡则意味着难以预料的冲突。

俄乌冲突给全球经济界上了最重要的一课，那就是：对稀缺性战略资源的掌控力正上升为与关键核心技术几乎同等重要的决定性力量。

显而易见，高科技产品是建立在新材料基础上的，而新材料离不开稀土、铀、高纯度石英砂、氖气、锂等相对稀缺的矿物质资源的开采、加工、分离、提纯等能力。虽然石油、天然气储量相对丰富，但其分布的不均衡性、使用的广泛性和生产流程的特性决定了其地位的上升。近期俄乌冲突引发的能源冲突表明，在战争等极端情况下，印再多的钞票也换不来哪怕是洗一次热水澡需要的天然气。

中国人民大学中国经济改革与发展研究院教授张杰认为：拥有稀缺性战略资源控制权的国家正在将这种核心资源控制能力逐步调整和上升为全球产业链、供应链体系中的重要参与力量，从而成为影响全球产业链、供应链体系利益利润分配格局的重要力量，这也必将逐步深刻改变全球产业链、供应链的利益利润分配格局和发展走向。

针对中国在全球产业链总体还处于中低端的现实，中国企业界需要掌握一份如何向产业链上端攀升的路线图。

当前，我国正处在转变发展方式、优化经济结构、转换增长动力的攻关期。技术变革为经济增长提供了新的引擎，以新一代信息技术为基石，众多产业都在加速升级。有观点认为，旧经济以生产活动为中心，将多数经济资源用于生产环节，把扩大产能和提高生产效率放在首位；而新经济则是创新经济、科技经济、知识经济的综合体现，往往更注重科技研发。

2016 年的政府工作报告中首次出现"新经济"一词，提出"当前我国发展正处于一个关键时期，必须培育壮大新动能，加快发展新经济"。六年多来，新动能不断增强，快速崛起，正在重塑经济增长新格局。在这一创新驱动发展的过程中，以互联网为代表的信息化技术在新经济发展中不仅提供了新的驱动力，而且扮演着催化剂和连接器的角色，尤其是"互联网＋""智能＋"等技术变革在产

业升级进程中发挥的重要作用，反作用于产业链变革。

事实上，我国创新驱动发展已经取得丰硕成果。一方面，中国数字经济在全球已处于引领位置。中国信息通信研究院发布的报告显示，2017年中国数字经济规模达27.2万亿元，占GDP比重达到32.9%；仅仅过了四年时间，2021年我国数字经济规模已达45.5万亿元，占GDP比重达到39.8%，呈现出引领全球的特点。另一方面，电子商务、移动支付等引领世界潮流，在5G、人工智能等领域的竞争中显现优势。新华睿思大数据分析平台对全球舆论的分析显示，中国在上述领域的出色表现已经引发全球媒体关注，频频成为热点话题，"超越""领先""中心""领导者"等也成为评价的高频词。

这是中国新经济模式成果显现的典型案例。

中国是工业门类最齐全的国家之一，产业链上的各个环节都处于市场竞争的状态之下，但也是世界主要经济体中关键领域短板较多的国家。

中国产业链跃升靠什么？如果说西方的底牌是科技垄断，中国的底牌自然就是科技创新，即通过提高创新能力与科技实力，推动经济产业链从中低端向高端跃升。

@"链主"主导的"微笑曲线"

英国动物生态学家埃尔顿（C. S. Elton）1927年提出的术语"食

物链"与经济学中的"产业链、供应链"属于不同领域的同类型概念。埃尔顿把动物界基于摄食的链条关系进行层级划分，食物链最顶端是狮、虎、豹、北极熊、湾鳄、噬人鲨、虎鲸、科莫多巨蜥、鹰、鹫等猛兽猛禽，以及进化水平最高的人类。处于食物链最顶端的这个群体称为自然界的"链主"。

在商业世界里，同样存在以追逐控制力、影响力、品牌价值和利润最大化为目标的"链主"。如石油时代的洛克菲勒、现代金融业的罗斯柴尔德家族，以及信息时代的微软、苹果、谷歌、脸书、华为、特斯拉、阿里巴巴、百度、腾讯、字节跳动等。

源于西方经典经济学家的产业链思想越来越多地被现代经济实践所刷新，不同产业集群、不同"链主"的组链模式各有逻辑，但从总体上看，都没脱离企业间相互的价值、供需、产品、用户、市场、竞争等利益关系的范畴。

"果链"是以知识产权和品牌为基础组织的具有优势的全球产业链。一部苹果智能手机大约拥有 2000 多个零部件，苹果公司不直接生产苹果智能手机，没有硬件制造工厂，其凭借长周期、大规模科研投入而拥有的专利、品牌、商标、版权、产品设计软件、数据库、用户等产业链上游的组织管理和经营，用全球化的标准，整合全球手机产业链的零部件制造商，管控手机材料供应链，形成上千个供应链集群企业互相清算结算的价值链纽带，掌控着产品价值链枢纽。苹果公司主导着"果链"的生态，获取"果链"80% 左右的利润，而参与并伴随"果链"频频迭代升级的所有上千个供应商

仅分享 20% 的利润，所占比例虽然不高，但由于出货量和不断提高的技术门槛，凡是入"链"的企业皆有不菲的收益，出"链"则造成收益锐减、股价大跌等损失。

"华为链"是任正非历经艰难困苦经年累月磨砺出的中国最佳产业链之一。应该说，华为是由于 2019 年 5 月遭受美国高端芯片制裁而"暴露"实力的"链主"。遭受制裁的底层原因，是美国不能接受华为打破了西方科技界长期掌控的"标准"这一利器，不能接受华为全球发明专利申请量 20 多万件并位居第一的突破性成长，更不能接受中国企业在前沿科技领域第一次主导制定标准，因为这意味着高科技产业赛道未来话语主导权的时空转换。而受制裁三年多来，这个"链主"在磨难中顽强地"强链"，从先进通信技术向智能手机、物联网、人工智能、先进制程芯片、智能驾驶技术解决方案等领域延伸的举措仍在不断动摇西方科技壁垒，底色越来越鲜亮。从华为推出鸿蒙操作系统、欧拉系统，组建若干个产业军团，授权全球 20 多亿台智能手机和 800 万辆智能汽车使用专利许可，到华为投资约 80 家芯片产业链新锐企业，都彰显了华为这个"链主"构造产业链、供应链的能量，意味着被动"打出来"的"华为链"可能在制裁中愈挫愈勇、越打越长、越打越强。

"特斯拉链"具有鲜明的埃隆·马斯克颠覆性创新的特质。先不说其 Space X、星链等领先技术，仅以新能源电动汽车"特斯拉"为例，对于当下寻求产业链升级的企业家就有不少可借鉴之处。中国汽车产业在经历了"以市场换技术"折戟沉沙的周期之后，从引进埃隆·马斯克的特斯拉开始，进入了一个"以市场换取完整产业链"的新周期。中国乘用车市场信息联席会最新公布的汽车销量数据显示，2022 年 1～7 月，特斯拉上海超级工厂累计向全球用户交付 32.3 万辆汽车，搅动了全球新能源汽车的格局。据钛媒体、福布斯中国等媒体披露，就零部件的国产化率来讲，特斯拉连接了约 180 家中国供应商，国产化率从最初的 30% 提高到 2022 年 7 月的 95%，公司承诺到 2022 年底所有零部件 100% 国产化，从 2023 年起每年向上海纳税 22.3 亿元。所有入"链"企业的技术进步和销售业绩都发生了从量到质的改变，同时也搅动了中国传统汽车企业和造车新势力的创新与竞争。可以说，"特斯拉链"对中国汽车产业"弃油换电"的换道超车历程发挥了特殊作用。

著名科技实业家宏碁集团创始人施振荣提出并被经济界、产业界广泛接受的"产业微笑曲线"理论，强调了技术、专利、品牌以及服务是在产业链中处在获利高位的价值附加区域，而组装、制造则处于获利低位区域。"链主"之所以掌控"产业微笑曲线"两端的活力高位区域，取决于它们在技术、专利、品牌、服务高附加值区域的长期投入和技术突破。据《2021 年欧盟产业研发投入记分牌》报告的数据，华为研发投入在全球企业中位居第二。华为近十年的研发投入超 8450 亿元，连续多年占其全年收入的 20% 左右，这是一个奇迹。

"果链""华为链""特斯拉链"等应是当今企业家在产业链、供应链上"补链""换链""强链"的圭臬。

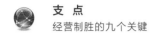
当然，如空间站、先进制程芯片、大飞机、航空发动机等重装设备制造企业，是对产业链、供应链更具渗透力和牵引力的超级"链主"，更是中国整体工业水平跨越的巨型引擎。

新型商业模式架构的逻辑

@ 认知经营模态的嬗变特征

模态的本意是指数据的存在形式，比如文本、音频、图像、视频等文件格式，如多模态机器学习，是指通过机器学习的方法实现理解和处理多源模态信息的能力。引申至"商业的格式"范畴，"模态"通常用来表达多维度、多形态的商业模式存在状况，通过数据分析、数据可视化增强企业商业态势感知能力和应变处置能力。由此可以得出一个关系式：经营模态＝商业模式＋态势感知＋敏捷反应。

随着新型商业组织架构变革呈现新态势，组织架构选择是公司商业的底座，业务架构选择是商业价值的渠道。这两者是经营模态的核心和支点。

学院派经济学者往往把商业模式描述得过于复杂。归于本源，所有商业模式构建的核心都是使企业获得利润。在企业经营实践中，建构一种适合于企业自身特质的经营模式，是企业家的基本功。

经营模式是企业对市场做出反应的一种范式，企业为实现商业价值需要确定业务范围、产业链卡位、组织方式、客户定位、现金流、成本费用及风险管控等。说白了就是企业实现价值是通过直接交易还是间接交易，是直接面对消费者还是间接面对消费者，用互联网的语言来说，是 O2O 还是 B2B、B2C，或是 C2C 等。

如何设立企业的经营模式？实际上没有定式，因为市场没有定式。既然市场无定式，模态同样无定式。

经营模式的选择、确立、更新是企业常态。经营模式一旦确立便具有相对周期性特征，不断变换模式就是折腾，但把经营模式作为一种亘古不变的范式，也无法适应市场变化。市场无定式，面对变幻莫测的商业环境，企业家需要对经营模式的认知做升维，从相对传统的经营模式升级为经营模态。虽只有一字之变，但这蕴涵着对当下商业变革的深刻理解和应变之策。

"态势感知"已经成为新经济时代企业迫切需要增强的一种新能力。所谓态势感知，是基于大数据思维和数据驱动型业态的实际而提出的。缺乏商业态势感知能力，意味着与消费者脱节。及时准确感知市场和消费群体变革趋势，是坚守或重构商业模式的前提。

社交经济解构了原有商业模式。互联网时代，连接人就是连接财富。社交属性是互联网去中心化特质造就的必然属性。正因为新生代社交性需求成为时代的一个特质，才最终成就了脸书、推特、微博、微信等平台。剧本杀和密室逃脱类项目之所以会火，其背后的逻辑也是新型社交场景连接。

共享经济新商业模式吸引力巨大，门槛较低，初期聚集资金速度快，导致企业蜂拥而至。仅共享单车领域，高峰期携资本涌入的企业就有百家左右，现在还"活"着的不足十家。越过优质服务而依靠烧钱补贴吸引用户的模式，甚至圈钱跑路的极端行为，形成了对这类新模式的羞辱性破坏，以至于有人发问：共享经济还有未来吗？

决策和控制的模态选择，决定着企业的走向与效率。很多中小企业表面上看是被业务架构模式困扰，实际上是源于缺少对"聚焦主业、适度多元"这类架构范式的认知。选择适用的业务架构设计如同农业、林果行业选择苗木品系、品类，如果把有限的土地全用于播种玉米、大豆，土地的回报率将越来越低，而换种蓝莓、樱桃等则价值回报巨大。正所谓种瓜得瓜，种豆得豆。

"敏捷反应"商业理念体现的是数字经济时代以数据驱动为核心的商业管理模式。企业的敏捷性体现了决策管理对市场变化的快速响应能力。企业数字化转型在实现产品全生命周期平台化之后，通过数据将技术、管理、人员、用户、现金流等各类要素资源集成为一个协调、关联的系统，企业的管理模式便可以从传统职能驱动、技能驱动、流程驱动转变为数据驱动。

大量的中小企业甚至一些大企业起初并不能做到敏捷反应。由于反应滞后导致企业陷入被动的"黑天鹅"甚至"灰犀牛"事端层出不穷。华为在从传统型企业迈向数字化、智能化企业的过程中，不惜花费数十亿元请IBM咨询团队建构公司流程模型并使之数字化，奠定了公司敏捷反应的体系和能力，推动了华为管理模式的质变。

从管理的实践看，态势感知、敏捷反应是数字经济时代企业管理的新要素，这些要素与商业模式执行形成作用与反作用的体系，才能使数据驱动型商业得以实现。

@ 主导或跟随：企业商业模式的两种境界

商业的简单逻辑是把价值产品最大限度地卖给越来越多的人。商业模式设计的简单逻辑是用最大限度让人群接受的方式把产品、服务与规模化消费人群连接起来。

从这个意义上说，商业模式的最高境界是构建一个经营生态，通过有效的组织方式掌控这个生态的全要素，促进产品精准触达消费人群。

苹果已故创始人乔布斯曾说："苹果电脑之所以伟大，其中一个原因是，创造它的是一群音乐家、诗人、艺术家、动物学家和历史学家，而他们恰恰还是世界上最好的计算机科学家。"

经营生态的构建需要解决很多课题。数字经济范式下的经营生态理念的内核是什么？经营一个价值生态需要确立多少支点？企业是否具备构建经营生态的条件？假如企业无法构建起一个完整的经营生态，那么该如何选择占据生态链的上游或关键环节？

从经济学视角看，经营生态是有较高门槛的。这个门槛实际上

是一种壁垒——先行者保护既得利益的一面墙。

什么是"变革的时代"？标记就是打破行业壁垒，颠覆既有利益格局。企业家的选项是：主导或跟随。

本书前面描述的"链主"是居于产业链主导地位的超大型企业，实际上全球超大型企业的数量十分有限，最多占到企业总数的1%。据国家市场监督管理总局等方面的数据，截至2022年6月，中国按法律登记注册的经济实体约1.6亿个，99%是中小微企业，尤其是从事服务业的个体小微企业约有1亿户。因此，绝大多数企业在供应链上属于跟随模式。

商业实践表明，主导与跟随之间并非不可跨越。所有伟大的企业都会在某个历史节点衰退、消亡，只是存活的时长不同而已。超大型企业或大型企业的衰退、消亡都是有其规律的，要么因自身失误击败自己，要么被新生代企业超越。

在互联网数字内容产业里，BAT曾经被认为几乎不可能被超越或替代，但张一鸣却在短周期内创造了一次成功的超越。字节跳动把算法作为核心技术的做法颠覆了既有的内容生态，并创造了全新的生态。尤其是抖音英文版（TikTok），连接了全球150多个国家，全球下载量超过30亿次，月活跃用户数超过10亿，成为民营互联网科技公司走向全球舞台的翘楚。

当前，"互联网＋"广泛融入各行各业，"新经济"正在不断改变传统行业的生态。从消费、制造、金融三大传统行业来看，新零售、新制造、新金融的创新蔚然成风，背后都以互联网等信息技术为生态支撑。

"智慧地球"是生态主导型公司 IBM 于 2008 年推出的理念。按照这一理念,IBM 公司在中国成功落地了"智慧城市"项目,最热闹的时候中国有 300 多个城市与之签署了协议,IBM 的智慧城市解决方案和数字技术设备一度占据了主导地位。而中国的信息企业从跟随者变为主导者仅仅用了一个数字设备迭代更新周期——五六年的时间便收复了市场。从当今中国的数字经济数据来看,智慧城市、智慧农业、智慧矿山、智慧医疗等一切冠以"智慧"二字的领域,都是从跟随中学习、借鉴并有所创新,进而取得主导权的产物。

中国是 120 多个国家和地区的最大贸易伙伴,中国规模巨大的消费市场本身已是全球最有潜力的商业生态。中国应如何布局?

以善于"谋局"和善于解决疑难经济问题著称的复旦大学特聘教授、重庆市原市长黄奇帆对这一课题有独到的分析。黄奇帆在一次演讲中提到,产业链集群化是产业变革的一个制高点,就目前中国市场的特性来看,产业链集群化真正的主战场在于一些世界性的具有万亿美元级别的市场,对中国来说,万亿元级别的耐用消费品的产业链集群就是产业链、供应链的创新赛道。全世界每隔 20～30 年就会产生 4～5 个代表性的耐用消费品;中国在不同年代曾经历过从手表、自行车、缝纫机、收音机,到空调、电视机、冰箱、洗衣机,再到手机、笔记本电脑、液晶电视、汽车三个周期的耐用消费品热潮。而今后二三十年,能够形成万亿美元级别市场的

"五大件"大体已出现雏形：无人驾驶的新能源汽车、家用机器人、头戴式 AR/VR 眼镜或头盔、柔性显示屏、3D 打印设备。

值得企业家研究的现象是，黄奇帆所指的中国耐用消费品市场的图景，绝大多数都是中国在改革开放周期跟随全球市场节拍，引进、消化、吸收、创新，迭代或换代，进而实现超越的。

面对新一代耐用消费品产业链、供应链竞争，中小微企业当下合适的选择就是：要么跻身细分赛道成为"链主"，主导生态、经营生态，要么跟随"链主"的生态；假如做不了生态平台，就加入生态平台，跟随、协同，伺机超越。

@ 专精特新：非对称性"突围"的利器

军事著作《超限战》提供了一种军事思想的变革思路，引发了广泛关注，甚至影响了武器研发战略的重大调整。这个思路的核心价值就是"非对称性"作战理念，一种源于中国古老兵法的"以己之长克敌之短""扬长制短"思想精髓的现代演绎。实际上，非对称竞争思想已广泛存在于商业战略和商业模式设计领域。

近年来，"专精特新"忽然成了一个热词，而且受到"高规格"的重视和"礼遇"。其体现出的"非对称竞争"逻辑与"非对称性作战"如出一辙。

先来看一个故事：日本有一家叫作味之素的味精厂，卡住了全球芯片企业的脖子，原因是味之素在制造味精时产生的副产物

ABF，是一种用极高绝缘性的树脂类合成材料制造成的薄膜，目前全球芯片在制造过程中都使用 ABF。ABF 材料市场不大，技术门槛非常高，味之素公司占据了 90% 以上的市场，几乎没有替代产品。这就是"专精特新"的威力。

顾名思义，"专精特新"是指"专业化、精细化、特色化、新颖化"。而国家级专精特新"小巨人"企业，则是指具有以上特征的中小企业领军者和佼佼者。这些企业虽然规模不大，但都拥有各自的"独门绝技"，在产业链上具备一定的话语权——它们大都是中间制造商，在细分领域建立了竞争优势，甚至在一定意义上具备了垄断话语权。

换个角度看，"专精特新"体现的是企业在激烈的商战中，采用军事上的"超限战"思维，即在"战争"和"战法"中，运用"田忌赛马"的非对称性博弈，通过"组合（手段）"与"错位（运用）"，选择可实现、可控制的目标，从而找到"胜律"的法门。

"专精特新"在很大程度上是解决"卡脖子"问题的利器。它能确保产业链畅通，不受制于人，进而让企业充满竞争力。在国际环境日益复杂严峻、全球供应链体系趋于重构的背景下，我国制造业生产水平和影响力虽大幅提升，但在多个领域仍然存在"卡脖子"问题，比如部分行业存在既有基础装备和核心技术能力不足的问题，还有的行业在产业链上存在较多"断点""堵点"，从整体来看，我国缺少具有绝对竞争力的"撒手锏"技术。而对专精特新"小巨人"企业来说，其一家企业的突围，往往可以打通产业链上的"堵

点"，连接"断点"，提升产业链、供应链的韧性和稳定性。而且，一种技术取得突破的"小巨人"，往往有望衍生出巨大的产业集群。

近几年，我国在培育专精特新中小企业方面取得了不错的成绩。根据相关规划，"十四五"时期，我国将推动形成 100 万家创新型中小企业、10 万家专精特新中小企业、1 万家"小巨人"企业。2022 年 9 月中旬，工信部发布了第四批专精特新"小巨人"企业。2022 年 11 月，工信部部长金壮龙在全国中小企业数字化转型大会上表示，目前，全国累计培育 8997 家专精特新"小巨人"企业、6万多家专精特新中小企业。

创新是"专精特新"的灵魂，尤其是颠覆式创新。最早提出颠覆式创新理论的是被称为"创新大师"的美国哈佛大学教授克莱顿·克里斯坦森，他在 1997 年出版的《创新者的窘境》一书获得了"全球商业书籍奖"。他认为，颠覆式创新的主要特征是非竞争性和简单方便性，即采用错位竞争，避开在位企业的锋芒，采用"你吃肉，我喝汤"的生存策略。当颠覆性技术发展到一定程度时，新产品的性能提高就会吸引现有主流市场的顾客。

培育专精特新中小企业，企业家要摒弃规模崇拜，拒绝多元化诱惑，专注在细分领域建立竞争优势。其实，在世界范围内，各国都有自己的"专精特新"，其中最为人所熟知的就是德国的"隐形冠军"。

"隐形冠军"这一概念最早由德国著名的管理学思想家赫尔曼·西蒙提出，他提到了隐形冠军企业的三个标准：①世界同业市

场的前三强或者至少是某个大洲的第一名企业；②营业额低于 50
亿欧元；③不为大众所知。如果我们仔细看这三个标准，可以发现，
第一个标准表明企业应该在一个细分市场中占据龙头地位；第二个
标准表明企业不能是大型企业；第三个标准则表明企业应该有自己
特定的客户群体，不为广大消费者所知。西蒙还认为，隐形冠军战
略有两大支柱：通常在一条细分赛道里长期精耕细作；国内市场规
模通常无法满足它们对企业扩张的需要，多以国际化为目标。

在几年前的一次思客年会上，中国企业改革与发展研究会副会
长周放生讲过一个故事：在日本有一家仅有 46 名员工的小企业，
这家企业成立于 1938 年，是世界上唯一生产"绝不松动螺母"的
企业。它在材料、加工、热处理等各方面都是非常尖端的，中国、
日本、欧洲的高铁都在用它的产品。这个故事让现场观众很震撼，
一家仅有 46 名员工的企业，却成了世界唯一，并且有本事让自己
成为真正的"百年老店"。

其实，换个角度看，每家企业都像社会中的人，各司其职，由
此组成了企业系统。企业系统也是一个生态系统，一家家企业连接
在一起共同为客户创造价值，形成价值网络。在这个网络中，企业
动机的不对称性会导致行为的不同。虽然每家企业都想占据核心位
置，因为只有占据核心位置才能获得超额利润，但对中小企业来
说，善于盯住缝隙市场，依托"专精特新"，长于非对称性"突
围"，恰恰最有可能在所处的细分领域中拥有左右市场的定价权。

这给我们的启示是什么？

　　不是所有企业都应该去追求成为"大而全"的龙头企业，努力成为"小而美"的隐形冠军，可能更具"稀缺性"和"不可替代性"，而这里面的关键，就是要掌握独门绝活儿，把"专精特新"做到极致。

　　还有，请耐心"与时间做朋友"！

思维范式

数字经济时代的新商业逻辑

- 看清新商业的底层逻辑，关键是认知带有基础性和规律性的商业要素和商业关系。

- 数字经济时代，生产要素结构变了，社会运行机制变了，商业运营规则变了，企业发展的底层逻辑也变了，但万变不离其宗，万变不离客户，应变取决于思维范式，这是经营之王道。

- 对企业家而言，企业战略是思维范式革新与如何落地赢利两个关键点之间的博弈。

- 眼前盈利决定生存，思维革新决定未来走向。

- 有效的战术实施是战略成功的基石。战术紊乱往往是导致战略失败的诱因。因此，企业家要辩证地认知"战术盈利与战略亏损"。

分析成功要从研究衰败入手

@ 认知企业消亡的属性

当企业经营者的命运与企业这种组织开始结合的时候，你有没有设计过打开命运方程式的自有方式？

你有没有想过企业的生命周期会戛然终结于某个无法预见且难以驾驭的时间节点上？

让企业生存 10 年是不是一个难题？

10 年前，我出任网络传媒公司总裁，首先要面对的挑战是转型与 IPO。我下意识地研究了国内外 100 多家企业的案例，那些讲述企业如何成功的案例给我的印象不算深刻，反而是那些讲述企业如何由盛而衰的案例更让我记忆深刻，从中汲取到更多对经营本质的认知和智慧。这些认知和智慧对我形成了长期影响。

对企业未知风险具有认知力和管控力，是所有企业家在行动之前要做的重要准备之一。只有具有能够预见风险的思维，才能有遇见风险时处乱不惊的有效应对。

企业经营活动的开始与终结，是经营者必须面对的问题。英国理论物理学家杰弗里·韦斯特认为："几乎所有公司都会像我们人类一样，终将消亡。"这一观点的提出具有两个价值：其一，企业这种组织与万物的生长逻辑具有共通性；其二，企业作为迄今为止人类经济行为的主要载体，有消亡的属性。

当很多人热衷于研究企业成功学的时候，我希望企业经营者先研究失败。当很多企业经营者用大量精力论证项目可行性的时候，我希望他们投入更多精力论证其不可行性。哲人说："失败是成功之母。"为什么？对企业家来说，至少有三层借鉴价值：从别人失败的教训中获得管理企业的启迪，往往比从别人成功的经验中获得的更加刻骨铭心，因而更有超凡价值；从失败原因的分析入手，更容易找到通向成功的正确道路，避免重蹈覆辙；从先贤败阵的教训中获得的逻辑智慧、逻辑力量，有助于克服人性的弱点，规避人性的陷阱，避免成为失败者。

认知企业消亡的属性会让企业家多一些理性，也多一些自我锤炼。

著名经济学家周其仁在一次演讲中提到，企业是国民经济的细胞，然而中国占企业总数最多的民营企业存活周期只有3.7年，这令人不安。"对看不见的手知道的不多，这是所有问题的根源。"他分析了政府之手、企业家之手、消费者之手、投资人之手等一系列"看不见的手"与"看得见的手"在经济活动中发挥作用的逻辑，给予企业家深刻启迪。

先驱者的"失败秘籍"启示经营者：若要避免过早陷入败局，企业必须要让澎湃的动力与有效的持掣融合，进而形成驾驭企业全生命周期的思维范式。

研究企业的衰败之道，目的是认知"企业消亡是经济生活的必要组成部分"。经营者可以做的是规避陷阱，尽力延长企业的生命

周期，追求成就"百年老店"的梦想。

@"看上去战无不胜的谷歌和特斯拉最终也将消亡"

世界上最早的企业诞生于何时何地似乎无法做出精确考证。凡是经历过物质文明进程的地方，无论何人都是生活物资交易的参与者、受益者。

发轫于英国的工业革命和发轫于美国的信息革命是改变人类物质文明水平的两个分水岭，其背后的力量是代表科学探索和制造技术水平的企业组织。尤其对作为全球经济水平执牛耳者的美国，研究其企业的生长和消亡曲线具有标志性价值。

杰弗里·韦斯特对美国上市公司的生长、衰退、消亡率问题进行了定量分析研究。他在《规模》一书中介绍，美国有接近 3000 万家独立运营的企业，而其中的大约 4000 家上市公司构成美国经济活动的主体。他指出，"公司最终将停止增长并消亡，这一景象是许多首席执行官所不愿意看到的""几乎所有公司都会像我们人类一样，终将消亡""现在看上去战无不胜的谷歌和特斯拉最终也将消亡"。他的实证分析和得出的结论，也许与企业经营者的期待是相悖的，然而这确实是容易被忽略的十分残酷的事实。

任正非说过："华为的危机，以及萎缩、破产，是一定会到来的。"这与其说是一种预警，倒不如说是他对企业生命周期的本质把握，或者说是他希望通过喊"狼来了"来让华为始终处于忧患之中，从而具备尽量持久的生命力。

杰弗里·韦斯特在《规模》这本书中的描述非常值得回味。美国上市公司 1950～2009 年间的生长和消亡曲线显示，这期间美国公开上市的 28 853 家公司中，共有 22 469 家公司已经消亡。其中，50% 的公司在不到 10 年的时间内便宣告死亡，只有不到一半的公司存活时间超过 10 年，而存活时间超过 30 年的公司不足 5%。

他带领的研究团队使用同样的研究方法对标准普尔公司会计数据库中的所有公司进行了详细分析，结论基本相近。美国上市公司的半衰期大约为 10.5 年，这一结论意味着无论在何时上市，都会有一半的公司在 10.5 年的时间内消亡。波士顿咨询公司的一项研究显示，美国上市公司中有高达 1/3 的公司在 5 年内消亡。

尽管许多美国公司是因发达的资本市场频繁并购而消亡的，也有不少公司是因清偿或破产而消亡的，但都无法改变公司已经不再存活的事实。

国家市场监管发布的数据显示，截至 2022 年 6 月，我国约有 1.6 亿户登记在册的市场主体，其中，中小微企业约占 99%。虽然还没有发现对中国企业生长和消亡曲线的精准权威的数据分析，但还是有一些公开的数据可做参考。

《21 世纪经济报道》曾在一次统计分析中指出，中国每年约有 100 万家企业倒闭，中小企业平均生命周期只有 2.9 年，存活五年以上的不到 7%，存活 10 年以上的不到 2%。换言之，中国超过 98% 的中小企业在设立后 10 年左右都可能走向消亡。

而在互联网电商和新冠疫情影响下，全球企业生存状况又发生了颠覆性变化。2021 年末的一份测算称，中国每年有 300 万家企业倒闭。也许会有人质疑这些统计数据的全面性，但企业生存的现实状态表明，大批中小企业活下去并不容易，逆势生长则更加艰辛。

纵观全球，只有极少数企业可以成就"百年老店"的梦想。而数据显示，"百年老店"大多有其特殊性，如欧洲、日本的长寿企业存在于家族餐饮住宿、手工制鞋、手工艺制品领域，中国的长寿企业主要存在于食品饮食领域，"百年老店"普遍规模较小，生存和革新压力较大。

@ 大概率触发企业倒闭的八个因素

派克笔、柯达胶卷、安然、三鹿、秦池酒、无锡尚德、香雪海、长城电扇、燕舞音响……不胜枚举，这些曾经耳熟能详的企业现在皆成了历史的尘埃。

盛极而衰是自然界的一种规律，未盛先衰也是自然界常有的形态。企业的生长与衰退，同样与这些规律相关联。这就需要经营者去研究，如何使企业生长期更长？尤其是如何避免成为其中"未盛先衰"的那一个？

企业的失败包含三个层级。首先是倒闭。企业因丧失生产活力、亏本而停业，通常称为倒闭。倒闭的表现是资不抵债，而本质是企业存在一系列经营管理问题以致演变为不可控的难以经营下去的局面。其次是破产。这是从法律意义上的界定，宣告债务人无力偿付债务，需要启动法律程序还款予债权人，通俗地讲，就是资不抵债但要偿债。最后是停滞。这是广义上的失败，企业无法实现基本的经营收入目标，无法正常运转下去，需要通过重组等政策性措施续命。

大量案例表明，企业的衰败是有轨迹的。但迄今为止，并未发现有人对难以计数的周期性倒闭企业做过精准的大数据分析。学术界欠企业界一门"倒闭学"。财经作家吴晓波是国内最早系统地关注并深入调研、解析企业失败个案的专家之一。其著作《大败局》中有一段描述："所有前人的失误或许不会完全重演，但是所有即将发生的悲剧中都无一例外地有着前人失误的痕迹。"他对企业衰败的评论分析经受住了时间的检验。

企业不论大小，从表象上看，倒闭有偶然性，有时候就是一些偶发性因素触发了命门而改变了正常的发展轨迹，但分析大量企业倒闭的案例会发现，偶然中潜藏着必然。企业倒闭总是有可镜鉴的规律的。

分析企业倒闭的各种轨迹，不难发现一些共性和规律性。假如做一些案例数据的逆向分析，可得出大概率触发企业倒闭的八个因素。

- 战略意图模糊。市场从没有不好的赛道，只有缺乏创新、管理不善的企业主。德鲁克认为，企业战略就是企业的发展蓝

图，没有战略的组织，就好像没有舵的小船，会在原地打转。

- 盲目无序地扩张。传统经济理论强调，企业家应当专注于自己熟悉的领域，以专业主义深耕垂直赛道，这是许多企业的生存之道。随着外部环境的剧变，适度多元的布局更利于拓宽增长空间，螺蛳壳里做成的道场虽然精美，但也显局促。需要警惕的是，盲目无序地扩张往往导致企业消亡。

- 缺乏有竞争力的产品。市场从来不缺有购买力的消费者，缺的是对消费升级的敏锐发现；市场永远不缺乏需求，只缺乏发现和满足需求的可心的产品与服务。产品创新滞后的结局终将是被消费者遗忘、淘汰。

- 资金链断裂。市场从来不会对不起企业，只会有企业贪欲无度、失责背道；市场从来不缺资金，缺的是资金使用效率，以至于盲目无节制的简单化规模扩张导致资金链断裂。要聚焦于决定公司增长和消亡的关键特点，明白公司的可持续增长主要是由其利润或净收入而非高杠杆率推动的。

- 所托非人。市场竞争靠关键人才，企业家往往缺的是聚拢人才的智慧和能力。再好的项目，所托非人也将导致一败涂地。乔布斯说："我花了半辈子时间，才充分意识到人才的价值。"但愿后来者不必用这么久的时间才意识到这个问题。乔布斯曾因几次决策失误和由此引发的人事纠纷而被赶出苹果公司。1996 年苹果公司的亏损达到 10 亿美元，连续五个季度亏损，一度濒临破产。乔布斯回归后进行了大刀阔斧的

改组，选拔了一批价值观相近的人才，很快使苹果公司恢复
了元气。

- 经验主义。既要防范"黑天鹅"，也要防范"灰犀牛"。经验
  主义的危险性主要体现为存在认知盲点，忽略存在风险的一
  些细节，对一些细节视而不见。总是难以有效评估潜在风险
  就是经验主义的一种表现。不要盲目崇拜别人的经验，很多
  时候，经验只代表过去，单纯凭借别人的经验来预见和掌控
  未来的思维是不靠谱的。

- 与趋势背道而驰。有人说：毁掉你的饭碗，与你无关。无视
  互联网去中心化的本质特征，虽死而不悟。杰里米·里夫金
  认为："在经济活动的任何领域，当协同共享经济的比重达
  到 10%～30% 时，第二次工业革命时期形成的垂直一体化
  的跨国公司就可能相继消失。"随着接近于零边际成本的协
  同共享经济在经济活动中的比例不断上升，传统资本主义在
  全球贸易中的主导地位将逐渐丧失。

- 人际关系依赖症。良好的人际关系是促进生产力发展的重要
  因素，然而很多时候企业经营者良好的人际关系并不一定能
  转化为最有力的市场优势。有时候良好的人际关系会带来信
  息情报、价值资源的配置、遏制颓势或成长壮大的商业机
  会，而有时候良好的人际关系则会帮倒忙，让你决策时因迷
  信关系，受到干扰，节奏混乱，盲目驶入不熟悉的赛道而迷
  失自我。

出现这八个因素可能意味着企业由盛而衰的拐点已至。瑞·达利欧相信，自己的成功并非因为个人的特质，而是因为他从失败中学会了做人做事的原则。大多数人和公司都可以运用这些原则，更好地实现自己的目标。

赢利思维的底层逻辑

@ 捕获需求：现金流的源泉

什么是企业经营的原动力？首先是赢利，然后是信仰和责任。这是做企业的原始驱动力。自从有商业活动开始，商品的交换都遵循着一个逻辑在运行，那就是用价值产品满足客户需求。不论是何种类型的产品，因价值而产生交易，因交易而获得利润，规模越大的交易赚钱越多。

这是个朴素的商业原理，但现实中还是有许多企业对此缺乏科学的认知，导致企业经营走了不少弯路。

企业赚钱的要义到底是什么？著名经济学家周其仁在一次演讲中说："在我读过的文字中，把这个道理总结得最好的就是任正非。他说，企业要活下去，一定要有利润，但是利润从哪里来？利润只能从客户那里来。"唯一能让企业赚到钱的就是客户。

遵循这个逻辑，华为清晰地意识到：企业生存本身就要靠满足客户需求，提供客户所需的产品和服务，获得合理的回报来支撑。因此华为产生了自己的商业战略——"以客户为中心"。

创新驱动的内核是需求驱动。难点在于捕获需求点。很多企业家重视研究行业趋势，但未必能从趋势分析中捕获到需求点。

以"智能经济"为例，在这条未来趋势性产业链条上，道阻且长，适合中国当下介入的"命门"是什么？答案是"智能传感器"。

中国（深圳）综合开发研究院公共经济研究所执行所长汪云兴对智能传感器给出的定义是：智能传感器是具有信息采集、信息处理、信息交换、信息存储功能的多元件集成电路，是集传感器、通信芯片、微处理器、驱动程序、软件算法等于一体的系统级产品，是手机、电脑、智能穿戴设备、无人机、机器人等各类智能产品必备的核心零部件。

手机为什么能感知重力、压力、温度、湿度、速度？就因为手机中放了很多传感器。汪云兴认为，智能传感器相当于人的眼睛、鼻子、耳朵，可以感知外界的信息，所有的电子信息设备一旦失去智能传感器，就没办法与外界进行交互。

正是有如此广泛的产业需求应用场景拉动，智能传感器才成了信息产业链上许多优势企业的现金流重要支点之一。

@ 切分商业需求的要素模型

商业是人类最复杂的社会活动之一，但复杂与无序是两个不同

的概念。任何复杂的思维活动都有规律可循，商业也一样，分析大多数成功企业的战略概念和战略价值实现的路径，会发现企业利润生长存在可循源求证的轨迹。

以哲学思维研判，可以确定一个"需求六要素模型"：

发现需求—满足需求—创造需求—引领需求—迭代需求—满足品位需求。

其中，初级层次——发现需求与满足需求；高级层级——创造需求与引领需求；超级层次——迭代需求与维护品位需求。

按照这个模型，可以将商业切分为以下三个底层逻辑问题。

1. 发现并满足客户需求

满足客户需求是交易行为的源点，也是企业利润的源点。很多经济理论把商业的逻辑描述得十分复杂、晦涩难懂，是时候做一些正本清源的工作了。

商业思维的起始是发现客户需求，再去满足客户的这些需求，即意味着经营活动完成了一次初级的商业循环。这是经济学的基本原理。

女性爱买化妆品，老年人医养开支庞大，学生要考高分……大量公司热衷于这些领域，这都属于原始商业思维使然。

2. 创造并引领客户需求

市场总是在变化，需求总是在增加，消费总是在升级，这是亘古不变的客观规律。观察商业运作可以发现，消费欲望的释放往往需要创新与引导，更需要创造需求去引爆，一旦成功就意味着完成了一次较高级的商业循环。公司的产品和模式，分别解决生产什么和卖什么的问题。商业的创新不仅仅是商业模式创新，本质上是创造新功能、新价值，挖掘潜在的新需求。

苹果是创造需求的高手。手机最初并无照相功能，智能手机的照相功能之所以会成为竞争的卖点并终结大牌相机厂商的财路，甚至其重要性超越其他很多功能，本质不完全在于便捷、像素高，而在于包含了场景化、存储、分发分享等影像数据处理功能的魅力。从根本上讲，相机是被互联网终结了。用智能手机照相的需求是手机厂商创造的需求，这种功能型需求的出现和迭代不仅为德国徕卡续了命，更为智能手机拉长了利润链。

英特尔公司多年来一直按照摩尔定律的节奏迭代推出 CPU，它所做的一切都是在创造需求，其 CEO 甚至说："我们常常会提前两年准备好所需的工厂，甚至在对行业发展前景没有充分肯定前就做好生产的准备。"

创造需求让消费者主动或被动适应的还有微软。微软公司从 Windows 操作系统开始，通过从 Windows 95、Windows 98 到 Windows 2000、Windows XP，再到 Windows 7、Windows 8、Windows 10、Windows 11 等的版本升级，将消费者带入了一个别无选择，只能跟从的天地。通过此案例，我们可以看出高科技产品独具优势的一面，那就是消费者适应产品，而不是产品适应消费者。

3. 迭代并维护品位需求

许多企业创造了需求，也引领了一种消费时尚，但多数时尚产品昙花一现。究其原因，就是缺乏迭代。仍以苹果手机为例，最近的 10 多年间，它基本保持着一年一次的迭代频率。一些年轻消费者一直随迭代起舞，消费行为呈现追随迭代的特征。以往那种只有手机出现明显故障、内存不足等情况才更换新机的思维，在迭代消费思维族群里是不适用的。

2021 年，有机构简略地介绍了 IBM 量子计算机的进展，业内一位专家在一次研讨会上说"IBM 可能再次创造一个巨大的市场需求"。回想当年 IBM 将唯一的消费类电子产品笔记本电脑业务以 23 亿美元出售给联想公司，应该可以看明白 IBM 周期性地创造和引领需求的迭代能力。

史蒂夫·洛尔在其著作《大数据主义》中写道："IBM 的百年历史就是一部不断适应的历史，有波澜不惊，也有苦苦挣扎，但利润率较低的业务被利润率较高的业务所取代这个发展方向始终没有改变。"

这应是值得中国企业学习的一个范本。

@ 商业认知力的财富模型

所有复杂的商业模式设计，本质上都离不开需求和资金链。要让企业处于资金链均衡状态，需要满足"需求六要素模型"。要看

清无比复杂的商业模式如何支撑资金链，关键是看清底层支撑要素
是什么，这考验企业经营者的认知力。

所谓认知能力，本质上是学习、研究、理解、概括、分析、判
断并做出决策的复合型能力。从信息加工的观点来看，商业认知力
通常围绕对商业趋势的准确把握和对市场需求信息的捕捉、加工、
储存、提取、应用两个维度而展开。英国哲学家弗兰西斯·培根探
索使用试验方法对科学研究程序进行逻辑组织化，提出"认知决定
思维，思维决定行为，行为决定结果"的论断，清晰定义了认知对
于人类所有活动的价值，尤其是高度概括了商业活动所应遵循的普
遍规律。

本书对认知力的定义是形成以下四个关键要素链条。

1. 生产并销售价值产品

企业的归宿是提供价值服务，因为为顾客提供价值服务是企业
存在的唯一理由。CEO 的根本使命是生产价值产品，因为利润是
从可规模化售卖的价值产品来的。

企业所有的管理都是围绕核心竞争力而展开的，而生产出畅销
的价值产品是核心竞争力的基石。很多优秀企业的 CEO 热衷于把
自己定位为一名产品经理，原因即在于此。

数字经济时代，产品概念的内涵与外延需要革新。产品既可以
是一副无线耳机，也可以是一种服务模式，还可以是一套软件、一
套销售推广解决方案，或者是一个聚合平台，等等。

2. 寻找并连接价值客户

数字化时代的客户竞争越来越多地体现为连接人群的能力之
争。完成规模化的客户连接和积累，这意味着可赚有规模的钱。无
论赛道的竞争还是经济转型、消费升级，背后的逻辑都是价值需求
的变迁、人性欲望的变迁，连接方式随"变"而"迁"。

3. 发现并解决市场痛点

商业思维的实现路径是发现并解决市场痛点。中国的市场充满
了痛点，尤其数字经济时代绵延不绝的颠覆性变革，致使市场痛点
无处不在；痛点不是越来越少，而是越来越多，因为技术在迭代，
消费在升级。竞争的背后是洞察力、行动力、组织力体系的支撑，
是一种综合实力的体现。

4. 淬炼并成就品牌

品牌是千锤百炼的品质和用户的认知。质量是今天和明天，培
育出品牌认知是未来。有专家说，即使可口可乐遇到不可控力损坏
了生产经营设施，靠"可口可乐"这四个字也依然可以站立起来。
这讲的就是品牌认知的价值和力量。产品对消费者的号召力最终体
现在品牌认知层级上，主流消费群体的认知是产品获取溢价收益、
增值收益的核心路径。

辩证看待战术盈利与战略亏损

@ 兵法里隐藏着商道密码

任何企业，如果失去了对盈亏逻辑的设计、驾驭、权衡能力，要做好都是比较难的。那么，横亘在企业盈利和亏损之间的"结"到底是什么呢？这个"结"就是如何对决定盈利或亏损的要素做出选择——战术性选择或战略性选择。

有人说，"经营的本质是一种谋略"。军事术语中的"谋略"是指"在活动对抗中"寻找制胜之法的思维过程和结果。

许多企业家推崇《孙子兵法》《超限战》等兵书，那么，这些书中被一流企业家奉为圭臬的军事思想，揭示了怎样的商业逻辑和思维呢？

自古以来，人类面对过难以计数的战事，产生过难以计数的战争名人，传颂过难以计数的兵书。无论从哪个角度探讨对战争的看法都是学问和智慧。如果从战场与商场内在逻辑联系的视角，抽丝剥茧探索战争的本质和规律，会对认知商业的规律有深刻的启迪。

什么是军事？军事是利益冲突、尖锐对立各方的战场生死决斗之事。什么是军事思维？军事思维就是胜利思维，围绕胜利思维所展开的一系列活动的集成是也。军事思维的本源是谋略，目标是打胜仗，这与企业经营有异曲同工之妙。

企业家决战商场首先要向兵家学"谋略心法",学战略与战术的运用哲学。世界上影响最为深远的军事谋略奇书之一《孙子兵法》,以"五事七计"为思想核心,对战略预测和战术运筹进行概括,体现了孙武用兵的内在规律。"五事七计"是用来分析敌我双方胜负要素的一个完整的军事思维体系。"五事"即"道、天、地、将、法",分别指政治、天时、地利、将帅素质、军事体制五个方面;"七计"则指影响战略实施的七个方面,即敌我双方政治是否清明、将帅是否高明、天时地利如何、法纪是否严明、武器是否优良、士卒是否训练有素、赏罚是否公正。"五事七计"构成了战争制胜的体系以及支撑战争体系的战略和战术两个层面,二者相互支撑,相互制衡。经过分析和权衡比较,看清双方战斗力的底牌,从而做到"吾以此知胜负"和"百战不殆"。

《孙子兵法》所体现的战略预测与战术运筹思维,对企业管理无疑具有独特价值。中外企业家群体中有许多人是军事迷,一流企业家运用军事思维做经济决策是十分普遍的事情。

很多专家研究《孙子兵法》《超限战》等兵书,各有建树。对难以计数的战争案例进行数据分析后发现,尽管军事是非常复杂的系统工程,但军事活动基本上是围绕三个关键字展开的,即谋、攻、守!而这体现的关于战事的核心智慧,恰恰也是商业需要的智慧,与商业价值产生强关系。

"兵无定势,谋贵从时",强调感知态势变化、当机立断。此语出自明代王守仁《王阳明全集·别录二·议夹剿方略疏》,意思是说，军事上没有固定不变的态势，战场环境变化多端，指挥员使用谋略最重要的是能根据战场态势随机应变。抓住时机善战巧打的战略战术是战争制胜的重要法宝。企业家必须观察敏锐、思维敏捷，根据瞬息万变的市场随机应变，关键时刻当机立断。执行中错过机会，将导致战略全局溃败。

"善攻者，动于九天之上"，表明战场制高点是最有利的攻击位置。孙武在 2000 多年前提出的战场制高点思想，间接影响到后来的空战和航空工业，20 世纪的现代战争基本是围绕制空权而展开的。信息时代，战争的制高点得从多维度延展，对新型制高点的争夺依然是当代战争形态的重要特征。争夺商战制高点是企业家经营制胜的要诀，无论是制定经营战略，还是"卡位"产业链有利位置，都要面对掌控和角逐商业制高点的课题。

"不可胜在己，可胜在敌"，也是《孙子兵法》强调的制胜之道。孙武这句话的意思是，创造条件使己方在战场上处于最优的状态，做到不会被对方所战胜，然后等待对方犯错，伺机战胜对方。这句话与孙子的"不战而屈人之兵，善之善者也"所表达的保持己方强势，通过迫使敌方崩溃屈服而取胜的思想一脉相通。商战很多时候考验企业家的耐受力和韧性，同样面对最艰难的时刻，最终的赢家可能是最顽强地坚持到最后的那一个，这种胜利大概率是由于竞争对手出错或崩溃而出局。这体现了"非对称竞争""比较优势"思维。当然，"可胜在敌""不战而屈人之兵"不可简单化地理解为守株待兔。

日新日异的市场恰如瞬息万变的战场。军事思想与经营理念在目的、过程、逻辑脉络等多个维度上交汇并且相似相通，战争胜负的逻辑经常在公司经营中得到借鉴，因此，军事思维是企业家商战思维的镜鉴。

@ 换个角度看："偷袭珍珠港"赢了吗

"战术盈利与战略亏损"，是本书提出的新观点。

假如用"偷袭珍珠港"这个著名的战役来说明上述新观点，会是一个有趣的视角。

从军事角度看，日本为扭转被动战局，精准有效地摧毁了美军的一支威慑力量，无疑是一次缓解日本战场压力的重要胜利。然而，偷袭直接招致美国更大规模的联合打击，最终导致了日本在所有战场上的全面失败。

从经营管理学的视角来分析这个军事案例，会发现以下启示：

一方面，日本偷袭珍珠港获得成功，是一次十分重要的"盈利"。但这个"因"导致了另外的"果"，两相权衡，这次"盈利"是"战术盈利"。

另一方面，偷袭珍珠港的后果是直接将美国拉入了战争中，加速了日本的覆灭。从根本上讲，这种失败是战略性的，因此可以说这样的亏损是"战略亏损"。

很明显，"偷袭珍珠港"就是"战术盈利"而"战略亏损"的典型案例。

商业实践中的战略与战术问题，部分转换为如何平衡短期利益与长远利益的课题。过多的企业忽略长远的战略性收益，无法规避急功近利的思维定式，致使企业眼前十分红火，但经不起时间的检验。过多的企业违背商业的可持续规律，过度追求利润最大化，甚至杀鸡取卵，埋下隐患。很多商业合作失败的案例也为理解这一问题提供了佐证。

联想该走技工贸路线还是贸工技路线曾引发热议。回归商业的本质来分析，均无可厚非，只是公众对联想寄予了更高的期许进而导致了批评和质疑。企业对如何赚钱可以有自己的选择，赚快钱侧重于战术层面，不利于持久性和核心竞争力的孕育，持久的核心竞争力则侧重于战略层面。

"战术盈利与战略亏损"也在许多创业者身上体现。字节跳动创始人张一鸣曾在演讲中呼吁那些有不错专业背景的择业者要"拒绝平庸"，对重要的事情要有判断力和长远眼光。他讲述了一种现象：很多优秀学生毕业后把目标设定为快点解决大城市的户口或者房子问题，也有很多人出于短期考虑不愿到新兴技术公司冒一点点险，然后还对敢于冒险的人发表评价说："我认为他这看起来是赚了，其实是亏的，他的行为既影响职业发展，也影响他的精神状态。"

一位知名实业家也讲过一个故事：有两位硅谷留学生 A 和 B 回国之后，选择了不同的方向，他们最终的结果大不一样。A 为实

现在大城市立足的目标选择了守成企业，打多份零工赚钱，在将近四年里他确实实现了这个目标。B 找到四位志同道合的青年，一起做了一个前沿信息技术研发实验室，五年后取得突破并被一家科技公司选中投入巨资，足够多的收益让他买到了一套 200 多平方米的房子。实业家感叹同样的背景、专业和时间，由于一个选择了眼前利益，一个选择了事业，二人的人生发生了本质性改变，盈亏之间，因追求不同而出现分野。

"不谋万世者不足以谋一时，不谋全局者不足以谋一域。"珍珠港事件中偷袭一方只盯住眼前利益，缺少战略考量，虽然获得了眼前的利益，却导致了战略上重大的根本损失。为什么有的企业的生命周期短？不愿付出艰辛的努力、只注重短期行为、逐小利而弃大利是祸根。那些胸怀高远追求，从不为一时一事之得失而丢弃远大目标的企业家才是最后的人生赢家。

@ 紊乱的战术：经营战略的祸根

在当今信息丰富且透明的时代环境下，企业主制定一份公司商业战略并非难事，但问题是战略落地时往往会出现迟滞、变形等情形，导致错失机遇、满盘皆输。任何战略的有效实施都需要一系列战术行动组合作为保障。管理学意义上的战略与战术组合有机衔接，往往只出现在成功企业的特定阶段。大量企业的平庸，问题并非出在战略不清晰，而是出在战术实施环节，换句话说，战术紊乱往往是导致战略失败的诱因。

再豪迈的战略也经不起紊乱战术的折腾。房地产行业一度风光无限的大企业纷纷爆雷，造成不少社会问题。经济学家质疑这个行业靠金融工具的超高杠杆率维持增长的怪圈，对其"杠杆依赖症"提出警示。恒大地产用 39 亿元注册资本撬动贷款 2 万亿元，数百倍的杠杆率已远远超出金融杠杆极限，被企业界、网民戏称为是"搭乘死亡快车"的节奏。任何一家企业，无论经营什么行业，过度依赖借贷的行为都是违背经济发展规律的，无异于饮鸩止渴，由此而使运作机制失序、失效的企业无论多么豪迈迟早会步入陷阱。

我注意到，很多企业都有所谓的战略，但总是走不出困境。一个重要的原因是企业的群体性行为发生偏差，以及战术实施过程中存在乏力、偏差、拖延导致战略被空置。有的企业经不起短期暴利诱惑放弃企业战略目标，有的企业在泛滥失控的所谓多元化道路上狂奔而致使企业一步步坠入深渊。

那些成功的企业正好相反，它们往往高度重视战略意图与战术实施的节奏和协调，成功是经营战略清晰和经营战术动态均衡的结果。

IBM 当年提出"智慧地球"战略构想时，业内惊喜于其新颖和宏阔的同时也揶揄这个构想空洞、无法实现。2014 年的秋季，我们一批中国企业高管在沃顿商学院研修时赴 IBM 总部与两任"掌门"进行了一次深入的交流，涉及的问题有的还挺尖锐，但感受到

的震撼是显而易见的。卸任总裁郭士纳先生和继任者在描绘"智慧地球与智慧中国"的关系时，眉宇间透着创造市场需求的激情与自信。智慧的 IBM 用"智慧城市"这一策略作为落地战术，取得了令所有人意想不到的效果。

快十年过去了，回顾 IBM 通过创造"智慧城市"赚足了利润然后开始向利润更高的量子计算等新空间攀升的经营战略，仍然令人刮目相看。

当年联想收购 IBM 的笔记本业务虽然受到一些人的诟病，但实际上对两家企业来讲确实是实现了双赢，联想收获了世界最大规模笔记本厂商的头衔，盈利规模扩大；而 IBM 转换赛道进入量子计算领域，正在形成全新的核心竞争力，赓续着作为一家卓越企业的荣光。至于两家企业的境界差异，那是另一个层面的问题了，因为赚得快和赚得多都是企业的使命，也是宿命，无可厚非。

痛点触动的商业思维革命

@ 值得反思的"芯片困局"

伴随着加入 WTO 的进程，中国从参与国际市场基础领域产业链、供应链分工协作，到参与高科技产业竞争并具有制定规则的潜力、能力，使全球产业格局发生了颠覆性变化。

观察中国的全球化历程，欧美从中国获得工业制成品，而中国从全球产业链获得后工业时代和信息经济时代的新型生产要素。当逆全球化的潮流来袭时，既有分工协作模式面临巨大冲击，欧美国家发动的产业链、供应链洗牌和科技脱钩行为，深深触动了"缺芯少魂"的中国工业的痛处。

以芯片产业为例，全球化时代结的"果"为何变成当下的"痛"？

分析石油进口曲线和芯片进口曲线可以发现，从 2015 年开始，中国芯片进口规模便超过石油。石油在大战略上以渠道多元化基本稳住了局面，解决了"卡脖子"问题，但芯片为何陷入困境？原因很多，核心在于产业理念出现偏差。业界相关人士普遍对芯片产品的国际分工存在认知局限，总以为既然造不出来，能买来就好；"造不如买"的思想导致人们对"芯片依赖症"一度到了几乎熟视无睹的状态。

中国芯片矛盾凸显首先是由于产业需求快速超预期。如果给中国芯片的产业链画像，我国已经成为世界第一大芯片消费国，每年进口大约 4000 亿美元的芯片。从用户结构分析，几乎涵盖了数字经济的所有行业。以汽车芯片为例，伴随着制造技术由机械式向电子化、智能化的迭代升级，需求量呈现几何级增长态势。以往制造一辆传统汽车一般需要 150～200 颗芯片，到 2021 年平均每辆车所需芯片数量已经超过 1000 颗，而新能源汽车需要芯片可能达到 2000 颗左右。

中国高端芯片之痛并非缘起半导体发展战略，尽管中国集成电

路产业起步晚、基础弱，但国家产业部门布局推动也有数十年之久。

到底是什么原因让中国芯片科技产业一度停滞了十多年？客观分析，产业界对芯片产业在大战略上感知迟缓；在思维上对全球化的两面性认知不足，吃了思维定式的亏；产业链生产组织模式缺乏创新、缺乏芯片产业"链主"；光刻机等关键设备环节反复折腾却一直无法突破；一度显现进取状态的国内主力芯片厂商如龙芯、飞腾、兆芯抵抗不了 Intel 和 Windows 形成的联合生态等，这些都是造成芯片产业之殇的重要原因。

2014 年，为解决半导体"卡脖子"的窘境，国家再次发起设立国家集成电路大基金，然而，大量资金被投入到一些无益的所谓收购兼并甚至房地产方面，这种紊乱的行为再次迟滞了半导体产业的崛起之路。

反思之余，中国芯片产业的觉醒年代实际上已然开启。从硅基芯片直道追赶的中芯国际在生产 7 纳米先进制程芯片的技术上取得突破；比亚迪汽车芯片实现重大突破；华为已集中资金投资约 80 家芯片产业链项目；中科院、北京大学等科研团队开始转向碳基芯片、生物芯片、光量子芯片等换道超车的赛道……

中国芯片的自主创新、国产替代产业未有穷期。

@ 辩证看待"弯道超车"与"换道超车"

哈佛大学教授迈克尔·波特在其《国家竞争优势》一书中认为，

一个国家的竞争力水平高低，主要取决于它如何利用其国家历史和民族特性中的独特因素，去提高创新能力和劳动生产率。

同样的道理，一家企业的竞争力水平高低，主要看其在科研等方面的投入，以及是否坚持不懈地努力，去提高自己的创新能力和劳动效率。

中国经济高速发展了几十年，据国家有关部门公开的数据，自 2010 年以来中国制造业增加值连续 12 年居世界第一，有 220 多种工业产品产量居世界第一。但科技领先型产品有多少是世界第一呢？虽然我们的"块头"已经很大，但是还没有从生产能力转移到设计能力，在全国 1200 多家芯片企业中，具有先进制程芯片设计能力的仅有华为海思等极少数几家，而因为受制于 EUV 光刻机等关键设备，华为海思的先进制程芯片依然无法制造出来。中国经济现在已经到了一个比拼科技实力的新阶段，但仍然有不少企业沉湎于过去的思维定式，舍不得下功夫，企图急功近利获得核心优势。

价值塑造的漫漫路程，是锲而不舍的苦难历程。没有经历过苦难的人，容易相信机会带来的成功概率而忽视了炉火的淬炼。

中国固然有很多被"卡脖子"的方面，但也要清醒地看到，所谓的"卡脖子"本身是一个悖论。中国工业基础相对薄弱，尽管四十多年来以经济建设为中心、受科技强国思想指导，进行了追赶，在很多方面取得了重要的成绩，但仍然有很多方面时间的积累、技术的积累不够。要把握渐进式跃升的规律性，只有认清"卡脖子"的本质原因，认清事物发展的规律，真正地静下心来，走一

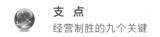

条长期主义的价值塑造道路，有些局面也许才会在这种长期的坚守中逐步地被改变。

"弯道超车"说得多了，人们习以为常，其实存在逻辑误区，存在可以预料的潜在风险。行驶在高速路上的汽车，想超车，换道是正常逻辑；当然，弯道超车也是符合逻辑的，前提是有机会且技高一筹。以半导体产业为例，西方基于硅基发展已有几十年了，在严控关键技术、关键设备、关键人才的现时条件下，直道追上或直道超车不是没有可能，但需要认清难度、做好打持久战的准备，最终靠实力、后劲和时间超越。如果换到碳基芯片、光量子芯片的轨道上，不仅追得上，而且有可能超越、领先。因此，凭借思维革命和颠覆式创新，换道超车是符合逻辑的。很多时候，执着是必需的，但走不通的时候就换一条道。换思路，天地宽！

换道超车，核心是高科技赛道。高科技企业的核心竞争力是科研力量的长期积累。没有科研思维、科研投入、科研队伍和科技能力的企业，不会成为真正的好企业。建构在科技与人才融合基础上的竞争力模式，是公司可持续发展的基础。

换道超车，需要科学家与企业家"两家融合"的组织范式创新。没有一蹴而就的超车，所有成功的超越都是长期的投入、长期的经验累积、顽强坚持和知识向智慧升华的过程。

换道超车，需要尊重规律。有专家分析，为什么不少企业选择了工业软件赛道但很快铩羽而归？是因为开发工业软件可不是仅仅写写业务代码那样简单，它是一个跨学科领域，是包含了数学、力学、电学、化学等诸多学科的交叉学科，若经验积累和知识储备不足，急功近利，则很难取得突破！

换道超车，需要国家战略力量支撑。高端制造业的差距，实际上就是实施"中国智造"（中国版工业4.0）的动因，就是对应"卡脖子"现象的一种战略考量。这形成了一个清晰明确的对标德国的工业4.0和美国的工业互联网的追赶路线图。

@"蝙蝠碰壁思维"：产业变革"遭遇契机"

科学家研究了自然界许多生物的活动规律并从中获得了难得的思维启迪。如科学家根据蝙蝠飞行识物的原理（碰壁回声定位），发明并制造出了雷达。

中国经济经历了40多年全球产业链、供应链分工分享带来的巨大红利周期，但这一红利周期正在遭受逆全球化态势加剧导致的严重遏制，制造业向高端位阶攀升的势头明显受阻。以先进制程芯片为代表的科技产业遭遇碰壁，给中国社会尤其是产业界带来了深刻的思想理念的冲突。那么，"蝙蝠碰壁思维"会不会启发中国产业界创造出类似雷达那样的技术奇迹呢？

实际上，纵观中国高科技产业的突破轨迹，或多或少、有意无意之间都在验证"蝙蝠碰壁思维"的价值。

就在这个过程之中，中国的部分高科技产业取得了远超预料的革命性成果。北斗导航、空间站、舰船、高铁、新能源汽车、核聚

变、"九章"量子计算机……据相关机构统计,经过数十年的追赶,中国目前在科技领域已经有不少方面跨入了世界领先的行列,也在若干领域实现了与世界的并跑。

同样在这个过程之中,中国企业在一批前沿领域取得了向上生长的新力量。如华为链、比亚迪新能源汽车、大疆无人机、国产盾构机、京东方柔性显示材料、"造岛神器"天鲸号等,正在改写全球产业链、供应链和价值链格局。

也许,没有高科技领域遭遇的碰壁,也就没有"新型举国体制"的提前到来。可以说,"碰壁"反而推动了这个产业战略布局的变革。

高科技企业的核心竞争力是科研力量的长期积累。可以说,遭受制裁、碰壁以来的华为,锤炼出了能够代表中国企业的中国力量。华为的力量到底是什么?我认为是信念+领先科技。无论在全球率先制定发布 5G 通信标准,还是在打压下提前推出国产鸿蒙系统、欧拉系统等,华为代表了中国高科技企业聚焦国家重大战略项目展开的"科技长征"和科技兴国的价值观,这种瞄准全球先进行业的基础和核心展开的突围行动,打造的是数字经济的生态和底座这个关键。

"芯片突围"需要什么?需要一场自我革命。

芯片突围还需要"任正非式的信念""任正非式的硬骨头",也呼唤产业组织方式创新,呼唤大批科学家与企业家"两家融合"。

尽管华为还被高端芯片卡着脖子,但华为已经发现了走向强大的密码，其旗下的投资公司在被制裁的背景下，已围绕短板突围创新布局。这就有力地证明了一个颠扑不破的真理，战略清晰，舍得投资，看重科技人才，锲而不舍，久久为功，被"卡脖子"的科技清单会越来越短。

卓越管理者的六大思维范式

企业的战略思维很重要，但对中小微企业而言，战术更重要，因为很多时候遇到的不是宏观性的战略问题，而是执行层面的战术问题。

企业的力量，除了总经理等高层管理者之外，主要是靠中层管理者来支撑的。

中层管理者是企业最重要的执行力源泉，他们在企业里决定日常性的企业管理方法、路径、战术，事关企业决策的最终成效。

既然中层管理者起着十分重要的作用，那么，企业需要怎样的管理者？需要什么类型的管理者团队？如何成为、成就卓越管理者？

客观地说，时代的变迁正在淘汰传统型管理者，也正孕育适应新经济形态的新型职业经理人。普通经理人能否超越"打工人"的位阶而成为新型职业经理人，特别是卓越管理者，本质上取决于他们能否拥有商业新思维。

卓越管理者与普通经理人有着本质的不同。普通经理人往往把工作当作职业和养家糊口的收入来源，行为方式体现出明显的从属和相对被动的状态。

管理者的形态千姿百态，什么样的经理人才能称得上"卓越管理者"呢？这可能是个见仁见智的问题，没有标准答案，但有共性可以寻找、归纳。我主持设计过上市公司的职业经理人制度，也培养、遴选、评估过很多经理人。我对自己接触过的大约近千名国内外经理人进行了"直觉判断＋思维方式＋行为分析＋过程解析＋结果评估"几个维度的分析，尝试得出一个符合实际的答案。

广义的经理人囊括了中小型企业的高管和中间执行层。通过定量和定性分析发现，卓越管理者与普通经理人最明显的不同体现在二者在对待同样的工作时表现出的自我觉悟、主动性、责任感存在差异，而这种差异的背后是思维范式的不同。

成就卓越管理者的六大思维范式如下。

- 先人一步的洞察。卓越管理者既有脚踏实地的吃苦耐劳精神，也有仰望星空的情怀；既有浸润于柴米油盐的烟火之气，也有不息于星辰大海的理想信念。在认知现实的同时，他们总是能早一点发现一些新的讯息，感知变幻的大势与趋势，并对机构的生存抱着责任感，对自己的未来抱有梦想。

- 主动寻求解难的方法。卓越管理者在难题面前没有视而不见、推诿塞责、逐级上交、拖延旁观的心态，相反，遇到难题总是主动研究问题、千方百计寻找解决问题的所有路径，特别是还能找到独特的处理方式，把难题解决在自己所有的潜能范围之内。

- 统驭各方的气场。卓越管理者虽然不可能都是手握大权的"将军"，但在自己管辖的公司业务上，可以做到驾驭要害、沟通四方、协调八面，既有带领团队攻坚克难打胜仗的主观能动性，也有忍耐挫折、稳固人心、消弭被动的"领袖气质"。

- 超越常人的坚毅。卓越管理者应具有"身虽万死而心不死"的气概，遇到一时的阻隔、艰难乃至失败，既要有永不言败、永不言弃的思维品格，也要有理性、客观、专业的判断力，设法从问题中找到出路和活路。

- 理性笃定的自律。卓越管理者是心中有责任、有目标、有敬畏、有定力的一类人，他们不是"大公无私"而是"大公有私"的，在思维深处清晰定位公与私的区别和界限，了解私欲膨胀可能带来的危害，清楚个人价值、财富的实现通道，并能为追求完美的目标而合理、合规、合法地取舍各种利益。

- 果敢决绝的行动。卓越管理者可能是企业的决策者，可能是执行者，也可能是决策者与执行者的复合体。无论哪种角色，都不能轻视"果决的执行力"，一旦公司的方略确定了就必须无条件执行，没有条件也要创造条件执行；当然，执行中也要与时俱进，随着内外环境条件的转圜而做出必要的策略性修正。

多维创新

冲突是创新的原动力

- 冲突往往来自新兴事物对传统的对抗，因此也就意味着存在变革的空间。假如没有冲突，一切都处在风和日丽的和谐舒适区，怎么会有变革的动力呢？！

- 从经营哲学的视角看，所有颠覆式创新的背后动因，几乎都与激烈的冲突有关。

- 哪里存在冲突，哪里就有企业创新的空间。

- 解决冲突即创新。企业的创新，核心体现在领先科技方面，关键是创造一个周期内不可替代、不可模仿、不可超越的领先技术。

- 把许多一流的高科技企业与被称为"独角兽""隐形冠军""瞪羚""猎豹"的新锐企业放在一个商业案例池中比较，会发现独角兽们的孵化机制和"兽性"之源。

多元冲突：感知经济脉搏的重要触点

@ 企业创新的根源在哪里

当下，经济界一起探析中国经济的"痛"与"难"，共同寻找中国经济下一程的"新动力"，必然会谈到转型、改革、创新这些热词。然而有一个词不应被我们忽略，那就是：冲突！

改革开放四十多年来，中国经济一直在挑战与机遇、改革与创新中穿梭前行。观察当下的经济形态，新常态不是静止的状态，而是动态的过程，在这个持续变化的过程中，我们最直接也最深刻的感受其实是冲突。

社会生活中的不适应、不协调、不均衡直接带来冲突。政府与市场之间，发展速度与发展质量之间，成本与利润之间，甚至小摊商贩与社区团购之间，出租车公司与打车软件之间……冲突无处不在。或许，"多元冲突"是感知当下中国经济脉搏的一个重要触点。

20 世纪，管理学大师彼得·德鲁克曾提出，创新来源于社会问题，当企业把社会问题转化为自己的发展机会时，创新就发生了。在唱衰工业的论调广为传播的时候，德国乌尔里希·森德勒等专家推出了工业 4.0 思想，从发展与停滞的冲突中，勾勒出了以信息物理融合系统为基础，以生产高度数字化、网络化、机器自组织为标识的崭新未来。这为商界拓宽应对多元冲突的思维空间提供了重要启示。

因此可以说，冲突即机会！解决冲突即创新！冲突是创新的原动力！

@ 商业冲突源自跨界融合

产业要素在加速整合，这是经济全球化背景下的常态。特别是在技术革命引领和市场需求推动之下，云计算、物联网、人工智能、区块链更广泛、深入地渗透到各个传统行业中，推动经济形态数字化转型，致使产业边界越来越模糊甚至消融，进而带来了产业结构的变化和利益格局的调整，于是，冲突在所难免。

当传统零售行业遭遇电子商务，当"中国制造"迈向"中国智造"，所有企业无一例外都必须走出自己熟悉的"舒适区"，直面转型的阵痛。例如传媒行业，最大的挑战其实从来都不是来自同行，而是来自基于云计算、大数据、人工智能、区块链等先进信息技术应用的搜索引擎、社交网络等新兴媒介形态的跨界竞争。在欧洲，多国都发生过传统媒体集体抵制谷歌的现象，要求谷歌在网站上摘引或链接新闻媒体内容时付费，也就是俗称的"谷歌税"，这一新型"税种"充分反映了跨界融合带来的尖锐冲突。

类似的事情几乎天天都在发生，以至于形成一种"跨界逆袭现象""跨界文化"，尤其是大型互联网公司的跨界已成为家常便饭，似乎不跨界都不好意思。硝烟弥漫的商场，向来都是你死我活的战场。硝烟散尽之后，强者扩充了商业版图，弱者在冲突中消亡。

@ 冲突反映了商业的节奏失衡

变化来得太快也太猛，信息网络技术一旦发现并聚焦一种潜在的社会性需求，新的应用模式总能找到资本的加持，并快速实现规模化用户的扩张。在中国接入互联网的近 30 年里，网络应用市场总是走在创新的前沿，规范性政策出现的步子相对就慢了半拍。

打车软件作为共享经济的代表，既便宜又方便，解决了出行难题，赢得了消费者的欢迎。所以，在全球范围内，政府的叫停和收编都被认为是不合民心的举措。交通主管部门曾经出台具有限制性的管理新规，竟然引发了大规模的舆论斥责。最终发现，在冲突中人们大多选择站在代表共享经济模式的平台这边。背后的逻辑只有一条，就是共享经济模式解决了消费痛点，催生了更实惠、更方便的新型社会生活生态。

类似的事情还在不断发生，例如电子商务引发的税收政策问题、互联网金融提出的监管难题，等等。当中国改革的深水期和技术革命的爆发期重合时，这种冲突的发生显然无法避免，其结果就是推动商业管理制度创新，推动政策制定者思考，如何形成有利于提升效率、激发创新的政策制度环境，为中国经济下一程创造新条件。

@ 冲突带来挑战，更蕴藏无限机会

经济转型发展中的冲突给各方带来了极大的不适，这些广泛存在的"不适应症"逼迫企业必须去想办法，去"拱开"难点和痛点，发现新的商业契机。

电子商务在冲击传统零售行业的同时，也催生了快递业的飞速发展。据统计，到 2021 年底，大量的信息技术创业公司涌入电子商务领域，为云计算、传感器、大数据、人工智能、区块链技术创造出了全新的应用场景，数以千万计的零售业失业者摇身一变成了快递业的新从业者，于是，新物流成为"中国经济的一匹黑马"，形成了全球最大规模的商品快递流、消费流、信息流和现金流。

从这类技术项目蕴含的工业智能化元素中，我们不难嗅到产业变革和颠覆的气息。面对席卷而来的技术浪潮，谁也不愿与之擦肩而过。

传统制造业的低迷，倒逼着企业打破传统模式的枷锁，探索智能制造的有效路径。服装业发达的江苏、浙江正在发生新的变革，从无人纺织车间到数字视觉影像识别身材尺寸、3D 打印整件服装，若非现场见证，真是难以置信。

一些处在转型期的传媒机构，也在探索传感器、人工智能、虚拟现实、增强现实、无人机等前沿技术在传媒领域的应用，拓展社交网络、数字影视、在线教育、区块链、元宇宙等多元业务。未来的传媒业不仅是具有创新形态的高新技术应用高地，而且将开启一个具有强大实力的互联网文化企业的新纪元。

@ 冲突是变革创新的动力

中国经济在挑战与机遇中穿梭前行。在这个过程中，信息产业领域的企业家可以说是中国数字经济的探路者、拓荒者、先行者。他们积极创造财富，解决就业问题，承担更多的社会责任。对于促进中国经济和社会的发展，企业家功不可没。

我注意到一个商业现象，无数中小微企业在当下的经济社会冲突中苦闷、彷徨、焦虑、惊慌失措，缺乏直面冲突、变革创新的思路、方法和具体举措，以至于不少企业陷入倒闭的困境，不少企业被迫躺平。

"新常态"是近几年用来描述中国经济进入转型期的热词。所谓"新"，顾名思义，就是"有异于旧质"。这种"新常态"是一种趋势性的发展状态，是一个过程。在这个过程中，企业普遍感受到了诸多冲突，特别是受新经济、新技术的影响，产业之间、管理方式之间的变化和冲突开始增多和加剧，如传统零售行业与电子商务，银行类金融行业与互联网金融，出租车行业与打车软件等之间的冲突都非常明显。"冲突"带来挑战、引发不适，但同时它更是创新的动力，它正在颠覆和重构诸多行业的规则和秩序。

当今企业家面对着一个多元冲突的世界。在"冲突与秩序的重建"中，企业家可能是面对浪潮的第一人，如何感知、应对这种"冲突"，如何缓解冲突带来的阵痛，对所有企业家而言都是重大课题。思想是变革的先声，思想者是引领时代变革的翘楚。许多专家

呼吁并通过思想的碰撞和观点的交锋，共同探索多元冲突背景下的
突破之道，呼应企业家的现实关切。

冲突的世界与冲突的心灵构成一种矛盾体。冲突是一种动能，
解决冲突的过程是一种价值提升。没有任何一个时代比当今更令人
体会到冲突的魅力。

创新总是与习惯形成冲突。在冲突面前，需要一份源自心灵深
处的热爱，只有无惧艰难，无惧风霜雨雪，才能掌控冲突。

科技情怀与科技思维：核心竞争力的本源

@ 难复制、难超越的领先技术

为什么设立公司？或者，公司的终极目的是什么？答案很明
确，公司就是要创造价值。

如何实现最大化的价值？答案也是明确的，就是依靠科技情
怀、科技思维、科技创新来获得公司独特的核心竞争力。

多年前，两位美国学者 C.K. 普拉哈拉德和加里·哈默尔提出
了"核心竞争力"的理念。这一理念的贡献在于解析并清晰描述了
企业家在经营活动中如何面对管理的基础性问题；这一理念主张企
业要实现顾客最为关注的、核心的、根本的利益，而不是一些普通
的、短期的好处；这一理念要求企业以及企业家个人都要具备难以

被竞争对手复制和超越的综合能力。

这一理念之所以会被诸多一流企业家奉为商业圭臬，源于其解决了企业创新的目标问题。按照这个理论，所有的创新都是围绕着核心竞争力而展开的，创新就是企业核心竞争力的动力和源泉。

说实话，企业要做到这一点其实挺难的，但问题是，要想使企业在博弈中胜出并基业长青，就必须锁定这一课题并持之以恒地开展创新，把创新视为所有商业活动的日常。

企业不论处于怎样的生命周期阶段，创新都是产生活力的根本。背离创新精神的后果就是企业丧失增长率，最终导致企业活力的丧失。企业增长停滞可能意味着衰退的开始，企业家需要敏锐把握可能出现的衰退拐点，通过变革、研发、收购等手段掌控并广泛应用领先技术以扭转乾坤。"格力，掌握核心科技"，这不单单是格力的一句广告语，它揭示了董明珠和全球空调霸主格力强势的原因内核。

公司在前沿科技方面的领先，往往集中体现为解决那些具有关键性意义的难题并循环往复，进而获得技术的不可替代、不可模仿、不可超越。20 世纪 70 年代，美国军工企业提出飞机隐身术的设想后，如何实现隐身的难题迟迟无法突破。经历过很多艰难曲折后，人们竟然从数学家的论文中找到了思路。苏联物理学家和数学家彼得·乌菲姆采夫曾在多年前发表的论文中提到，"通过一种物体可以计算出电磁波是如何从物体上反射的，以及如何通过外形设计使一个大型物体在雷达上显得很小"，这一学术成果此前并没有被任何人和机构关注。然而，正是这项研究的数学理论和分析成为开启现代飞机隐身技术的支点。

洛克希德·马丁公司的一位工程师偶然翻到这篇尘封已久的论文并获得解决飞机隐身技术难点的思路。经过反复验证、试验，工程师们首次做到了准确地预测雷达横截面并确定哪种形状不易被雷达发现，终于在全球率先解决了飞机隐身的前沿课题并应用到产品上。这个产品就是雷达无法探测到的 F-117"夜莺"。

这是一种改变战争规则的核心技术，其价值更是确立了洛克希德·马丁公司持续数十年的领先优势。

当今纵横驰骋的跨国公司，无一不是靠领先技术撑腰。中国制造业总体处于全球产业链中低端，核心差距在于领先技术，而部分能够并跑的企业也恰恰是因为其在关键技术环节先人一步。

@ 科研投资：透射企业未来竞争力的"风向标"

企业硬核竞争力从哪里来？科研突破的结果通常具有可应用转化能力，促使适用领域发生戏剧性变化，表现为以非传统的、新鲜的、高超的、更令人激动的方式行事，利用该突破将使得适用领域各环节更有效率、更具生产力，产生更多的价值。科研突破往往促使企业取得改变所有现存规则及重新制定规则的能力，从而获得行业引领能力，消除竞争风险，锻造出自身的硬核实力。

分析企业经营业绩和科研突破相关性材料，可以总结出一个明

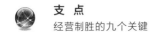

显的规律性特征，即研发投入与营收和净利润呈现明显的正相关，持续高科研投入将为企业带来营收和净利润的持续高速增长。分析中华全国工商业联合会发布的"2022中国民营企业500强"榜单：在营收方面，民营企业500强的营业收入总额为38.32万亿元，增长9.13%；税后净利润为1.73万亿元，下降12.28%。在研发成果方面，有406家企业的关键技术主要来源于自主开发与研制，426家企业通过自筹资金完成科技成果转化。民营企业500强有效专利数量较上年增长近53.60%，国内有效商标注册量较上年增长25.38%。在研发经费投入方面，经费占全年收入超过3%的企业有80家，超过10%的企业有6家，华为位居第一。

根据华为2021年年报，截至2021年底，华为在全球共持有有效授权专利4.5万余族（超过11万件），是全球最大的专利权人之一，且90%以上专利为发明专利。2021年，华为研发费用支出为1427亿元，约占全年收入的22.4%，研发投入规模和研发投入费用率均位列首位。近10年累计投入的研发费用超过8450亿元。受益于科研投入带来的竞争优势，近10年来，华为营业利润复合增长率达到21.96%。从华为等高增长企业发展的共性可以看出，通过高额高质量的研发活动，取得科研突破，已经成为促进企业发展壮大的核心力量。

企业家要防范对科研的认知误区。科学、技术、工程难题的破解往往需要日积月累甚至代际的努力。科研特别是能取得突破性进展的科研，不能希冀一蹴而就，一定要培育好制度土壤。对科研人员和成果进行多元评价应回归科技成果价值的本源，避免简单量化评价结果，应让科研人员有足够的空间和时间去顿悟、去突破。

目前，因科研成果评价体系等因素影响，科研界存在急功近利的现象，亟须改革和优化现有的"指挥棒"模式，拓宽科技成果评估的时间和空间尺度，避免"短视"行为。

国家或企业要取得长期竞争优势，需要从长期战略突破角度考虑问题。沉迷于短期战术性创新，底层技术受制于人，无法取得科研基础突破、领先，企业将无法获得引领地位，国家科技领先战略也就无从谈起。

科学研究是一项综合性的复杂而系统的工程。企业家要重视科研规律。在很长一段时间内，我国科技界的一些管理者在很多重大项目上奉行工具理性主义管理范式，这种方式往往具有很高的效率，在追赶西方先进科技的过程中发挥了重要作用。

在新的发展阶段，我国的科研体量已取得长足进步，迫切需要在基础研究、应用研究的原始性、颠覆性创新等方面不断实现突破，而工具理性主义管理范式存在的弊端和不足也越来越凸显，因此，有必要进行管理范式的解构和重构，从工具理性主义管理范式过渡到价值理性主义管理新范式。遵循科研内在规律和本质要求的前提，是充分尊重和最大限度激活科研人员的首创精神与自发自主秩序。

科研创新需要不断积累和积淀，很多方面无法"平地起高楼"，逆规律的行为往往适得其反。科学研究中的原始创新、基础创新能

力方面的差距也远非一朝一夕所能追赶和弥合上的，更多的是需要经年累月打地基。越是重大的创新，越是基础的创新，越需要宽松、容错、包容、淡泊的科研创新环境作为基础。

@ 科技专利：企业家的"未来之剑"

全球科技专利市场已然呈现新格局。

作为我国创新发展的重要制度保障，知识产权始终与科技创新同频共振，为高质量发展提供源源不断的内动力源。根据 2022 年 1 月 12 日国务院新闻办公室新闻发布会上发布的数据，截至 2021 年底，我国发明专利有效量为 359.7 万件，其中大陆地区（不含港、澳、台地区）发明专利有效量为 270.4 万件；受理 PCT（专利合作条约）国际专利申请 7.3 万件。2021 年，我国共授权发明专利 69.6 万件，依然保持快速增长态势。

世界知识产权组织（WIPO）在日内瓦发布的数据显示，2021 年，我国申请人通过 PCT 途径提交的国际专利申请量达 6.95 万件，同比增长 0.9%，连续三年排名世界首位。华为公司以 6952 件申请量，连续五年位居全球 PCT 国际专利申请人排行榜首位。

知识产权一头连着创新，一头连着市场。近年来，我国知识产权运用向更大范围拓展，在投融资、进出口、技术许可、资产证券化等方面进一步发挥知识产权价值，为推动增长提供了新途径。根据 2022 年 4 月 24 日国务院新闻办公室新闻发布会上发布的数据，2021 年全国专利、商标质押融资总额达 3098 亿元，同比增长 42%，惠及企业 1.5 万家；知识产权使用费进出口总额 3783 亿元，其中出口 760.2 亿元，同比增长 27.1%；签订涉及知识产权技术合同 21.9 万项，成交额突破 1.4 万亿元；发行知识产权资产证券化产品 42 只，规模达 95 亿元。

随着知识产权持有量的增长，中国已经认识到知识产权保护对于提高经济竞争力至关重要，加强知识产权保护成为中国创新的重要新兴力量。中国在较短时间内建立了符合国际通行规则、门类较为齐全的知识产权法律制度，加入了几乎所有主要的知识产权国际公约。相关规则建立以及公约的加入，为我国企业基础性知识产权的保护以及长期市场优势地位的确立提供了法律保障，同时为企业积极投入资源开展科研突破铺平了道路。

一方面通过专利形成自我保护，另一方面靠专利授权赚钱，这是发达国家很多企业的生存模式。通过自产和大量收购专利，构建自己的专利体系，在重要的领域、赛道、技术上"埋雷"，可以有效地阻碍竞争者切入，同时还可向使用者收费，真正实现专利"躺赚"模式。

专利"躺赚"的底层逻辑到底是什么？

从 3G 时代开始，高通、爱立信、诺基亚依靠其所持有的行业发展必需的基础性专利，背靠专利保护制度，长期采取"抽成"的方式收取专利费，高通的专利费比诺基亚甚至要高出 2～4 倍。高通的财报数据显示，2018 年 7 月，高通公开在中国的蜂窝通信技

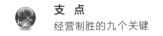

术标准必要专利清单，包括 2240 项专利和专利申请，其中授权专利 1600 项，1000 项属于专利家族，都是高通在移动通信领域的标准必要专利。高通还从华为、诺基亚、索尼、三星购买了大量的专利，并将这些买来的专利加入到自己的专利许可组合中。在 3G 时代和 4G 时代，终端企业需要向高通缴纳占整机费用 5% 左右的专利费，而专利费也一直是高通的重要收入来源。根据高通的财报数据，2015 年、2016 年、2017 年高通专利收入分别占全年营收的 30%、32% 和 29%。一度淡出大众视野的诺基亚，2022 年上半年的财报却很亮眼，数据显示，财报期间诺基亚专利授权业务的营收占比虽然只有 5.72%，但贡献了近 40% 的净利润。

华为在中国国家知识产权局和欧洲专利局的 2021 年度专利授权量均排名第一，在美国专利商标局的 2021 年度专利授权量位居第五。华为所持有的专利价值得到了行业的充分认可。在第三方专业机构发布的专利全景报告中，华为在 5G、Wi-Fi 6、H.266 等多个主流标准领域居于行业领先地位。获得华为知识产权许可的厂商已经从传统通信行业扩展到智能汽车、智能家居、物联网等新兴行业。根据专业机构科睿唯安（Clarivate Analytics）发布的报告，华为的 5G 核心标准必要专利持有量占比为 21%，位居第一名。2021 年 3 月，华为宣布开始收取 5G 专利授权许可费，按照适用于 5G 手机售价的合理百分比费率，单台手机许可费不超过 2.5 美元。这就意味着华为已经改变了之前技术开放的原则，也开始坐收专利红利，任何一家通信公司使用 5G 技术，都必须得向华为支付专利费用。

近些年，中国的一些小企业，也有通过自身的专利设置实现"躺赚"的案例，这方面比较突出的一家企业就是靠 U 盘技术专利"躺赚"的朗科科技。朗科科技在 2010 年成功登陆 A 股市场，并在 2009～2019 年这 10 年间仅凭专利这一块的业务就"躺赚"2 亿元。

如何铸造专利这把"未来之剑"？

高价值发明专利呈现研发投入水平高、产业化收益高的"双高"特征，拥有高价值发明专利的企业更加重视研发、重视知识产权保护和管理，高价值发明专利对于企业经营活动具有重要意义。专利密集型产业的发展集中体现了知识产权、科技创新与产业经济发展的紧密融合。从世界范围来看，专利密集型产业因其创新能力突出、市场竞争力强的特点，成为促进经济社会高质量发展的有力支撑。国家知识产权局与国家统计局联合发布的《2020 年全国专利密集型产业增加值数据公告》显示，2020 年我国专利密集型产业增加值达到 12.13 万亿元，占 GDP 比重达到 11.97%，较上年提高0.35 个百分点。《知识产权强国建设纲要（2021—2035 年）》提出，中国到 2025 年，专利密集型产业增加值占 GDP 比重要达到 13%。

当前，中国正在从知识产权引进大国向知识产权创造大国转变，知识产权工作重心正在从追求数量向提高质量转变。在加快推动实现"两个转变"的顶层设计中，高价值发明专利的核心地位进一步凸显，"十四五"规划和 2035 年远景目标纲要首次将"每万人口高价值发明专利拥有量"纳入经济社会发展主要指标，明确到

2025 年达到 12 件的预期目标，同时提出"优化专利资助奖励政策和考核评价机制，更好地保护和激励高价值专利"的政策措施。

在全球竞争日益激烈的时代，产品出海，要专利先行。专利是国际市场无法绕开的规则，中国企业要想走进国际市场，自身就得率先具备强专利能力，让国际市场的拓展在强专利的保护之下进行。

近年来，小米、大疆创新、海尔、OPPO 等一大批中国企业正走向全球化市场，它们无一例外都申请了大量的国际专利，同时在落地销售前，已经在目标销售地——国家或地区（如欧盟）获得大量专利授权，这样才能形成销售产品的专利保护。企业在海外落地大量专利的复合效益十分明显，一方面，当碰到国外企业的专利诉讼时，通过专利交叉许可可避免自身禁售限制；另一方面，当自身的专利具有唯一性时，可以形成较大的领先优势，对自身在海外拓展形成强有力的支撑。

"技术创富"的逻辑动力与实现路径

@ 新一波的创富逻辑是什么

"日新日异"的信息技术向智能化方向的变革，不断颠覆和刷新着人们对财富的认知。当前的数字经济高速增长周期，是一个工业化、信息化和智能化叠加的财富成长周期。随着相互叠加派生出新的行业应用、新的赢利模式，新的创富逻辑应时而生。

我们以"起源—核心技术—工业特点—催生的新行业—热销产品"为叙事逻辑线，来回顾一下几次工业革命的变革轨迹。

● 第一次工业革命：蒸汽时代。

英国—蒸汽机—轻纺工业—纺织业、金属冶炼业、机器机械制造业、交通运输业—蒸汽机、服装、蒸汽火车、蒸汽轮船。

● 第二次工业革命：电气时代。

德国、美国—发电机、内燃机—重型制造业—能源（电力、石油、煤炭、天然气）业、钢铁业、化工业、汽车制造业、造船业—重型机械、汽车、电车、房地产、舰船。

● 第三次工业革命：信息时代。

美国、德国、法国、俄罗斯、日本、中国—核能、电子计算机、空间技术和生物工程—电子信息产业—电子工业、家电业、核工业、航天事业、信息产业—冰箱、彩电、芯片、卫星、飞机、火箭、新材料、电脑、手机、互联网、工业软件。

● 第四次工业革命：智能时代。

美国、德国、日本、中国—云计算、大数据、人工智能、移动互联网、虚拟现实/增强现实、量子信息技术、可控核聚变、新能源、生物/基因技术—互联网＋、物联网、人工智能＋、5G/6G、遥感/遥控、航空/航天—半导体、智能制造、机器深度学习、新材料、清洁能源/清洁交通、生物基因、社交平台工具—软件/高端

工业软件、传感器、智能芯片、智能手机、智能化工具、高铁、机器人、虚拟游戏、基因产品、智能 / 新能源汽车、算力 / 算法、核电 / 核动力舰船、元宇宙、量子计算机。

四次工业革命始于"以机器取代人力，从手工制造向动力机器生产转变"，经历数次迭代、飞跃之后，达到现在的"互联网与人工智能高度融合的全面的泛在的高度智能化生产的社会"，这是迄今为止社会形态变革的制高点。

近现代以来人类社会每经历一次变革，人类都会由宏观世界向微观世界更进一步，由物质世界向虚拟世界更进一步，由眼前的世界向深空、深海以及深地更进一步。这些进步一边无情地消灭过时的行业、企业和产品，一边又在不断催生新行业、新企业、新产品、新生态以及新财富！

这就是财富创造和财富分配新动力的底层逻辑。

分析四次工业革命的变革轨迹可以得出以下结论：中国四十多年的改革开放，最本质的价值是开放并融入全球化经济大循环，局部性地追赶了第二、第三次工业革命浪潮，并成功跻身第四次工业革命的行列；三次工业革命浪潮叠加、交融的机遇，给中国社会带来前所未有的经济和社会财富，给中国人带来了摆脱贫穷迈入小康社会的深刻转变，也给中国社会和中国人带来了面向未来智能社会的全新机遇。

这既代表着当前的现实，也代表着未来！

这是驱动所有经济活动、商业财富的全新机遇、全新赛道！

按照前文提到的康德拉季耶夫的"康波周期"，科学技术对于生产力的推动周期大概是 40～60 年，信息时代和智能时代都体现了"经济生活中的长波"这一周期性变化。

中国企业当下虽然存在一些被"卡脖子"的核心技术短板，但正处于科技革命引爆的工业经济向智能型数字经济转换的关键时期，因此，核心技术短板就是国产替代的重大机会。这个周期既可能持续兴起许多新的科技巨头公司，也可能会有许多巨型公司陆续跌落神坛。

2021 年，中国 GDP 突破百万亿元，达到 17.7 万亿美元，人均 1.255 万美元；2021 年社会消费品零售总额达到 6.83 万亿美元，人均 4837 美元。按照目前的增速静态测算，未来 10 年我国 GDP 有望达到 27.46 万亿美元。这将是形成高收入经济体和高收入群体的深刻变革周期。计算一下，这个超级规模的中等收入消费市场将给企业带来多么巨大的机会。

@"核心技术突破"改写"财富分配方案"

技术创富是过去 20 年间中国数字英雄的主场，在可预见的未来 10 年中，互联网领域仍然会有许多奇迹发生，技术创富依然是主线、主场。在这条赛道上，设立三五年的企业，有可能超越设立三五十年的企业，关键的支点在于是否具有解决行业难题的独特能力。

通过大数据分析，大量成功企业的财富密码都指向核心技术，而垄断核心技术可使企业获得超额利润，通过专利权等手段控制的核心技术越多，公司可持续发展的特质就越鲜明。谁取得核心技术突破，谁就获得财富再分配的机会。这就是优秀企业愿意长周期、大资金量投入科技创新的逻辑动力。

核心技术的突破在财富分配中具有明显的"杠杆效应"。尽管需要的时间长和投资大，但回报率也难以想象。以工业软件为例，研发本身门槛很高，跨多个交叉学科，同时必须具备深厚的行业经验积累，然而一旦取得突破和垄断地位，通常将成为一个或者多个行业的长周期依赖，为持有者带来持续的财富回报。尽管如此，这仍然只是问题的一个方面。工业软件是航空航天、造船、汽车、高铁、建筑等众多产业科技经验和科技智慧的赋能者，它能够发挥撬动整个工业领域的作用。如果把工业软件比作一个杠杆，那么通过它对制造业间接产生的拉动效应至少达到100倍。例如，2018年全球EDA软件市场规模还不到一百亿美元，芯片市场规模已经达到几千亿美元，但如果没有EDA软件，这几千亿美元的芯片就是沙子。

40年前中国企业拥有的专利数量很少，企业收入的增长不可避免地要以支付大量的专利使用费为前提，专利持有者始终站在利润链的顶端。伴随着生产总量连续12年保持全球最大增量，制造业领域的技术水准也开始从中低端向中高端跃升。公开数据显示，中国每年申请的专利数量连年超越多个西方工业国，居于全球第二的水平，这无形中改变了制造业财富分配的方案，尽管仍有很多高额专利费用支出，但财富故事的叙事方式正在发生改变。

华为在 5G 领域的领先，突出的特征是专利数量和质量的领先。在过去的 20 多年里，华为向 IBM、高通、英特尔等领先企业支付的专利费呈现"人"字形曲线，在近几年达到高点后开始下行。遭遇制裁后，华为的专利秘密也被挖掘出来，全球很多领先企业也正在广泛使用华为的专利技术，尽管没有看到华为专利收益的数据，但华为的抗压能力、扩展能力以及在未来世界通信业的核心竞争力已然十分强大。

很多年前，中国便出台政策鼓励企业参与国产替代，尽管遇到很多艰难困苦，但步伐稳健，据不完全统计，已有 15 项重大技术完成替代，摆脱了被"卡脖子"的窘境。每一项国产替代项目取得突破，都意味着采购价格的大幅度下降。德国盾构机的技术封锁和垄断被打破后，中国市场盾构机的平均销售价格下降了约一半。这样的案例正在逐年增加。

被"卡脖子"的技术短板恰恰是科技创新的"城墙口"。像华为一样猛攻，假以时日，也就攻破了。攻破者的权利和收益就是改写"财富分配方案"，即制定顶层"新财富分配规则"。

@ 正在降临的"知识资本家时代"

如今是"工程师时代"吗？

有一个现象值得注意：中国每年有千万名高校毕业生寻找就业机会。大量的高校毕业生不愿意进工厂，更愿意加入"快递小哥""网红"的队伍。即使是一些工科院校的优等生，也选择了与所学专业毫不关联的行业。在多元就业的政策背景下，选择新的就业岗位无可厚非。但应该引起关注的是，"工程师时代"到底离我们有多远？是不是这个时代亏待了"工程师们"？

当今时代，是一个信息技术群叠加的时代。先进的技术连接设备、连接数据、连接人，成为这个时代非常鲜明的特质。

有一则报道说，近几年每年有 300 万家小企业倒闭。这意味着什么呢？意味着背后的一个因素是很多小企业跟不上时代的变化，从产品到商业模式都缺乏技术含量，有的甚至连简单的技术问题都解决不了，因而被淘汰。这导致了一系列的社会问题。

我们需要重新认知这个时代，一方面认知这个时代给我们带来了什么样的挑战，另一方面这个时代给我们带来了什么样的机会。核心观点是技术创富的时代来临了，但许多工厂招聘不到足够的技术人员，各种类型的工程师岗位空缺。据人社部统计数据，2020 年，中国智能制造领域人才需求为 750 万人，缺口达 300 万人；预计到 2025 年，高端制造人才需求为 900 万，缺口为 450 万人。

有必要换一种思维方式来认知，中国需要有魅力的工程师文化。现今的"工程师文化"所描述的已经不是传统意义上的单纯技能范畴。新经济时代的"工程师"有更宽泛的内涵和外延。人社部公布的若干批次的新兴技术岗位很好地诠释了"工程师文化"，包括但不限于技术素养、技术应用能力、驾驭新生产要素的水平、协同技巧、工匠精神等。

技术的本质是产业要素，是解决问题的工具。由于数字经济是伴随信息技术革命产生的新的经济形态，因而数字经济时代的财富路径与信息技术密切相关。

有人问："在新周期选择什么赛道才能把握未来 20 年的趋势，从而让自己的资产保值增值？"答案就在于技术创富。

进入信息社会以来，先进技术逐渐成为社会进步和财富创造的驱动力。社会的形态变了，财富多寡与传统的劳动创造价值的观念开始背离。"知识红利时代"正在取代"人口红利时代"。对企业而言，数量意义上的人力资源、普通设备已不再是生产力核心要素。企业财富、个人财富，与知识能力、解决生产生活难题的技术突破能力关系更加紧密。具备新理念、新知识，掌握新技能的新型人才群体正迅速崛起，网络上出现的"35 岁现象"已显示出了新生代人群的力量以及大量知识结构和技能退化人群的焦虑感。知识资本家群体的壮大意味着靠技术吃饭、靠技术发明创造财富的社会形态已然形成。技术创富时代带来了无限机遇，而且是一个确定的长周期的机遇。在数字经济时代，难以想象一个缺乏技术创新的公司能有未来；同样，也难以想象缺乏技术素养的青年群体能成为中流砥柱。正因为华为、比亚迪、格力、海尔等企业持久培植高素质工程师队伍和先进的工程师文化，才获得了持久的内驱力。

"工程师治国"是后工业文明时代的属性所决定的。为了正确

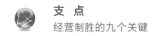
认知这个财富逻辑，我们有必要对德国工业 4.0、美国工业互联网和"中国智造"背后的逻辑进行分析。包括"创新之国"以色列以及日本、韩国引导创新的所有制度设计，都卡位在影响未来的重大战略性领域。这一切都将开创工程师所代表的工业文明以及信息文明的新时代。

当今是"知识资本家时代"吗？

在工业文明向信息文明转型的时代，无论是工业还是现代农业、现代服务业，都需要深度的专业主义。各个经济行业领域的科学家、专家，以及广义的工程师、工匠，是当今时代专业主义的代表符号，这类人是承载工业文明的基石，理应是社会财富的聚集对象，理应是中国数字经济时代"知识资本家"的主体。

2018 年 3 月 22 日，《科技日报》报道了华南理工大学胡健教授团队凭借"芳纶纸"国产替代技术，一"纸"卖出 6684 万元，以及研发团队获得科技创新股权的财富故事，引发社会对"知识资本家"的瞩目。四年过去了，胡健教授团队的财富还在增长。

实际上，胡健教授的"芳纶纸现象"也只是中国制造从中低端向中高端攀越进程中众多可借鉴的案例之一。相当多的企业通过关键技术国产替代为中国经济发展做出了贡献，获得了企业核心竞争力和高质量成长，也带来了关联群体的财富裂变和社会阶层的跃升。

这种财富现象，预示着中国社会财富聚集效应正在从"房地产资本家时代"向"知识资本家时代"的特征转变。

独角兽们的“兽性”来自哪里

全球高科技领域的创新竞赛日趋激烈。这类竞争有时你看不见硝烟，但战火已经燃过，胜者已然站在巅峰挥手。这绝不是某些游戏中的情形，而是残酷现实的真实写照。

在理性的眼光里，高科技产业是一种魅惑，少数成功者的欢呼与大多数失败者的哀号同时存在于同一个时空。企业可以有很多种选择，关键是要认清高科技产业的财富本质。无论如何，要看清科技型企业价值高速增值的本质逻辑，它是趋势、短板、应用场景、人才、资本、规模人群连接等价值要素叠加、融合赋能的复杂过程，在大多数情况下，在相对周期内它也是一个虚拟财富（机构估值）裂变式增长的载体。这样的范式是小概率的存在，化学反应只会在极少数企业中发生，一旦发生就会有一个无法阻挡的奇迹诞生。

像以上这样公式化的表述是基于对大量高科技企业的数据分析、轨迹研判的立体解剖的结果。把许多一流的高科技企业与被称为“独角兽”“隐形冠军”“瞪羚”“猎豹”的新锐企业放在一个商业案例池中比较，会发现独角兽们的孵化机制和“兽性”之源。

本节重点关注四个共性要素。

@ 对趋势的预见

趋势即未来，掌控趋势才有未来。

第四次工业革命爆发是全球企业乃至经济格局重塑的原动力。本书第 5 章所归纳的"起源—核心技术—工业特点—催生的新行业—热销产品"逻辑线，较为清晰地界定了"智能时代"何为趋势的大体脉络。

不妨比对一下全球独角兽榜单的相关数据。

连续多年发布全球独角兽榜单的胡润研究院，于 2021 年 12 月 20 日联合广州市商务局等共同发布了《2021 年全球独角兽榜》。从数据看，2021 年全球独角兽企业有 1058 家，同比增长近八成；中国独角兽企业有 301 家（比上年增加 74 家），位列全球第二；美国和中国独角兽企业数量共占全球独角兽企业总数的 74%；榜单前 10 名中，美国企业 4 家，中国企业 3 家（字节跳动、蚂蚁集团、菜鸟网络），瑞典、澳大利亚、英国各 1 家。

胡润研究院的数据显示，金融科技、软件服务、电子商务三大领域分别产生了 139 家、134 家、122 家独角兽企业；紧随其后产生较多独角兽企业的是七个行业是：人工智能（84 家）、健康科技（80 家）、网络安全（40 家）、生物科技（31 家）、区块链（30 家）、共享经济（29 家）、大数据（27 家）。数据还显示，"瞪羚"和"猎豹"企业覆盖最多的行业是生物科技，由此可以推测，未来型独角兽企业来自生物科技行业的潜力较大。

网上也有评论说，这些数据不可信，仅是一家之言。当然，这些数据也许并不完整，也许并不是很准确、很权威，但它们提供了观察、分析、研究、评测全球企业成长性的一种参照。在没有更好的研究方法和成果的背景下，这些数据还是有参考价值的。客观地讲，这个榜单至少印证了哪些行业、哪些企业、哪些产品走在裂变式增长的路上。

@ 颠覆性创新

颠覆性创新技术是高科技企业的物理支点。

在中国工程院院士徐匡迪看来，颠覆性技术是创新的"珠穆朗玛峰"。他认为，作为一种"改变游戏规则"的前沿技术，真正的颠覆性技术具有两个共性：一是基于坚实的科学原理，它不是神话或幻想，而是对科学原理的创新性应用；二是跨学科、跨领域的集成创新，它并非设计、材料、工艺领域的"线性创新"。当然，可能还有第三个共性，即利用现代思想对生产关系的重组、重构、重塑，产生新型生产力平台。

徐匡迪在一次演讲中说道，近一段时期，以颠覆性技术取得创新成功的最经典案例，非埃隆·马斯克莫属。他之所以能成为继比尔·盖茨、史蒂夫·乔布斯之后的又一个时代偶像，靠的正是一系列颠覆性创新技术，例如，用于未来太空商业旅行及星际太空移民的 SpaceX 自研火箭、颠覆传统燃油发动机汽车的特斯拉（Tesla）电动车、星链卫星互联网以及可能成为人类第五种出行方式的"超回路列车"等。尤其是最初听起来"有悖主流或常理"的 SpaceX 项目，在遭遇了四次失败后，成功回收了名为"猎鹰 9 号"的一级

火箭，制造出了"比别人更便宜、可以回收使用多次"的火箭。

张一鸣的字节跳动以独特的算法推荐技术形成竞争优势，在业内专家一致预测相对周期内没有公司能超越 BAT 的话音中实现了一次逆袭，尤其是 TikTok 在海外形成的市场穿透力，不得不令人高看一眼。京东方在显示器行业、蚂蚁金服在移动支付领域、菜鸟网络在新物流方面的成长性也令行业分析师出乎意料。

@ 裂变式增长

我提出"趋势＋短板＋应用场景＋人才＋资本＋规模人群连接＝裂变式增长"是高科技企业裂变式增长的逻辑线，但一位业内专家与我商榷，"裂变是一种化学反应后的几何式变化"，他认为应修改为"趋势 × 短板 × 应用场景 × 人才 × 资本 × 规模人群连接＝裂变式增长"。这是真知灼见。

回顾中国接入互联网的近 30 年，国内一大批互联网平台公司竞逐于数字经济赛道，在网络应用场景等新型应用领域创造了一系列新模式，连接了人口规模巨大的红利，推动了互联网的普及，开辟了制造业数字化转型以及电子商务、移动支付、社交媒体、游戏、共享经济等领域的本土化新应用，用户规模和收益呈现裂变式增长，并且与全球互联网行业的高速成长态势相吻合。尽管网民抨击互联网平台野蛮生长的原罪，但互联网对社会经济形态变革的推动作用是确定的。

　　胡润研究院的数据显示，2021 年全球新上榜的独角兽企业共有 673 家，这些独角兽企业平均只用了 8 年的时间就达到了 10 亿美元的估值。可以说，价值创造的速度相当惊人。

@ 资本加持赋能

　　高科技项目的孵化，需要顶尖投资机构的资本加持。胡润研究院的数据显示，全球独角兽的 10 个"捕金手"颇具看点，其中红杉资本、老虎基金、软银三大投资机构共投资了 500 家独角兽，约占全球总数的一半。高瓴资本、IDG 资本、腾讯、中金、启明创投、纪源资本、顺为资本、真格基金、今日资本、成为资本和 CMC 资本等也成为助推高科技公司成长的强劲推手。

　　当然，资本加持不是万能钥匙，还要认清并解决项目本身的碰撞甚至是对立性的矛盾。很多时候，资本的烦恼不光是找不到理想的项目，更大的烦恼是找不到对的人。天使投资人信奉的格言是"比投项目更重要的是投对人"。由于没有投对人并且对投后管理感到无力而失败的投资机构比比皆是。当然，值得镜鉴的成功案例也有很多，如路由器的孵化就是一个很好的例子。

　　毕业于斯坦福大学的一对科学家夫妇发明了路由器。第一笔风险投资是来自资本家唐·瓦伦丁的 250 万美元，瓦伦丁投资时有一个条件，即在他认为合适的时候，有权利介入管理层的挑选和更换事宜。1988 年，瓦伦丁从霍尼维尔引入约翰·莫格里奇帮思科建

立了职业管理团队。莫格里奇又从王安实验室引来了约翰·钱伯斯（John Chambers），建立起思科的战略模式；从苹果公司挖走了 IT专家建立一整套高效的 IT 系统，并成功地将思科的整个业务建立在了网络上，使思科成为世界上第一个将网络沟通渠道作为核心竞争优势的企业。正是这种资本家的视野，解决了科学家与企业家因思维差异出现的危机，从而成就了思科。

对"独角兽"现象的研究是一种渐进的过程，以上四个共同点的归纳也仅仅是对"独角兽"成长规律的数据分析，对其底层逻辑的认知尚需深入。在培育"经济新生代迭代的力量"方面卓有成效的长江商学院创办院长向兵教授看来，所谓新生代独角兽企业应具备三大特征，即更具全球责任意识、高度重视社会目的和功能以及更具长线思维。这实际上已经深化和升华了对独角兽企业"兽性"成因的认知。

企业创新需要"三个刷新"

@ 刷新创新思维的维度空间

1912 年，经济学家熊彼特在《经济发展理论》一书中提出，创新就是把生产要素和生产条件的新组合引入生产体系中，并把创新活动归为产品创新、生产技术创新、市场创新、供应来源创新和组织创新五种形式。

　　由于生产要素和生产条件在一定时期内是相对稳定的，因此多元创新作为企业的重大课题，往往会受到诸多因素的影响。企业家需要把创新放置于整个体系中去运筹，才有可能突破创新的边界，创造出新的增长曲线。

　　创新来源于哪里？现代管理大师彼得·德鲁克在其著作《创新与企业家精神》中指出，企业要进行系统化的创新，需要每隔6～12个月就打开企业的"天窗"，看一看外面的世界。他提出了创新的七个来源，分别是意料之外的事件、不协调的事件、程序需求、行业和市场变化、人口变化、认知变化以及新知识。

　　分析七个创新来源，对企业来说，我们发现意料之外的事件、不协调的事件、程序需求、行业和市场变化以及人口变化等都是不可控的、需要被动适应的，唯有认知变化和新知识是企业可以自主掌握的。

　　有经济学家说，当今企业存在不少管理误区，有时候是由于认知的枷锁束缚了行动，看不穿哪怕是遮挡在眼前的一片树叶。也有研究创新学科的学者说，阻碍成功的不是能力，而是认知的盲区。

　　为什么思维模式和认知对创新如此重要？这是因为我们往往会受到已有知识经验网络——图式的深刻影响。图式可以帮助我们迅速地理解和掌握这个世界，否则如果每遇到不熟悉的事物都要停下来思考，时间成本太高。但是，图式的存在，也会在一定程度上让我们不自觉地变得僵硬，容易按照固有认知和思维模式看待新事

物，从而错失发展机遇。

回顾历史，在几次工业革命特别是 18 世纪 60 年代的第一次工业革命和 19 世纪 60 年代的第二次工业革命中，中国为什么缺位？很重要的一个原因就是缺少对新思想、新文化、新知识的认知。林毅夫教授认为，要想回答"为什么工业革命没有起源于中国？"这个问题，首先应该解答"为什么科学革命没有发生于中国？"。

分析起来，在创新领域，"认知"是行动的先导。

当前，数字经济已进化到 2.0 时代，以 5G、人工智能、区块链、物联网为代表的新兴技术群，作为一种引领，在全球范围内的传播生态正在点燃一次深刻的革命。数字化转型，逐渐成为企业重组要素资源、深度参与竞争的关键力量。在这一背景下，打造实现科技创新的价值链，需要解决众多难题，其中最困难的就是观念的改变。事实上，很多企业就是卡在了认知方面，而不是技术层面。

像贝佐斯、马斯克、巴菲特这些特别成功的人成功之处在哪里？专门研究学习的迈克尔·西蒙斯总结出了最重要的一点，在我们大部分人用一维的视角审视问题的时候，他们却是用四维的视角去审视的。按我的理解，这四个维度分别是：专业化思维、跨学科跨领域思维、从技巧到原则思维以及长线思维。其中，大家重视得最少的维度是长线思维，一些伟大企业家审视问题的时间范围都非常长，甚至能够穿越未来几十年、上百年。

改革开放四十多年，在各行各业起点接近的基础上，我们为什么出现了航天强航空弱、高铁强汽车弱、硬件强软件弱的现象？一方面是由于对航空、汽车和软件的发展比较短视，过于重视眼前效率，没有把时间维度拉长，用长期主义培育产业发展；另一方面是由于在这些领域广泛采取进口、合资等形式"组装赚快钱"，忽略了自主核心竞争力的培育。

知识如何丰富思维维度？就是要站在巨人的肩膀上，学习巨人的第一原理，在对不同基础研究的归纳演绎中得到新的认知。

"工业 4.0"是德国在 2011 年汉诺威工业博览会上率先提出的一个概念，两年后被纳入德国联邦政府的"高科技战略 2020"备忘录，升格为国家战略。这是以迅速发展的新一代互联网技术为载体，加速向制造业等工业领域全面渗透的技术革命，充分体现出跨学科跨领域思维。德国最早从事"工业 4.0"概念普及的管理学研究者乌尔里希·森德勒认为，拥有多学科能力和跨领域能力的人才在这一时代将大受欢迎。

我们还能从美国下一代互联网技术发展中找到思维秘籍。美国《无尽前沿法案》授权拨款 1100 多亿美元推动科技发展以及关键产业研发，其中 1000 亿美元用于与美国地缘战略相关的关键技术领域的基础研究、商业化及技术创新，正式把重点放在了创新的底层——基础研究上。星链计划是马斯克所在的 SpaceX 公司打造的地球互联网项目，准备到 2024 年完成太空部署 1.2 万颗卫星，为地球提供互联网服务。这体现的也是物理和信息技术的融合创新、逆袭超越。

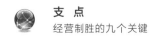
@ 刷新科学家与企业家"两家融合"的范式

支撑前沿科技创新突破的内在力量，往往是科学的底层逻辑，这种突破力量的支点往往不是来自企业家，而是主要来自科学家。

哲学家培根认为，人类新思想、新观念的诞生主要是凭借直觉或顿悟，而不是逻辑，但后者却是帮助人们整理思绪、证实或证伪的工具。法国数学家、物理学家彭加勒把"创新"归结为四个步骤，即直觉突现的准备、潜意识的蛰伏、无意识的灵感向有意识的行为过渡的顿悟和对新思想的验证，这也构成了创新与突破的逻辑。

哈佛商学院杰夫·戴尔等教授在合著的《创新者的基因》一书中披露了他们对 25 名创新型创业家、500 多名曾创办创新型公司或曾发明新产品的人、3000 多名职业经理人高管进行的长达六年的研究结果，发现"创新创造者"共有的五项特质：联系、提问、观察、交际、实验。

很显然，这种复杂的创新思维过程往往是由科学家或具有科学素养的人来完成的，而企业家的作用是把这种创新思维的成果转化为应用，制造出产品，服务于市场。在科技创新的主场上，科学家往往并不等于企业家，而企业家也往往并非科学家。

科学家与企业家"两家融合"体现的是一种跨界联动，把不同的能力关联起来，冲破既有思维定式和壁垒，在交叉、跨界地带激发科技创新，发现解决科技难题的新方法。

华为为什么在科技创新上能够取得系统性突破？背后发挥核心

作用的首先是那一批由 1600 多名数学家、物理学家和化学家组成的科学团队。这批科学团队在华为高达 20% 以上的研发投入费用率和组织机制创新的有效支撑下，爆发出科学推动生产力的巨大力量。据介绍，华为能够拿下欧洲市场，其数学家创造的算法发挥了关键作用。这种跨学科解决跨界冲突难题的集成创新型范式，是华为愈挫愈勇、渐趋强大的"源代码"和"原动力"。

经济学界有一种观点认为，政府研发经费从以科研院校为主要支持对象转为向工业部门倾斜之后，重大战略项目创新并没有产生预期的效果，根源就在于影响了基础研究。当然，也有一种观点认为，虽然中国科研院所及其实验室在世界顶级期刊发表了数量庞大的论文，但是并没有完全形成对"卡脖子"领域的执行支撑。

辩证地分析，硬币是由两面构成的一个整体，任何一面都只是局部而非整体。这种科学理论与生产实践相互脱节的矛盾，正是科学家与企业家"两家融合"的"靶向目标"。实际上，几乎所有尖端科技项目的颠覆性突破，主要都不是源于生产制造环节的突破，而是基础科学理论与产业环节融合突破的结果。中国的空间站、北斗导航、高速铁路、盾构机等重大科技项目的成果均验证了这一逻辑。

爱因斯坦认为"组合作用似乎是创造性思维的本质特征"。

比尔·盖茨则说，创新就是"要把看似无关的领域，触类旁通地联系起来"。

从管理学视角来看，科学家与企业家"两家融合"也是一种组

织模式创新。这种范式的创新，捅破了原有的思维壁垒和生产组织模式的壁垒，实现了多元生产要素的组织方式重构。这也与乔布斯所称的"整合事物的能力就是创造力"的理念一脉相通。

@ 刷新"科技 + 资本"的逻辑链路

科技与资本往往处于信息不对称状态。从科技的角度来看，科技推动人类进步，从而产生更高效的生产力是其思想力量，离最终实现高效生产力还欠缺物质力量。只有当科技结合了资本后，才能真正把思想力量与物质力量结合起来，实现科技创新的目标。从资本的角度来看，资本持有者的诉求是让资本增值，故资本一直在用各种方式寻找好的项目，以使资本实现短期或长期的增值目标。因此，只有从资本的逻辑角度去研究科学技术，了解两者之间的逻辑链路，才能真正地让两者结合，彼此促进，并使两者都能实现各自的诉求，完成各自的使命。

从资本的逻辑角度怎么看科学技术呢？什么样的科技企业符合资本的逻辑，使资本愿意与之结合呢？企业家普遍认为拥有领先技术的企业一定会受到资本的青睐，拥有核心技术的企业一定会有高的估值，越少释放股权的企业越容易实现健康发展。想要摸清"科技 + 资本"的逻辑链路，以上这些观点都需要刷新认知。

首先，要认清资本青睐的三大类技术。这是基于大量投资案例的数据分析得出的结论。

一是资本青睐"卡脖子"的核心技术。所谓"卡脖子"技术，就是缺乏自主创新、仍然受制于人的关键核心技术，是急等着用却没有的技术。这样的技术当然是最受资本青睐的，这条"科技＋资本"的逻辑链路容易理解，此处不再赘述。

二是资本青睐高增长、市场空间大的行业的核心技术。投资是高风险的选择，因此资本倾向于选择高增长的企业来对冲这种高风险，而高增长的企业往往在高增长的行业里。如果企业拥有的核心技术不属于高增长行业，增长的空间受限、增长的周期过长，这些都会影响资本的选择，所以这条"科技＋资本"的逻辑链路企业家必须了解。随着资本行业的发展，资本更加成熟、聚焦，也更加专业化，企业家可以通过和资本沟通、行业学习、行业调研等方式实时把握高增长行业的发展趋势，使企业利用已有的科技向高增长行业转型，以获得更快发展，并获得资本青睐。目前的一些高增长行业包括高端制造、新能源汽车、新材料、芯片、医疗等。

三是资本青睐解决需求侧需求、解决运营效率问题的核心技术。科技公司的企业家多数是技术出身，善于从技术的角度来评价企业的价值，往往对自身的技术领先性、技术壁垒都很自信，但对技术的商业应用往往了解得不够深入，对如何靠商业模式升级带动企业升级亦不敏感。这样的科技企业很多，有些也因拥有核心技术得到了资本的青睐，融资规模已经做得很大了，但最终还是由于没有很好的商业模式而运营不下去，以失败告终。需求和供给是相互促进的关系，但如果供给侧太超前，或不能充分理解需求侧，形成不了需求与供给相互促进的正向循环，那即使企业拥有核心技术，也会面临经营和资本的双困境。提升运营效率其实也是解决需求侧的问题，只是需求侧是整个商业链条的参与方，通过提升行业运营效率，可让商业链条的大多数参与方获利，从而使企业的技术在新的商业链条上获利。所以不管是解决需求侧需求，还是解决运营效率问题，都是需要让企业的技术创造行业价值，使企业的技术成为企业商业模式的主角，只有这样，企业才能获得资本的青睐，也才能真正成长起来。

其次，要认清科技企业的估值高低是由市场来评价的。这是投资机构做出决定的底层逻辑。科技企业的估值，要根据市场表现来评价。有好的技术，并不代表就有好的市场前景和好的发展，所以一家科技企业即使有好的技术人们也不能直接给出较高的估值评价，还要综合科技企业相应的市场空间、市场竞争力、技术壁垒、运营效率等评价因素来进行估值。所以企业家一定不能仅以技术优势来衡量自身企业的价值，而要小步快跑，试错迭代，不断完善技术和商业模式，只有技术和商业模式都在市场上得到验证，科技企业的技术价值才能体现，估值才能上去。

最后，要认清对外释放多少股权是以需求多少资金为基础的。这是解决资本项目实操过程中不同利益诉求冲突的关键认知。科技企业融资时，有些企业家会特别看重自身持有股权的比例，这关系到企业的控制权，也关系到企业未来的发展，确实非常重要，但比控制权更重要的是企业的发展，或者说是让企业活下去。科技企业的人员成本高，前期投入大，资金需求大，对外进行融资时，要以需要的资金量为基础，储备一年以上或最少六个月的备用资金，来保障企业的健康发展，而不能固执地坚持自身的股权比例，仅以只愿释放多少股权为基数进行融资。目前科创板已允许同股不同权的公司上市，进一步解决了资本、股权、控制权之间的矛盾，企业家要学会用好这些政策，让资本更好地助力企业发展。

科技创新的艰难，很多时候往往体现为自己的投入和持久的孵化支撑力的缺失，功利主义与长期主义产生对立。"科技＋资本"除了引入资本，科技企业也需要学会运筹资本，包括通过短线现金流项目养长线技术牛项目，长短结合、周期错峰衔接等，还包括通过私募股权方式，放大资本，进行相关技术和商业的投资，逐步构建并完善自身的技术和商业壁垒等。

资本投资的是价值。对企业而言，获得投资的本质是能够塑造价值。作为最有活力的组织，科技企业引领了人类社会创新，而资本的连接则推动了科技企业的现代化、大规模、高密度的分工和协作。资本的积累保证了科技企业的规模高效发展，资本的流动又保证了科技企业的高效筛选和传播。相信在数字经济时代，"科技＋资本"的结合将更为紧密，带来更大价值提升和更多场景创新。

价值再造

多维视角的企业价值链

- 这是一个由科技推动的商业价值再造新世代。

- 信息技术群缠绕、裹挟、融合在当今的经济社会生活里，形成了空前的商业变革新动能。

- 商业规律正在被颠覆，由十分复杂的多模态体系构成的新商业价值链已清晰呈现。

- 企业家的决策环境发生了复杂裂变，大大增加了做出判定的难度。

- 应对被颠覆的最佳方法是自我颠覆，那些单纯以经验为基础的决策，应由认识论层次的智慧认知来取而代之。

- 由此而生的多维视角，利于掌控商业价值链、商业新生态和价值制高点。

价值链：商业体系的底层逻辑

@ 波特发掘的企业价值思维

"价值链"是分析企业价值创造活动和企业竞争优势来源的重要理论。在最近 40 年左右的企业经营思想演进史中，哈佛大学商学院教授迈克尔·波特的价值链、价值体系思维廓清了企业价值创造过程的机制，"企业的任务是创造价值""价值和价值活动构成价值链"等观点，深刻影响了全球价值链和产业链、供应链。

1985 年，迈克尔·波特针对单个企业竞争优势提出"每一家企业都是在设计、生产、销售、发送和辅助其产品的过程中进行种种活动的集合体，所有这些活动可以用一个价值链来表明"；1998 年，又针对不同公司之间协同分工提出价值体系的概念。此后，企业管理学界针对国际分工垂直分离、全球空间再配置等当时尚处于混沌状态的问题，推出全球价值链国际性生产的地理、组织特征的分析方法，这些方法至今仍是企业家认知全球产业动态性特征的重要工具。

价值链理论提供了"如何抓住整个价值链的方法论"。波特认为，企业的价值创造活动都围绕竞争优势展开，并非每个环节都是直接价值主体。真正支撑企业竞争优势的，是价值链上一些战略价值环节的优势，可以是先进知识技能、产品研发、工艺设计、材料供应、市场营销，也可以是人事管理、客户服务、推广策略。很多时候，企业无法清晰界定哪些是主体增值活动环节，哪些是辅助性增值活动环节，不同类型的企业、不同的行业，特性不同，环节重要性也会发生转换。无论如何，抓住核心环节，并把有限的优质资源重仓押在核心环节上，也就抓住了整个价值链。

实际上，从价值链视角观察产业链、供应链运行的态势可以看出，无论是企业内部各业务单元构成的企业内部价值链，还是上下游关联企业之间形成的行业价值链，都已实质性地显示出了当今时代竞争的规律性。波特认为，"消费者心目中的价值由一连串企业内部物质与技术上的具体活动和利润所构成，当你和其他企业竞争时，其实是内部多项活动在进行竞争，而不是某一项活动的竞争"。换句话说，企业与企业的竞争是超越单个环节的竞争，是整个价值链的竞争，而整个价值链的综合竞争力决定企业最终的竞争力。

值得指出的是，作为企业创造价值过程中价值活动总和的价值链、价值体系概念，都广泛存在于由供应商价值链、关联企业价值链、渠道价值链、客户价值链共同构成的价值链系统中。由于波特所处的时空局限，他不可能对数字经济时代的信息价值链、物流价值链、数据价值链这些新兴要素价值创造场景有所预测，而这些基于数字技术的新型价值链具有更大的商业辐射力和穿透力。这是留给新生代企业家和学者的课题。

@ 全球价值链：谁在决定企业价值

当今世界的经济运行处于全球多链循环、穿插、交汇的链状网

络状态。从以制造工厂为主体的供应链，到以行业骨干产业为主体的产业链，再到以商业销售平台为主体的商品链，共同形成了一个全球价值链生态体系。所有企业家梦寐以求的商业财富实现通道就在这些环环相扣、链链交融的价值链中。

联合国工业发展组织认为，全球价值链是指为实现商品或服务价值而连接生产、销售、回收处理等过程的全球性跨企业网络组织。在从原料、半成品、成品的生产和分销，直至最终消费和回收处理的整个过程中，散布于全球的处于价值链上的无数企业，分别进行着从设计、产品开发、生产制造、营销、交货、消费，到售后服务、利润分配、最后循环利用等各种增值活动。

这一表述虽然与较早研究这一课题的戴维·斯特金（David Sturgeon）从组织规模、地理分布和参与主体三个维度来界定全球价值链有所不同，但完善了企业家的认知。

从全球商品链的视角看，跨国公司作为国际生产活动网络化的主体，日益成为价值链活动的主导，并决定参与企业的价值。美国杜克大学教授加里·杰罗菲（Gary Gereffi）解释了当前跨国公司主导下的生产活动跨地域布局的特征和价值链包含的设计、生产、组装、营销、售后服务等一系列环节，并认为产品的国别属性越来越模糊，很难用产品的最后出口国来准确描述该产品的国别属性，且价值链上各个环节的利润贡献程度各不相同，每条全球价值链上总是存在一些能够创造更高利润的战略环节。

的确，更大范围、更高烈度的竞争来自全球价值链。拥有全球跨行业营销能力的跨国公司通过先进技术、开发能力、管理经验、营销网络等先发优势，进行价值链创造、实施价值链控制，从而进入价值链驱动的"链主阶层"。计算机网络操作系统就是一个典型的场景，无论是 PC 时代微软的 Windows 系统，还是移动互联网时代的谷歌安卓系统、苹果 iOS 系统，都是利用商业软件作为驱动价值链的核心产品，控制着产业链、供应链和高额利润。华为公司在全球率先制定并发布 5G 标准以及发布跟随赶超式鸿蒙操作系统，也已具备了参与全球价值链高烈度价值竞争的优势条件。

　　跨国公司为应对高烈度的全球化竞争不断优化自身策略。复旦大学特聘教授、重庆市原市长黄奇帆把跨国公司调整策略的特征概括为"产地销"和"销地产"两种典型模式。"产地销"是在一个地方生产产品后直接销往世界各地。比如苹果手机，约有一半产自中国郑州的富士康，每年大约出货 1 亿台，绝大部分由苹果公司销往世界各地，这背后是郑州围绕着富士康提供了大量的产业配套，集聚了零部件供应商、运输企业、组装环节厂商等，甚至为富士康设立了综合保税区，形成了规模超千亿元的电子信息产业集群。

　　"销地产"模式则是在主要的销售市场组织生产，直接满足当地需求。比如 2021 年美国通用汽车在全球销售汽车 600 多万辆，通用汽车在上海和柳州的工厂每年合计生产约 300 万辆，在中国销售 290 多万辆。通过这种方式，通用汽车在中国市场不仅可以规避中国对进口乘用车征收的关税，还可以通过占领中国市场持续不断地研发满足中国消费者偏好的产品，使它得以更好地适应与其他车企

在全球的竞争。

　　尽管理论上企业的价值是由客户决定的，但由于跨国公司居于全球价值链"链主"地位的事实，形成了对全链参与企业的价值测定和利润分配规模。"果链"参与企业逾千家，但苹果公司独享约80%的利润，并且掌握着企业入"链"或出"链"的话语权。

@ 企业社会价值的价值潜力

　　企业价值在经济学家和社会学家眼里呈现不同的内涵。

　　经济学家评判盈利能力、资产、成长性，从账面价值和市场价值层面出发，用市场法、成本法、收益法进行经济性评估；而社会学家评判使命、税收、就业、责任，对企业进行社会性评估。有研究机构把企业对社会的价值浓缩为三项："创造产品或财富满足人们需要、为国家创造税收和减轻就业压力。"

　　虽然侧重点不同，但经济性和社会性两个维度构成了当今的企业价值评估体系。当立足于社会性评价的时候，企业社会价值的内涵与外延正在发生结构性改变。

　　使命感成为企业社会价值判断的核心。许多一流企业家对企业社会价值的认知和培育影响深远。如华为公司的企业使命是"实现客户的梦想""聚焦客户关注的挑战和压力，提供有竞争力的通信解决方案和服务，持续为客户创造最大价值"。稻盛和夫为京瓷公司定下了"员工的幸福是公司的使命"，董明珠为格力公司制定的则是"弘扬工业精神，追求完美质量，提供专业服务，创造舒适环境"。三家企业分别从"客户梦想""员工幸福""完美质量"的视角阐述公司使命，用鲜明的理念诠释了一流公司的价值观。

"企业社会价值决定企业的生存发展。"国务院国有资产监督管理委员会秘书长、新闻发言人彭华岗在博鳌亚洲论坛 2021 年年会上谈到了对企业社会价值的认知。他认为，只有积极承担社会责任的企业，才是最具竞争力和生命力的企业。企业能够创造经济价值，不仅仅依靠股东的投入，还要靠员工、供应商、社区等利益相关方的支持和付出，没有利益相关方的支持和付出，企业将难有所成。"顾客是上帝，企业是服务"，越来越多的人认识到这一点。2019 年美国商业圆桌会议放弃了坚持 42 年的以股东利益为中心、利润最大化的企业宗旨，重新定义围绕利益相关方提高可持续发展性，并把公司基本承诺的顺序调整为"客户、员工、合作公司、社区环境、股东"。

中国节能环保集团董事长宋鑫强调，企业"首先应把主营业务做优做强，这是履行企业社会责任和社会价值的基础"。此外，企业要有情怀，在服务国家战略的同时也要充分考虑各利益相关方的诉求。这家企业在贫困地区的产业投资规模达到 200 多亿元，直接投入扶贫产业以及帮助当地解决吃水问题、环保问题的资金达 6000 多万元，在解决当地人就业问题的同时，也让相当一批百姓摆脱了贫困。

远大集团董事长张跃则表示，企业的社会价值不仅体现在产品上，还体现在企业的道德底线上。他介绍远大集团在 20 年前就提出了一个很清晰而且到目前为止还在做的"七不一没有"原则，即不污染环境、不剽窃技术、不蒙骗客户、不恶性竞争、不搞三角债、不偷税、不行贿，没有昧良心行为。远大集团认为最容易发生贿赂的是销售，为了杜绝这一情况，它把销售奖励设得很低，如中央空调等建筑设备的销售奖励最高不超过"贿赂临界限度"2%。

有专家曾撰文指出"企业价值始于利润却不止于利润"，并分析了一个现象：利润率代表了一家企业将资源和人力转化为产品所产生的剩余价值水平，也就是企业创造价值的水平。然而，纵观历史，为什么没有任何一家卓越的企业明确把创造利润作为自身的核心价值观？呼吁企业家思考这样一句话："追求利润能够决定存亡，而追求利润之上的目标却能够决定企业能够走多远。"

赢利是企业存在的基础和主体责任，而社会价值不是企业的副产品。促进社会与环境的和谐、共同富裕等课题是跨越稚嫩周期的成功企业尤其是大型企业的本分和情怀。尽管有不少人认为企业社会价值与企业逐利的本性存在冲突，但毋庸置疑的是企业社会价值的价值潜力越来越多地被社会和用户挖掘并释放出来，那些通过公益、环境保护、解决就业回馈社会的企业，企业价值都得到了升华。当体育用品公司鸿星尔克拿出价值上亿元的产品帮助灾民时，被感动的网民自发组织网购这家公司的产品，网民订购额竟远远超出它的捐助额。这也验证了企业社会价值与经济价值相互转换、企业社会价值助力未来可持续发展的逻辑。

认知逻辑与商业价值判断

@ 市场无定式，得失见认知

瞬息万变是商业永恒的规律，有时这种"变"带来的结果与预期相悖，更糟的类似自然界的"灾变环境"。通常情况下，企业更多地从习惯、知识的角度理解商业变革，但十分复杂的多模态体系构成的商业规律正在被颠覆。企业家的决策无法采用简单的因果推导、非黑即白、非左即右、非快即慢的逻辑线做出判定。应对被颠覆的最佳策略应是自我颠覆以既有知识、经验为基础的推理，企业家更需要知识和经验之上的认识论层次的智慧认知。

危机、困境、磨难是许多优秀企业家的日常。面对各种困顿的企业际遇，他们的态度、认知和智慧超出常人。稻盛和夫的认知是"没有退路，就是最好的出路"；任正非面对的是比稻盛和夫更加艰难的处境，他的认知是"除了胜利，别无选择"；张瑞敏的名言是"多换思想少换人，不换思想就换人"；董明珠的格言是"格力天天都在自我革命，格力没有'寒冬'"……对标一下，有多少人在巨大的困境面前仍保持着认知的智慧，而正是这种智慧认知成就了企业的伟大。

被颠覆的商业环境需要颠覆性创造思维来应对。在 PC 互联网时代，计算机用户是离不开鼠标的。到了移动互联网时代，最好的交互方式是什么？微软的 IPD（集成产品开发）采用电子笔模式，

支 点
经营制胜的九个关键

而苹果的 IPD 采用了触摸滑屏模式，最终消费市场验证了触摸滑屏模式更符合人性的特征，这一模式延伸至 iPhone 智能手机，最终成就了苹果在移动互联网时代的翘楚地位。

数字经济催生了全新的商业范式。"协同共享"是趋势预测大师杰里米·里夫金继"第三次工业革命浪潮"之后提出的又一重要思想。他认为，到 21 世纪中叶，新的经济模式将是政府、市场和共享的混合体，也是一个万物联网、合作共赢的"零边际成本社会"。面对这种革命，新生代社会企业家表现出与商业化企业家完全不同的认知和精神。里夫金把前者的新精神概括为"六少六多"：少一些自主，多一些互动；少一些对追求金钱的关注，多一些提升生活质量的承诺；少一些市场资本的积累，多一些社会资本的积累；少一些对自然的破坏，多一些可持续发展的投入和地球生态的管理；少受一些"看不见的手"的驱使，多一些"互助的手"的支持；少一些功利主义，多一些情感共鸣。杰里米·里夫金的这一判断，实际上预测了新生代商业颠覆式力量的生长逻辑，而这种逻辑代表了数字经济时代的潮流和新商业价值判断。

欧美国家的经济通胀、世界经济的下行和科技竞争的加剧，这三个要素构成了当下全球经济的底色。这种多元复杂因素相互交织形成的"经济底色"，导致全球产业链、供应链的嬗变处于混沌、无序的状态。对此全国工商联智库委员、万博新经济研究院院长滕泰给出了比较清晰的判断，他认为未来中国经济要面临两大深度转型，第一大转型是从投资驱动向消费驱动转型，第二大转型是以服

216

务业的创新大发展来促进制造业的创新转型。前者基于中国进入后基建时代以来固定资产投资的乘数效应越来越小、部分省份投资乘数甚至低于 1 的境况，消费驱动是未来经济转型的方向；后者则基于服务业就业人口数几乎相当于工业和农业就业人口数之和，并且机器人投入制造业还会加速这种结构变化，这就使得新供给、新需求、新消费成为中国经济转型的希望。

市场无定式，得失见认知。当企业家的决策思维从知识逻辑思维转换为认知逻辑思维的时候，总是会从混沌、模糊、失序、不确定的态势中发现、感知、掌控稍纵即逝的机会并果断行动，进而使自己和企业从"领袖型认知"的境界里获得高额价值回报。

@ 认知体现对管理的洞见

假如把时间定格在 2022 年 7 月，可以看到两大跨国公司 IBM 和英特尔呈现出了耐人寻味的一幕。

IBM 董事长兼首席执行官阿尔温德·克里希纳（Arvind Krishna）表示：在 2022 年第二季度，得益于企业对 IBM 混合云和人工智能产品需求的持续增长，IBM 在全球均实现了良好的营收增长（9%）。基于上半年业绩的良好表现，预计 IBM 2022 全年将实现了高个位数增长。"金融界"转引南早网的报道说，混合云的采用增加推动了 IBM 各核心业务增长，带来了稳健的现金流和利润。

而《经济观察报》于 2022 年 8 月 8 日发表题为"英特尔缘何

跌下神坛"的文章说，英特尔第二季度营收同比下降17%，创下1999年以来最大降幅；第二季度净亏损5亿美元，由盈转亏。

同为世界科技巨头，IBM和英特尔究竟发生了什么？

郭士纳1993年接手IBM时，这家老牌公司已迷失了方向。在接下来的几年中，IBM完成了自身的转型，从一家以出售设备为主的公司，变成一家以提供服务和终端对终端的信息技术解决方案为主的公司。仅仅用了四年多的时间，到1998年底，IBM已经完成了18 000项电子商务业务，其中1/4与网络有关。郭士纳是如何让这家一度成为懒散的代名词的科技公司重新焕发生机的呢？他刚到IBM的时候就阐明了自己的管理哲学：按原则而不是按程序实施管理；市场导向、迅速行动、注重解决问题；清除政客式人物，坚信质量、竞争战略、团队合作、绩效工资和商业道德的价值。他认为成功的企业和管理者应该具备三个基本特征，即明确的业务核心、卓越的执行力、优秀的领导艺术。

郭士纳推动了IBM向服务的转型，而实现向服务转型是IBM重新成为IT企业领航者的关键所在。传统的IBM服务只是其主要产品业务的一种辅助和延伸，而郭士纳认为，公司的服务业务不应该仅仅是产品维护等，而是应该承担起在各方面为客户提供信息技术服务的责任，而且应该采用代表客户利益的整体解决方案服务模式。正是这种服务模式成为那个时代IBM独一无二的竞争优势。在这种认知理念的导引下，IBM于2013年推出了智慧城市项目，一度与300多个中国城市签下合同。

当年 IBM 出售市场旺盛的笔记本电脑业务时，能看清意图的人并不多。直到 2021 年末有机构披露了其在量子计算机方面的突破，不少人才如梦初醒。原来，IBM 出售笔记本电脑业务是甩掉已经成熟的市场和销售模式，把目标转向更具魅力的未来型业务领域，推进基础计算科学的研究和创新。2021 年 IBM 成功向日本和德国交付了商用量子计算机，部署了世界上第一台 127 量子位处理器，并朝着 2023 年实现 1000 量子位处理器的目标迈进。同年又在半导体设计领域实现了两项重大突破，推出了全球首创的可使一个指甲大小的芯片容纳 500 亿个晶体管并且可将芯片性能提升 45% 的 2 纳米芯片技术，以及可以让摩尔定律在未来几年持续有效的全新的半导体设计方法——垂直传输纳米片场效应晶体管（VTFET）。IBM 引领一个新成果加速诞生的新时代。

在从 IT 设备提供商到网络信息技术服务解决方案提供商，再到全球领先的混合云、人工智能、量子计算技术的领先者，这"三级跳"中蕴涵着 IBM 专注科学与持续迭代创新的管理哲学思维秘诀。

而英特尔的掉队则被市场分析公司 Susquehanna 认为是数十年来一连串失败的项目、收购和战略失误的结果。业内专家王超的观点则是"英特尔没有押对技术渐进的路径，在手机互联网领域，被时代超越了"。

媒体披露，从 20 世纪起，英特尔一直是全球最大的半导体制造商，当之无愧稳坐半导体头把交椅。但 2005 年，当时的英特尔

CEO 保罗·欧德宁做出了一个误判：当苹果请英特尔为 iPhone 开发手机 CPU 时，保罗·欧德宁拒绝了，理由是苹果报价过低。随后几年，搭载三星设计的 ARM 架构芯片的初代 iPhone 发布并取得成功。在工艺制造领域，英特尔也犯了错误；在人工智能和 GPU（图形处理器）领域，英伟达也在"抢食"英特尔。这位 X86 领域的王者错失了在移动互联网大潮中抢占先机的机会。

科技竞争的赛道充满了"血腥味"，考验的是企业家拨云见日的功夫、透过现象看本质的洞察力和对趋势的认知力。技术迭代的逻辑是颠覆性创新始终伺机挑战科技巨头的地位。信息技术领域的观察者认为，大约每过 15 年，信息技术领域就有一波创新浪潮催生出新一代的市场领导者。即使是伟大的科技巨头，假如管理认知出现偏差和失误，也会被新的颠覆者超越。正如《经济观察报》评论的那样：英特尔的故事可以提供教训，当领先者躺在自己的功劳簿上不思进取时，也很可能被追赶者超越，这时再想翻身，就很困难了。

@ 迭代与换代：汽车革命时代的价值角逐

庞大的汽车产业在迭代、换代升级的历史性机遇面前出现了裂变。这种由新能源汽车主导的裂变，正在催生中国继高铁之后又一个可以"平视世界"或"领先世界"的跨越。中国新能源汽车产销量居于全球首位的变化，颠覆了全球汽车产业的布局和格局，由此带来的产业链、供应链乃至价值链重构对中国经济影响深远。

中国汽车产业在以往数十年里虽然没有完整实现"市场换技术"的初衷，但获得了技术迭代的思维和方法，而这种认知层次的改变是中国新能源汽车换代跨越的原动力。

用数据思维更容易精准地看清颠覆性力量演变的底牌。

2022 年 7 月，中国汽车工业协会发布的数据显示，2022 年上半年中国新能源汽车销量为 260 万辆，同比增长 1.2 倍，市场占有率提高至 21.6%；而汽车总销量为 1205.7 万辆，同比下降 6.6%。尽管新能源汽车的销量只占总销量的 1/4 左右，但新能源汽车销量的升幅与汽车总销量的降幅之间已透射出耐人寻味的商业生态变革机理。这种机理预示着一种趋势。更值得关注的是新能源汽车的市场占有率突破 20%，将使这条赛道的竞争从培育探索期转入高速渗透期。广发证券的分析认为，新能源汽车的市场占有率超过 20%，市场已进入 20%～40% 的高速渗透期，技术与产品迭代的难度上升，竞争格局将复杂化。

另一组来自 CleanTechnica 的数据同样耐人寻味。2022 年上半年，全球新能源汽车厂家销量排名前 20 名的分别是：比亚迪、特斯拉、上汽通用五菱、大众汽车、宝马、梅赛德斯－奔驰、上汽集团、起亚汽车、奇瑞汽车、现代汽车、广汽集团、沃尔沃、奥迪、东风汽车、长安汽车、吉利汽车、小鹏汽车、标致、长城汽车、福特汽车。

这组数据的启示：一方面是比亚迪的销量超过了特斯拉，成为全球销量最大的新能源汽车品牌。这一具有标志性意义的变化，意味着经过20年的磨砺，比亚迪从电动公交车开启的逆袭显现出后劲，其已形成的包括电芯、电机、电池以及电控在内的核心技术闭环体系，相比供应链由中国多家企业组成的特斯拉，初显比较优势。可以说，比亚迪的产业链水平已经达到"链主"的量级。与特斯拉一起，中国新能源汽车实际上开启了"双链主"时代。这一现象也正好反映了跨国公司与本土企业在新能源汽车赛道同场、同步、等量级角逐的场景，而这种场景在传统汽车领域是未曾有过的。

另一方面是新能源汽车赛道上传统整车厂与跨界造车新势力的力量比拼已经出现白热化局面。能在100多个电动汽车品牌里，销量进入前20名已实属不易；前20名里国际品牌与中国品牌占比几乎相等。造车新势力初期发起的冲锋获得了市场的口碑，但国内外传统汽车整车厂转战新能源汽车市场的实力、潜力不容小觑。百度、华为、小米跨界入行之后的新能源汽车赛道将更加扑朔迷离。大浪淘沙，后浪把前浪拍在沙滩上，但假如前浪能敏捷地爬到树干上，则会是另一番风景。五年、十年之后，谁是中国新能源汽车的霸主尚难预料，所有眼前的华章都只是序曲。

观察新能源汽车20年来的演进轨迹，可以认为，是国家雄心和意志、时代机遇与科技迭代、企业竞争与市场变化、消费变革与政策赋能这几对关系促成了裂变。尽管如此，中国尚未真正掌握新能源汽车标准制定的话语权。有关"中国新能源汽车成功逆袭领先欧美市场"的结论显得急躁了些。国际精品品牌战略研究院院长卢晓认为，目前即使在全球领先的中国市场，新能源汽车也是刚刚起步，其产业链相对高度成熟的燃油汽车来说，也是刚刚起步的状态。

业内专家认为，智能网联汽车是全球汽车产业转型升级的战略方向，各国均在加速布局，争取在未来竞争中抢占领先优势。中国汽车工程学会理事长、中国工程院院士、清华大学教授李骏表示，中国已经形成了较为完善的智能网联汽车技术链，包括自动驾驶系统集成、激光雷达、控制决策、算法、AI 芯片、智能座舱、C-V2X、北斗定位等关键技术的自主研发均取得突破，已形成全球并跑趋势。

世界汽车工程师学会联合会终身名誉主席、清华大学汽车产业与技术战略研究院院长赵福全提出，汽车将会是万物互联时代最大的"母生态"，多产业、多企业、多技术协同的生态化创新，是发展智能网联汽车的战略制高点。

智能网联汽车行业的"电动化、网联化、智能化、共享化"（"新四化"）将使汽车与电子、软件、通信、人工智能、大数据等多个产业跨界融合。由核心技术迭代和整车换代引发的汽车革命，已然成为这个时代巨大的价值链重塑机遇。

从价值链到生态圈的嬗变

@ 价值链没有被颠覆，只是被重构

价值链代表着企业的护城河，但在新经济时代，行业的界限已经模糊，市场的界限变得更宽泛化，每一个单体企业的护城河似乎都变得非常脆弱。当颠覆性创新、破坏性创新成为热词时，价值链理论似乎也变得过时，连带着其创造者也受到了广泛的质疑。

不少人觉得价值链理论过于单一，认为价值产生的链条方式在今天不再有效，尤其是在一些具有共享经济特征和众包特征的企业，如小米等，并由此得出结论，今天价值产生的方式已经发生根本性改变。

但是脱离价值链的创新，无论是颠覆还是破坏，似乎都还没有成功的案例。当我们认真观察和体验企业创新或转型的时候发现，无论是作为颠覆性创新标杆的苹果，还是横空出世的电动汽车王者特斯拉，或是众包创新典范的 Uber 等，其商业模式的核心还是价值链，它们的创始人或者领导者不是消灭了价值链，而是对价值链进行了重构，形成了新的价值链。

价值链不可能被消灭，因为价值链是产生价值的基本形式，正如基因支持着生命的基本构造和性能。但显而易见，新的价值链格局与传统意义上价值链的封闭和固化模式有着显著的不同。

传统价值链基本围绕产品生产、资源整合、链条效率进行行业价值的提升，按照此种路径，多数行业都会发展成类似诺基亚那样的线性价值链组织模式，以此实现对价值链效率的高效利用。但诺基亚却在苹果出现之后很快濒临破产，我们不禁好奇，如果价值链理论仍然有效，那问题出在了哪里？苹果做对了什么？

答案就是乔布斯那句名言："苹果重新定义了手机。"手机不再只是一台通信设备，而是随着当时 3G 网络建设、手机硬件研发加快、智能操作系统出现等外部条件的变迁，转化为庞大互联网世界的一个链接终端。手机性质的变化，使行业竞争规则发生了根本性的变化。

苹果改变了手机的定义，通过酷炫的硬件和多样化的软件，改变了用户的手机使用方式。从苹果开始，手机成为人们接收信息、娱乐、社交、购物的中介，全方位嵌入人们的生活，进而颠覆了不少传统产业。而在掌控大量终端用户模式的背后，是苹果成功组织起来的价值链生态系统，其中有硬件研发机构、软件开发商、音乐版权提供方及其背后的机构。特别是 App Store（应用商店），让苹果手机成为联络消费者与各类生活方式及其背后组织的枢纽，而苹果手机本身也成为一种文化符号。

在硬件研发方面，苹果也选择了价值链生态系统的协同创新。苹果主导研发设计工作，而对包括核心部件生产在内的环节全都采用外包的形式，与全球最好的供应商进行合作。通过与上游供应商的密切协作，实现整个供应链的协同创新。

手机行业价值链从线到面的成功重构，使得此前手机厂商之间

的竞争转变为各手机厂商所在的价值链阵营之间的竞争，价值链的单点式对抗转变为全价值链营造的生态系统的对抗。

与线性价值链驱动的商业模式不同，生态型价值链由于将重心从企业内转向企业外，从经营企业自身能力、资源转向撬动价值系统相关企业的能力、资源，具备超越线性价值链系统的开放性和吸纳能力，可以容纳更多业务相关联的企业，而随着系统的不断扩大，其竞争力又会进一步增强，甚至最终拆解产业现状、重塑市场格局。

价值链理论仍然有效，但由线到面的重构时代已经到来，现在、未来都将是生态型价值链的天下。

@"破茧成蝶"：重构生态型价值链

如果说线性价值链主要是管理自己拥有的资源，那么生态型价值链就是努力管理自己没有的资源。如果说生态型价值链是商业的未来，那么"破茧成蝶"、跨界逆袭无疑是塑造生态型价值链的有效支点。

"破茧成蝶"，首先是一个"破"字，意味着挣脱束缚。面对危险和机遇，往往都要经历"看不见→看不起→看不懂→来不及"四个阶段，只有打破旧观念、旧传统、旧界限，才能建设新体系、新格局、新世界。

公众对华熙生物的熟知，是因为"故宫口红"的火爆走红。2018

年末，故宫系列文创口红迅速席卷众多女性的朋友圈，在电商销售平台上跻身卖到脱销的爆红产品之列。消费者开始关注其生产厂家，发现正是行业"隐形冠军"——华熙生物。

华熙生物是透明质酸（玻尿酸）领域的行业巨头，已连续多年牢牢占据全球最大玻尿酸供应商的位置。有种说法是，世界玻尿酸看中国，中国玻尿酸看华熙生物。然而，没多少人知道，华熙生物的前身也曾是一家经营难以为继的企业，转型投资地产项目才得以脱胎换骨、逆境新生。

2000 年，中国地产行业正处于黄金时代，华熙集团的地产业务正风生水起、渐入佳境，但华熙集团就在此时悄然开启医美行业的布局，投资成立华熙生物。时至今日，中国地产业的鼎盛时代渐行渐远，而华熙生物却逆袭成长为全球最大的透明质酸原料端研发生产企业。目前，以华熙生物为核心的健康美丽产业，已经成为华熙集团两大支柱产业之一，并且较之以地产为内核的文化体育产业更具成长力。依靠前瞻性的跨界布局，华熙集团打破了单一价值链的束缚，成功走出了企业多向生长的"第二曲线"。

跨界逆袭，核心关键字是"界"字。"界"的表现形式是多种多样的，有业务边界、组织边界、行业边界、产业边界，乃至抽象意义上的思维边界、认知边界等。华熙集团从地产行业进入医美行业，是对行业、产业边界的"破"与"立"，属于通过投资、并购而实现的水平式跨界。但华熙生物跨界成长的步伐并没有停止，此后的产业布局又向纵向推进，渐次进入药械领域的医美填充剂、眼

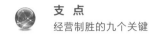

科、骨科方面并取得终端产品突破。2018年，华熙生物又与故宫合作推出爆款C端产品，再次实现对B2C赛道的成功跨入。

市场证明了华熙集团水平跨界战略的成功。华熙生物在2007年时就成为全球最大、市场占有率最高的玻尿酸企业。据权威研究机构弗若斯特沙利文（Frost&Sullivan）发布的《2021全球及中国透明质酸（HA）行业市场研究报告》，华熙生物2021年全球原料市场占比44%，仍保持了世界最大透明质酸研发、生产及销售企业的地位。

克劳塞维茨在《战争论》中指出，"进攻是最好的防守"。线性价值链往往存在极限，价值链生态则存在无限可能。由线到面，华熙生物正在努力构建自身的价值链生态。现在华熙生物正大力布局合成生物领域，努力成为国内鲜有的具备合成生物全产业链能力的企业，多种合成生物研究已取得明显进展。2022年8月，华熙生物投资建设的全球首座合成生物科学馆在北京大兴"中国药谷"落成开馆。如同苹果旗舰店的作用一样，华熙生物董事长赵燕希望通过这座科学馆加快开启公众对合成生物的新认知，推进合成生物从技术转化、产业转化最终到市场转化的整体进程。

《左传》中说，"居安思危，思则有备，有备无患"。居安思危是企业家的本性，优秀的企业家永远都在求变，所谓基业长青，其实多来自基业常变、基业长新。这是数字经济发展趋势下，企业要面对的必然选择。

@ 寻找新商业生态的经纬线

大量的案例和事实证明了跨界的趋势形成和非凡价值。但能否由此认为，只要选对战略发展方向、勇于跨界经营，就会迎来一片蓝海、遍地黄金呢？事实上，跨界既蕴藏着崭新机遇，也潜藏着莫测风险。

纵观这些年不断涌现的跨界探索，战略选择正确、站在风口上的企业不在少数，然而能够活下来的却屈指可数。跨界做电商的顺丰，跨界做矿泉水的恒大……从构建生态体系的战略方向来说，都没有大的问题，但最终却陷入困局，令人慨叹。

那么，究竟如何才能成功跨界？凯纳营销咨询集团创始人沈国梁及总裁卢嘉在《跨界战略》一书中指出，要成功构建和推行跨界战略，其核心就是四个字"守正出奇"，并提出了"核心驱动""关联连接""跨界赋新"三个关键维度。其实，大道至简。织物的竖线叫"经"，横线叫"纬"，"经"与"纬"两者交织结合，便产生了诸如绫、罗、绸、缎等各种瑰丽的织物。同样，要成功跨界经营，也要认清其底层逻辑，厘清其中的经纬："核心赋能"和"通感连接"。

如同织造工序，通常是先挂"经"而后织"纬"，"核心赋能"是跨界成功的支点和基石。核心是指企业的核心竞争优势，可以是独占性的，也可以是强竞争性的，决定着企业可以进行何种方向的跨界。比如说，腾讯、阿里巴巴跨界做金融非常成功，是因为

它们拥有的互联网技术和产品，以及拥有的海量用户和数据，恰恰在金融领域能大有用武之地，以至于在金融创新方面，它们能独树一帜。包括前文提到的案例，华熙集团之所以跨界投资成立华熙生物，看中玻尿酸产业的高成长性固然是主因，更重要的是被投资方本身就拥有该领域的关键核心技术。

经定纬辅，"通感连接"是跨界成功的实现路径，以不同变化与维度结合，形成不同风格的织物。可以从供给侧和需求侧两个维度来理解通感连接。

从供给侧来说，跨界经营要实现从 A 跨界到 B 的有效连接，两者的关联度越强，其来自核心竞争优势的跨界创新支撑力就越强，成功的可能性就越大。比如，高德地图跨界进入出行市场，抖音跨界做直播电商，京东跨界做"中国造"……从 2018 年不约而同起步，时至今日，发展成绩均十分亮眼。

从需求侧来说，"通感"本身也能转化为核心竞争优势，为不具备"连接"关系的跨界业务有效赋能。这方面最具典型特征的公司无疑有小米公司。从软件到手机，再到后来的耳机、移动电源、空气净化器、电视、笔记本等，小米公司不断成功实现跨界"打劫"。按照常规思维，消费者应该选择最专业的品牌，从手机到耳机、移动电源、空气净化器，哪个似乎都不是小米的专业。但是，基于"品质可信＋价位合理"的消费者"通感"所创造的品牌力量，为小米公司跨界成功提供了足够的驱动力量。

坚持"核心赋能"和"通感连接"是跨界战略的基础和保障。

但是在跨界战略的构建和推进中，也有一些容易让我们身陷其中的
陷阱和雷区，比如跨界就是颠覆性创新，跨界就是多元经营，跨界
就是创意营销……陷阱和雷区无法一一列举，但规避的原则却可以
归纳，那就是处理好"定"与"变"、"多"与"少"、"长"与"短"
三方面的关系，谨防跨界导致公司失衡、失控和衰退。

"定"与"变"是对战略实施能力的系统考量，既考验决策智
慧，又考验组织柔性。跨界战略的目标必须清晰、明确，具体的战
术执行要坚定，但又要根据环境变化适时合理优化。有人将其称为
巡航导弹式的战略执行，意思是你有一个远方的战略目标，但不知
道怎么走，不妨像巡航导弹那样先发射，中间根据导航系统反馈的
地形信息进行调整，最后实现精准打击目标。

"多"与"少"强调的是企业家对组织及其自身禀赋能力的认
知和把握程度。市场上有不少依托既有品牌优势实现多元跨界成功
的典型企业，但这并不意味着跨界经营"广撒网就能多捕鱼""东
方不亮西方亮"。企业跨界时应充分避免"幸存者偏差"，尽量做
到资源聚焦，选定最有竞争力的产业，然后调用所有的资源集中发
力，力争"干一个成一个，成一个再干一个"。

"长"与"短"更多反映的是企业家对未来的认知。有人认为，
守护好老本行，做精做深，打败竞争对手，企业就自有生路，这话
很有道理。但正如凯文·凯利所言，"即将消灭你的那个人，迄今
还没有出现在你的敌人名单上"，而这个人一定会出现，所以一味
死守老本行，最终必然故步自封，逐渐衰落。但如果全心倾注于跨

界业务，忽略企业原本的主营业务，一旦跨界进程缓慢，结局也必将失败。因此，在推进跨界战略时，企业还是要统筹好既有主营业务与跨界业务的消长关系，增强战略坚持，并处理好战略和战术的关系，在洞察践行"稳中求进"的真意中，找到属于自己的节奏。

信念造就的价值制高点

@ 华为：信念制胜的时代符号

没有几家企业能像华为这样遭遇了来自西方国家利益集团联盟的打压、封锁、攻击而依然岿然屹立！

没有几位企业掌门人能像任正非这样以特有的人格特质和格局凝聚起一种文化和信念的力量，纵使历经磨难，依然乐观奋斗！19.5万人的团队被一种英雄主义的精神力量引领着，毫不退缩。

没有几家企业像华为这样几十年如一日地坚持在研发上不计成本地投入，即使在遭受打压、企业营收下降的2021年，依然投入了1427亿元到研发上，研发投入费用率超过20%，居于中国民营企业首位。

没有多少企业能够自己培养大量科学家做基础研究。任正非在接受央视《面对面》专栏采访时说，华为有700多位数学家，800多位物理学家。每年投入几千亿元，专门培养一批科学家做与盈利无直接关联的基础研究，实质是华为核心竞争力的真正密码。

没有几家企业像华为这样技术专利数量快速跃升。华为 2022 年 8 月发布消息称，截至 2021 年底，华为全球专利申请量累计超过 20 万件，PCT 专利申请量连续五年位居全球第一，在 5G 领域更是成为全球专利翘楚。另一组数据显示，过去五年，全球已有超过 20 亿台智能手机获得了华为 4G/5G 专利许可；在汽车领域，每年约有 800 万辆智能汽车获得华为的专利许可。

没有哪家企业像华为这样创造出了像 5G 这样的国际标准体系、鸿蒙操作系统等如此量级的影响世界和国家未来的技术成果！自 2G 时代以来，第一次有中国企业打破了西方科技界长期掌控的标准和专利，华为是第一家主导标准制定的中国企业。

没有多少企业有硬杠苹果的勇气。2022 年 9 月，华为 Mate 50 系列选在苹果 iPhone 14 系列同档期发布，前者影像上支持可变光圈、续航上支持"电量耗尽也能用"，并且支持北斗卫星通信技术应用。尤其是被媒体报道的手机卫星通信"向上捅破天的技术"，意味着华为 Mate 50 系列与 iPhone 14 系列同步使用卫星通信技术，移动通信技术市场出现全新格局。

…………

观察自 2019 年 5 月以来华为遭受制裁后的种种表现，它没有丝毫的妥协，有的只是更加顽强地斗争；没有倒下，有的只是更高贵地站立和取得新的突破。可以认为，一个具有时代性的"华为现象"或"任正非现象"已经为华为或任正非树立了不屈不挠的"时

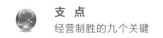

代英雄"形象。这一现象涵盖的要素几乎在当今企业中少有存在。

"信念是一种精神搜索之光，它照亮了人们前进的道路，即使是凶险的环境，也能在阴影中前行"，这句哲学家泰戈尔的名言，似乎就是任正非的写照。"除了胜利，华为别无选择"，任正非是身上带着信念和精神光芒的人，也是经营领域信念制胜不可多得的典范。带着"希望有一天与跨国公司一决高下"的信念，领着被信念所感召的近20万人的华为团队，从不低头，愈挫愈勇，淋漓尽致地诠释着"没有伤痕累累，哪来皮糙肉厚"这样的理念。

除了敢于胜利的勇气，华为还具有善于胜利的价值观。"华为唯一做对的事儿就是按照市场规律做事。"任正非所说的这句话，本质上是对先进技术以及领先产品的科学态度和哲学思考。"所有的研发和生产全部围绕产品能卖得出去展开"，就是遵循经济规律的最简约的体现。从正在形成生态的"华为链"分析，从通信设备、智能终端设备提供商到5G标准制定发布者，是产业链的迭代升级；从鸿蒙操作系统到各种军团向数字化转型赋能，则是从通信产业链向社会数字化、智能化生态的换代。从先进制程芯片被"卡脖子"的那一刻起，华为旗下投资公司便陆续向80余家覆盖了中国芯片全产业链的企业投资，那种"不破楼兰终不还"的气概，宣示了华为高端芯片突围"靠实力说话"的战略思路和必胜信念。

在华为的世界里，任正非是精神领袖级的存在。"没有退路就是胜利之路。"在华为军团组建誓师大会上，任正非说："和平是打出来的。我们要用艰苦奋斗、英勇牺牲，打出一个未来30年的和平环境，让任何人都不敢再欺负我们。我们是为自己，也是为国家。为国舍命，日月同光；凤凰涅槃，人天共仰。"

时至今日，全球科技竞争的本质已然十分明了。美国遏制的不单是 5G，也不单是华为，而是中国国力的崛起。

在军事战略专家金一南眼里，华为人始终是"决胜取决于坚如磐石的信念，信念来自专注"的态度。华为就是在任正非"中华有为"的坚定信念中高歌猛进、脱胎换骨，屹立于世界科技之林的。金一南的结论是："任正非是中国的'经营之神'！"

在中国，任正非和华为是一个时代符号！

@ 使命与突破：科学家的信念与力量

有一种情怀叫使命。对科学家而言，这使命到底是什么？从北斗导航、预警机、空间站，到量子计算、5G 通信标准等，总有一批胸怀"科技报国"信念的仁人志士在孕育和践诺使命，在寻求关键领域战略突破的力量。

从空警 -2000 预警机到量子计算机，中国工程院院士陆军执着地追寻着这种力量。

预警机是现代信息化战争必不可缺少的支持战场信息感知、分发和指挥的枢纽型平台。2009 年 10 月 1 日，中国自主研制的第一架国产预警机——空警 -2000 亮相于 60 周年国庆的阅兵式上，标志着中国在这一领域完全打破了国外垄断。

被空警 -2000 预警机研制总顾问王小谟视为"胆子最大、敢闯敢拼，是个先锋"的陆军，在硕士毕业仅 3 年，还没有工程师职称时，就被王小谟委派出任一款新型目标指示雷达的总设计师。

在外方突然单方面撕毁与我国共同研制预警机合同的被动状态下，2001 年，年仅 38 岁的陆军被委以重任，领衔担任中国预警机总设计师，开始全身心投入空警 -2000 预警机的研制。历经重重磨难，他身先士卒抢着试飞以验证产品功能和性能，多次身处险境而不退缩，一次次经历生与死的考验。5 年时间，在他的带领下，团队圆满完成了研制任务，系统集成一次成功，中国自此也有了应对现代信息化战争的"撒手锏"。

作为中国预警机信息系统领域学术带头人，陆军领衔率领团队建立了中国预警机信息系统技术体制，突破了综合效能、空地协同两项关键技术，主持完成首型国产预警机、出口预警机及空地协同系统的研制，实现了中国预警机装备零的突破和跨越式发展。

作为先后获得国家科技进步特等奖、国防科学技术奖特等奖和 13 项专利的世界一流科学家，随着时间的流逝，陆军的科技报国信念日久弥坚。这一次，他的眼光瞄准了国家重大战略突破新领域——量子计算机产业。

年届六旬之时，陆军进入量子计算机研发领域，领衔建立量子科技长三角产业创新中心。

在陆军看来，第二次量子革命将信息技术推进到新的发展阶段，会引发数字经济、材料医学等人类社会方方面面的变革。抢占量子科技产业发展制高点是"强化国家战略科技力量"的关键支撑之一。这就要求和激励科研人员以国家战略需求为牵引，对量子科技中的大量未知领域进行不懈探索，攻克"卡脖子"难关，为中国在全球量子科技竞赛中抢占先机贡献力量。

量子科技是全球国际科技前沿领域，是大变局时代的关键科技变量。站在科研角度，量子科技是新一轮科技革命和产业变革的前沿领域。陆军认为，科学家就是要瞄准量子科技领域，以发展和推动量子科技产业为目标，以突破国家重大战略需求为使命，打造量子科技相关产业领域创新高地和高端人才集聚地。

产业化是前沿科技创新的落脚点。2021 年，量子科技长三角产业创新中心落户苏州，这是融入科技与产业革命时代大潮、把握百年不遇重大战略机遇的重大战略举措，也是诠释践行"国家战略科技力量"的具体行动。

在同行眼里，陆军就是一个极具使命感的敢打敢拼的"科技斗士"。立志科研报国的他不仅率先垂范，始终肩负着紧盯国家重大战略需求突破的使命感，并且把这深沉而执着的信念传导给青年科技工作者。"让年轻人成为创新发展的中坚力量"，陆军把心中的使命之火传递给青年科技人才，一直把"新时代科研工作者要面向科技前沿、面向国家重大战略需求、面向国家经济主战场，为实现科研兴国的伟大目标做贡献"作为种子植入青年科技人才的信念之中。

在担任预警机总设计师的岁月里，陆军培养了一批精英人才，把接力棒成功交给年轻一代。他认为量子科技是事关国家发展战略

的前沿领域。进入量子计算领域，他更注重引导科技青年厚植家国情怀，让科技青年拿稳产业革新的"接力棒"，争当中国量子科技产业领域的先锋队、突击队、攻坚队，开拓国家前沿科技产业的未来。

陆军院士率领的量子计算机产业科研团队平均年龄只有 32 岁，这个以年轻人为创新发展中坚力量的团队正围绕量子科技产业化发展这一方向持续攻坚，围绕产业链部署创新链、围绕创新链布局产业链，发挥科技创新对产业发展的引领作用，将量子科技成果转化为经济社会发展的现实动力。

体现中国科学家使命感和科研报国信念的"预警机精神"，正在中国量子计算领域薪火相传！

@ "隐形冠军" 背脊上的翅膀

江苏神马电力股份有限公司（简称神马电力）是工匠出身的马斌创立的一家具有传奇色彩的民营高科技公司。若了解其发展史便可知，神马电力腾飞所依靠的不是"浮云"，而是一双"隐形的翅膀"，双翅挥舞，一侧是执着信念的坚持，一侧是科技创新的加持。

在中国，在找准产业赛道的前提下，中小企业生存相对容易，但要做精做强其实很难。关键时刻苦苦坚持，是神马电力创始人马斌总结的决胜密码。这样的坚持，从三个关键性节点就可窥全貌。

25 年前，25 岁的马斌敲开了沈阳一位权威专家的门，但专家却苦口婆心地劝他放弃。专家的判断不无道理,马斌等几个合伙人只是在橡胶厂有几年工作经验的技术工人,他们想要研发出既耐油又耐老化的密封件,解决这个行业的老大难问题,无异于天方夜谭。面对专家的好意劝阻,马斌没有退缩,他反而觉得:"问题就是机会,别人都不能做,要是我做成了,全国的市场不就都是我的了吗?"他选择了坚持,为传奇成长拉开了序幕。

近 20 年前,30 岁出头的马斌扛着一个"塑料桶"闯进了在西班牙马贝拉举办的世界绝缘子大会(INMR)。在不到 2 平方米的展位上,马斌小心地放下他的"塑料桶",挂出一块纸板,上面只有几个英文字母和数字。"塑料桶"旁边摆了一盒英文名片。在很长一段时间里,他只是傻傻地站在展位上,就像天桥边摆摊儿的一样,想吆喝两句却因为语言不通而感到心虚。他选择了坚持,因为他带去的是在国内率先研制成功的高温硫化硅橡胶材料的空心复合绝缘子。"我来就是要告诉国际同行,中国人造出了这样的东西!站在这里,我就已经赢了!"马斌这样安慰自己。他的坚持,成就了神马电力走出国门,乃至后来成为不少国际知名电力设备制造商的合作伙伴。

15 年前,马斌受邀来到装修豪华的 ABB 集团北京总部。作为全球领先的电力和自动化技术公司,ABB 集团财力雄厚。它对计划收购的神马电力做足了功课,对此次收购志在必得。ABB 集团高管开出的收购条件不可谓不丰厚,出售公司对马斌而言,意味着资产溢价达数亿元,个人财富增值充满想象。去留只在一念之间,

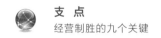

然而在诱惑面前，马斌笃定地婉拒收购，选择了继续坚持。

仅有这样的坚持也还是不够的，另一侧，是科技基因注入带来的生产力蝶变。

17岁中学毕业后就到橡胶厂当工人的马斌，成为一家高科技企业的掌舵人，这总给人以反差极大的错觉，但了解真实情况后就很容易找到合理的逻辑解释。

在企业初始阶段，整整两年，马斌到处找专家，做了1000多次试验，换了无数配方，最终才研发出既耐油又耐老化的密封件，填补了国内技术上的空白。因为解决了行业技术痛点，神马电力由此也成为行业标准的起草单位。

10多年来，神马电力通过与国家电网、南方电网、清华大学、西安交通大学等机构协同创新，用新材料、新工艺自主创新研发出了新型外绝缘电网，对推动全球电网技术进步具有革命意义。据此，神马电力分别于2012年和2017年，两次获得国家科学技术进步奖特等奖。

一位民营科技企业家，作为核心人员和企业一道两获国家科技最高奖特等奖，这是很不寻常的跨越。

2021年，巴西国家电力监管机构Aneel发布的信息显示，神马电力成功中标巴西一输变电特许经营权招标项目。这是继中国国家电网之后，又一家中国企业以公开竞标的方式获得巴西的电网BOT项目。

从神马电力密封件到神马电力全系列外绝缘产品，到新型外绝缘电网整体解决方案，再到以新型外绝缘电网公司的形式、以最佳投资回报向全球电网公司展现的新范式，这是神马发展清晰的技术脉络。到 2022 年上半年，神马电力参与或牵头制修订国际国内标准 45 项，累计申请国内外专利 1000 余项。

同时，神马电力自身也体现了提升管理"技术"含量驱动成长的特征。

在企业成长初期，马斌偶然从一位企业家桌上看到当地政府组织领导干部和企业家到清华大学参加 MBA 培训的通知。他如获至宝，软磨硬泡争取到了自费去学习的机会。这次学习帮助他有效梳理企业生产、销售流程，改进了内控管理。

在企业爬坡阶段，他向华为学习，拿出当年全部利润 2000 多万元，请 IBM 帮助梳理战略流程、建立 SAP 信息系统。企业格局打开，小作坊有了大公司的样子。此后，他还陆续请美世咨询、普华永道、安永管理咨询等提升内部管理……

2019 年，神马电力成功实现了在上交所敲钟上市。

一路走来，风雨兼程，神马电力铸就了在全球复合绝缘子领域"隐形冠军"的地位。据不完全统计，仅靠神马电力的变电站复合绝缘子，国家电网就节约了超过 100 亿元的建设和运维成本。

近年来，面对百年未有之大变局，马斌义无反顾地花大力气开拓海外市场，除了对全球市场的科学判断，更多的就是凭着这股子信念和执着。

当前，在复杂严峻的经济形势下，国内不少企业不是趋于"内

卷"，就是选择"躺平"，少了那种对大势的明辨和逆向而行的闯劲。2022 年，马斌冒着新冠疫情风险在海外待了半年，遍访美国、加拿大、英国、法国、德国等欧美发达国家电网公司高层，以及日立能源（原 ABB）、通用电气等全球顶级电力装备客户，可谓收获满满：产品受到客户一致认可，达成系列合作，同时将神马电力全球六大片区中的拉美、北美和亚太、欧洲三片区团队组建到位，并形成在欧美建设本地化工厂的方案，为加速形成新型外绝缘电网的全球引领替代打下坚实基础。

用马斌的话说："谋定而后动，看清楚了就要迅速动；危中寻机，别人解决不了的难题就是好商机。我们就是要致力于将电力外绝缘领域最好的产品和解决方案推向全球，推动电力行业进步，让人们用上更经济的电能！"

神马电力，一个从中国制造到中国创造，再到中国智造的典范，更多跌宕起伏、激荡人心的篇章有待演绎。

企业驱动力体系的"价值基因"

@ 不盲从和跪拜耀眼的成功者

一位年轻创业者请经营大师赐教商业成功之道。年轻人问道："我经过奋斗能成为您一样的大师吗？"经营大师冷峻而果断地说道："不能！"年轻人极其失望地问道："为什么我不能？"经营大师说："你永远只能成为你自己。"

　　与经营大师的对话，可以作为经营者思想上的一种启示、精神上的一种激励。在很大程度上，经营大师是不可复制的特殊群体，因为一个人不可能两次踏入同一条河流，也不可能再次遇到那个独一无二的成就大师的机会。

　　人类经济活动的长河中积淀了不计其数的优秀经营案例和经营大师。他们创造璀璨财富的奇思妙想影响着一代又一代人。斗转星移，时代变迁，营商的环境总在发生变化，没有多少企业可以永恒，也没有多少耀眼的企业家可以不朽。不盲从和跪拜耀眼的成功者，无拘无束地去创新、创造，或许正是新生代企业家成功的逻辑密码。

　　经营活动是一种复杂的过程，在每个关键环节都要做出决定以维持企业运转的方向和效率。遇到任何难题都需要具体问题具体分析，借鉴他人的决策思路、风格、方法固然是有益的，但是，不需要拜倒在经营大师脚下思考。

　　经营大师的传奇是一座座思想、智慧和精神的丰碑，它们是用来学习和借鉴的，是用来激励奋斗精神的，而不是用来模仿的，更不是用来膜拜的。悟其精要，是为了使自己站立和强大起来。

　　做企业总是要选择和设计管理模式，为此达到实施全链管理的目的。你不需要崇拜成功的模式，尽管成功的模式共性因素很多。所谓成功的模式只是适应了特定条件的偶然性，因为外部条件已然

变了，你不可能复制那个条件。别人驾驭娴熟的模式，在你手上也许未必奏效。

"你习惯仰视别人，那对方就会永远俯视你。"客观地观察成功企业，需要在思维上平视，甚至需要一些批判精神，识破一些所谓成功企业的"盲点遮盖"。

为什么要用一种批判性思维来看待一些成功企业呢？因为至少有以下三种现象值得警觉。一是有的互联网公司通过遏制对手，甚至通过抑制互联互通来获得垄断优势，虽然这也属于一种能力，但与社会的进步趋势并不吻合。因此，反对垄断，才能有更公平、更好的商业生态环境。二是有的成功案例只讲硬币的某一面，刻意遮盖盲点，误导追随者陷入困境。经常能见到的场景是所谓的成功人士讲述成功过程，总感觉像是一个布道者在指点人间。而真正获得成功的背后逻辑却鲜有披露。不少成功人士有着很强的盲点遮盖本领，告诉你的只是鲜花和掌声（硬币的某一面）。有良知的人讲有良知的经验才是财富，否则都是诱骗。三是有的企业依靠钻监管的漏洞构建起依赖、绑架金融机构的风驰电掣的成长模式，在短周期内获得的巨额利益也会随着被绑架者条件的变化而逐渐丧失。至于依靠大数据杀熟等违背互联网精神的不良作为获得的成功，只会是短暂而丑陋的存在。

经营活动从来都是像季节变化一样，处于变幻莫测的状态之中。没有永恒不变的模式，也很难有永久辉煌的企业家。企业和企业家的命运很多时候如坐过山车一般，上下起伏，蜿蜒曲折。

无论如何，新经济模式下总是会有企业不断地出现裂变，很多知名企业有可能在一夜之间轰然倒塌，例如大量转型不及时被市场遗弃的线下实体店面、传统广告机构等，抖机灵式的所谓经营模式创新等，终将由于不可持续、赛道狭窄无路可走等而走向衰败。

精神站立起来，企业才能强大起来。可以欣赏传奇，但不要盲目膜拜传奇大师。因为，成功者遇见的人、吃过的苦、跌过的深渊都无法复制，也鲜有人能够成功复制传奇。客观地说，没有几个经营者能成为马斯克、马化腾……但是你可以成为优秀管理者！你希望成为谁的样子，就为理想的自己画个像，然后做长期主义的坚守和奋斗。

@ 什么是"经营大师"

企业家长成史，是一部用时间与苦难堆砌的心灵修炼史。

著名跨文化领导力研究学者、北京大学管理学教授杨壮常用"VUCA"来描述现阶段的时代特征。在这样一个时代，企业家的养成更具挑战性。

经常有人提及中国企业家的级别问题，其实，超越行政职级来探讨或许更有意义。

纵观历史长河有关经营管理的各种流变，唯一不变的是"企业家是企业的符号""企业家决定企业的生死与兴衰"。在一个壮阔的时空里观察，企业家的"级别"本质上可分为四级：生存级企业主、

战术级企业家、战略级企业家、思想家级企业家。

"企业主与企业家",虽只有一字之别,但差距可能一生都难以缩短;"成功企业家与伟大企业家",也仅有两字之差,但高下可能有千万里之遥。如果宽泛一点来划分,居于"战略级"和"思想家级"特质的企业家应属于"经营大师"一类的企业精英。

当今时代,面临百年未有之大变局,商业活动、商业范式、商业伦理和商业文明正在经历颠覆性变革周期,无论是经受失序、失衡、失败磨难的企业家,还是顽强抵御各种冲突、艰辛寻求跨越的企业家,都在寻找让企业活下去、活得精彩的力量。这种不仅包含方法论而且包含世界观的力量,往往来自那些经营大师的昭示。

企业经营行为不单单是为创造税收、利润价值,更重要的还在于塑造企业家的深层价值。

一个有格局的企业家不仅仅深谙企业创造直接经济利益的方法手段,更重要的是明晰如何支配这些经济利益,做到利己、利他、利天下。

我认为企业家在精神上的不自信和行为上的卑微、怯懦,都是团队的大忌。作为一种成长性组织,企业必须强壮体魄、壮大企业精神,才能在商业竞争中制胜。

既然决定企业命运的核心要素是企业家,让企业价值永恒的是被视为"经营大师"的伟大企业家,那么,什么是"经营大师"?答案取决于不同经历人群的阅历和认知差异,但基本可以界定为:能够创造一种经营范式并积淀为经营哲学、升华为持久广泛的文化和精神力量的人。

这样的"经营大师"，通常带有以下一些时代符号。

- 超凡思想。对最复杂混沌的问题提出独特而有效的解决思路，引领别人的方向和道路。那些创造出巨大的引领社会消费需求的伟大产品，往往源自企业家的变革性、颠覆性商业思想。乔布斯之所以值得尊敬，不仅是因为其创造了产品和利润，而且因为其"活着就是为了改变世界"的远大抱负。拥有超凡思想的企业家的格局修为不是成功后走向自我、走向恬淡，而是走向星辰大海。

- 超凡淬炼。没有经历过九死一生的商战的人，很难称得上经营大师。这类人一生常常都在智慧并顽强地奋斗，追求意义，拒绝苟且。他们往往说着活过生死线的挣扎和惊心动魄，脸上却洋溢着自信的笑靥，那是一种阅历匮乏的人几乎难以置信的自信表情。经营博弈的结果就是不断无情地淘汰自己或竞争对手，然后被超越或者领先！后浪来了，如果前浪不努力，就是被拍在沙滩上的结果。反之，如果前浪爬到树干上，则又是一番新风景。

- 超凡责任。现实社会中的企业家是一种责任主体，对自己、对家庭、对企业、对员工、对社会几乎都是第一责任人。他们对国家、对社会、对家庭、对个体的使命观决定自身能走多远；也认知企业家格局有多大企业就可以做多大，格局越大企业的可持续力就越强的道理。他们自然而然地处置索取与回报的命题，懂得服务社会优先于赚钱的道理；明白企业逐利是本性，是正道，但唯利是图的企业不是好企业；懂得逐利有道，有所取有所不取。他们拒绝为富不仁，也清晰地知道极度贪婪和一味追逐奢华、自我享受的企业家很难持久立足社会，他们往往通过对社会弱势群体、社会不公平的积极态度体现道德力量，有效规避了有些企业赚钱多却得不到社会认同的精神孤独。

- 超凡人格。卓越的企业经营者终其一生都在做功课，其中起着支配作用的因素是企业家站立着的人格特质。企业家的独立人格、独立思考、独立判断，就是指从成功者的成功和失败中获得智慧和教训的启迪，但不盲从和跪拜任何耀眼的成功者。通过独特的人格魅力展示优势，吸引团队共赴愿景，一起成长。

- 超凡贡献。超越生存线的企业家，着眼于让企业员工获得幸福感、成就感，着眼于创造更多税收、就业机会和社会公益价值，着眼于突破国家社会的痛点、投资未来，着眼于经营哲学和文化养成，对商业价值创新和新商业文明产生深刻影响力，着眼于物质和精神财富的累加。

- 超凡分享。经营大师遵循合作共生的价值观，认知企业之间真正高明的博弈不是共同走入"囚徒困境"，而是走向优势互补。共生利他，掌握相对利润率理念，杜绝无限度地追求利润最大化。他们的认知类似多伦多大学心理学教授乔丹·彼得森的警示——"一个不做任何牺牲的人，失败是情理之中的事"，懂得分享经验智慧的理念和情怀，舍得牺牲自我的一些利益与社会共享。

@ 培植"数字基因"的方法论

数字经济时代，企业遇到的最大变量之一可能来自数据这种新型生产要素。缺乏"数字基因"这张"船票"，已很难驶入新经济的大海。"数字基因"并不是传统型业务的禀赋，而是由数字技术演进而来的能力，需要通过有效的数字化转型才能获得。传统企业成功地完成数字化转型，也会是主要增量来源。

相比于专业咨询公司的观点，国资委对企业数字化转型有更为完整的解读。2020 年 9 月，国资委正式下发了《关于加快推进国有企业数字化转型工作的通知》。结合高德纳提供的理论框架，研究分析这个通知，可以从四个维度为传统企业提供一套通过数字化转型获取"数字基因"的方法论。

1. 推进产品的数字化创新

数字化时代的产品价值呈现出与工业时代完全不同的特点，要想持续获得产品价值的增长，就必须为产品注入数字化属性，并努力提高企业自身提供个性化、可持续服务的能力。比如，运动鞋本来是一个传统产品，但是加了一颗芯片后就变成了数字化产品。可

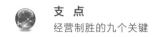
能每天跑步的时候，消费者的跑步数据就通过这颗芯片传到企业，企业可以利用该数据持续改进产品，并辅助消费者优化跑步规划，以不断满足消费者的需求，形成以产品为中心的反馈闭环。显然，安踏与华为的联合研发正是基于此考虑的。

再比如，医疗、保险等本来是传统的服务，但是也可以通过数字化手段实现远程医疗、监控或远程销售、理赔等，从而变成数字化的服务，一批互联网医疗和保险企业也由此产生并快速发展。比如，互联网医疗企业有国外的 Amwell 和 One Medical，以及国内的医联集团、微脉等。互联网保险公司方面，国内有众安保险和泰康在线等，这些公司区别于传统保险公司，是不设分支机构的，所有产品的销售、理赔均在线上进行。

2. 实现生产运营的智能化

成功的数字化转型必须关注全价值链环节，以净利润为驱动，而不是简单地从技术应用顺推转型。因此，生产和运营的智能化，主要目标就是降低成本支出、提高利润水平，通过全价值链的数字化变革实现运营指标的提升，包括在销售和研发环节利用数字化手段增加收入，在采购、生产和支持部门利用数字化技术降低成本，在供应链、资本运营环节利用数字化手段优化现金流。

比如一家快递公司，如果目标是五年之内业务量翻番，但是限制条件是快递员几乎没有或只能有少量增长。这个目标该如何实现？快递的业务量是靠快递员完成的，要想业务量翻番，而快递员的数量不增加，肯定是要借助数字化的力量。这就是数字化在其中起到的巨大作用。

3. 提供敏捷化用户服务

数字化转型的核心是业务转型升级，而不是转行做事，其本质是以数字技术的嵌入升级产品与用户的连接关系。谁能更多地占有并更好地连接用户，谁就能赢得商业竞争的未来，这一点，深入观察 BAT 与字节跳动、美团间的全领域投资布局竞争会看得尤为清楚。当然，目前的焦点主要集中在"To C"（面向消费者）领域，"To B"（面向企业）领域还比较滞后。但是从未来的发展来看，不管是"To C"还是"To B"，都需要借助数字化手段来升级与用户的连接关系，通过加快数字营销网络建设，实现用户需求的实时感知、分析和预测；通过整合服务渠道，建设敏捷响应的用户服务体系，提供更高效的服务，以最大限度地占有并拓展用户。因为，用户（市场）才是商业竞争最稀缺的资源。

4. 构建生态化产业体系

对一家要进行数字化转型的企业来讲，把握好产品、运营、用户三个方面，数字化转型升级就不会走偏。但是，即使这三个方面的数字化做得好，也并不代表必然能打败竞争对手。因为，未来的竞争并不是一家企业和另一家企业的竞争，而是一个生态体系和另一个生态体系的竞争。比如，现在热门的外卖企业之间的竞争，并

不是一家企业和另一家企业的竞争，而是各企业形成的生态圈之间的竞争，可能快递和商家等都包括在内。所以，推进数字化转型，光自身转型还不够，还要通过各种方式吸引更多优质的商家参与到生态圈中，通过推动供应链、产业链上下游企业间数据贯通、资源共享和业务协同，提升产业链资源优化配置和动态协调水平，以更大范围、更深层次地推动创新、捕获增长、提升价值。

从产业发展的大趋势来看，这一点对于数字化转型的最终成败，可能是更重要的。

利润法则

数据财富的新商业逻辑

- 数据已然成为新型生产要素，它虽不同于以往物理、化学形态的自然资源，却是驱动企业形成竞争优势的难以忽视的途径。

- 企业的数字化转型战略，从本质上看，就是要形成数据资产，运用数据分析，从数据中洞察财富趋势，重塑决策、生产、运营和赢利模式，实现产品与用户的敏捷连接、敏捷交互，推动商业利润大幅度提升，形成数据财富。

- 若想走向数字经济的深海，中小企业就需要制定一套管用的"数据战略"。

- 数据财富 = 数据资产 + 数据分析 + 数据应用 + 变现模式。

- 与数据资产密切关联的新型生产要素，正在深刻地改变利润法则，这是数字经济时代的本质特征。

- 新生代企业家所代表的颠覆性力量已然登场。

- 对所有数字化转型中的企业而言，如何掌控数据资产、转化数据价值、创造新的应用场景正成为应对"数字财富"风潮的新挑战。

移动互联网裂变与四个商业趋势

@ 移动化如何裂变为潮流

移动互联网是当下经济社会生活最主要的场景空间。自从移动通信技术诞生以来，颠覆性事件接连发生。通信环境从 1G 到 5G、移动终端从模拟到智能的迭代速度打破了所有预言家的预测。

认知一种建构在移动化、智能化基础上的新经济，需要认清其裂变云谱。

经历了 10 多年的喧嚣式成长之后，伴随着 5G 技术的进步，中国的移动互联网已然进入一个新阶段。能够标示这种变化的一个最新佐证是第三方数据机构 QuestMobile 的数据：截至 2022 年 6 月，中国移动互联网的普及率达 84%，超过了国际平均值 65%。通过手机使用互联网的网民比例达到 99.6%，超过了通过 PC 端登录互联网的比例。

对于发生在 10 多亿中国人身上的这样一个变化，能够解读的信息内核，除了颠覆，还是颠覆！

在中国接入互联网 28 年的时间节点上，即使仅仅往前追溯五年，也几乎没有人能精准预测到今天的格局，而这就是移动互联网在中国的传奇！

是什么力量创造了这个传奇？

我觉得用三组词汇可以说清楚移动互联网裂变的云谱。

- 主流技术：云计算、大数据、人工智能、区块链、智能终端、多元传播介质。
- 重塑社会生活形态：去中心化（社会化）、移动化、视频化、社交化、数字化、智能化。
- 融合：信息流多媒介融合、生产组织方式融合、人与智能数据分析技术融合、应用工具与社交关系融合、PC 互联网与手机智能终端融合。

假如用可视化数据的方式对这些词汇背后的信息进行正向与逆向的解构，结论是：我们当下所处的移动互联网环境，交织着技术、人文、传播、社交关系、娱乐、经济活动等构成要素，已然从一个抽象的生态链系统裂变成了一个具象的全新生态链系统。

@ 5G 将重新定义信息消费产业的未来

中国人热衷于打造 5G 产业链，源于一个共同的信念，那就是随着 5G 进程不断加快，更加美好的未来型生活场景正扑面而来。在众多行业，5G 都将催生不可忽视的积极变化，甚至在某些领域，5G 更将开启一个全新的时代。我们热切期盼这样的未来，也将携手共创这样的未来。

变革同样发生在传媒行业。可以预见，在 5G 等技术的引领下，数字内容消费产业乃至人类传播的未来将被重新定义。

　　回溯历史，通信技术发展不断开启传播新空间。可以说，人类传播的进化史就是在技术变革的推动下不断被重新定义的历史。事实上，人类传播并不是沿着一条稳步攀升的直线发展，而是由若干间歇性的爆发期所拉动提升的。在一些关键节点上，正是技术变革开辟了新的空间，推动人类传播的能力和效率实现了指数型增长。例如，印刷术的发明，为人类带来了图书、报纸、杂志，让批量生产和信息复制成为可能，为知识的广泛传播、交流创造了条件，掀起了社会变迁的洪流。电报的发明，让传播超越了人类的感觉器官，实现了信息的远距离快速传输，开启了广播和电视主导的电子传播时代。可以说，技术和媒体之间天然存在着不可分割的关系，技术变革一再改变人类传播发展的效率。

　　当下这个时代，这种关系变得空前紧密。在信息技术的推动下，科技、媒体、通信等行业有机融合、相互促进。在技术浪潮的冲击下，限制和束缚人类传播的障碍被一一打破。看看我们的周围，随着移动互联网的发展，如今人们拥有更随身便捷的智能设备、更高速的连接、更丰富的内容、更大的屏幕、更好的相机，这些都深刻改变着人类传播的图景。通信网络从 1G 到 4G，意味着传播空间的不断拓展和媒体行业的发展机遇。从 1G 的通话到 2G 的短信，再到 3G 的图文、4G 的视频，更低成本、更高速率的连接，推动着资讯、音乐、游戏等数字内容的消费加速增长。而通信技术在传媒行业的落地和应用，不仅使技术找到了最成熟、最广泛、最直接的应用场景，而且加速了其价值实现和创新扩散的过程。

现在，站在传播的角度看，5G 技术高速率、低延迟、大容量、广连接的特性，也在引发一场媒体变革，超越时空束缚，带来激动人心的变化。目前，我们可以看到，5G 已经开始在文化娱乐场景中出现成熟的商业模式并开始产生规模化利润。

其背后的原动力则是三个维度的颠覆性变革。

一是从传播的时间维度看，我们正在进入一个实时在线的信息环境。从信息传播的角度看，新闻媒体从文字新闻、图片新闻到视频新闻，都是在引导受众一步步接近现场，同时，新闻媒体孜孜不倦地追求时效性，力求受众与新闻事件同步。5G 将帮助媒体在这一方向上走得更远，进而改变新闻业态。相信在未来，5G 高速率、低延迟、低成本的特性，将最大限度地抹除受众与信息之间的时间差，让直播不再是一种独立的传播形态，而是一种随时在线的常态。这也将帮助"全程媒体"成为现实。

二是从传播的空间维度看，我们将开启新一代沉浸式体验。5G 技术的运用和普及，将激活高清视频、虚拟现实、增强现实等技术，解决此前存在的制约规模发展和流畅性、便利性不够等问题。在 5G 赋能下，产品提供者将充分利用各种手段，尽可能多地调动用户的感官体验，营造出身临其境的沉浸式体验。这将大幅提升数字内容的吸引力和感染力，适用于电影、广告、娱乐等新型信息消费全领域。可以说，这会将融合传播形态推向极致，也将是"全息媒体"建设的一项重要突破。

三是从传播的主体维度看，我们将真正迎来万物皆媒的时代。从 1G 到 4G，主要解决的是人与人之间的沟通，而 5G 将进一步解决人与物、物与物之间的沟通。智能网联汽车和智能家居的成熟，将为信息消费创造更丰富的场景；物联网的发展，将为传感器信息提供更多的耳目，为机器人播报提供更多的数据。当每个智能设备都成为信息的采集端和消费端时，也就意味着"全员媒体"进一步扩展，"万物皆媒"不再是想象。

不仅如此，5G 与大数据、云计算、人工智能等技术的深度结合，将催生更多新型应用，开辟更大发展空间。5G 的发展势必对内容形态、传播格局和交流方式产生深远影响，也将带来前所未有的发展机遇。

面对 5G 发展带来的变革，文化产业领域的企业家首先需要一场自我革命。随 5G 而来的，是蓬勃兴起的新市场，但旺盛的需求和广阔的空间都要求媒体积极探索，加快构建新体系，形成新模式。一些互联网文化企业，致力于推动科技、人才、资本与传媒深度融合。为了追踪前沿技术，它们采取了一系列举措，进行了一系列布局。代表性的 5G 富媒体的渗透率已悄然提升。

5G 风潮来临之时，我们突然发现，5G 技术能够发挥催化剂和黏合剂的作用，帮助各项能力和业务积点成线、织线为面，构筑起面向未来的文化产业新业态。

曾在 2017 年度被电气与电子工程师协会（IEEE）授予"杰出行业领袖奖"的中国通信行业资深专家李正茂一再强调："5G 是全

球信息与智能时代的制高点。"因此，如果错失这波风潮提供的推力，企业可能会失去未来！

@ 掌控移动互联网影响商业的四个走势

对很多人而言，移动互联网的裂变是令人摸不着头脑、理不清头绪的。假如要尝试梳理一下，个人的看法如下。

可触摸的 5G 应用显然既是催生人们生活和工作状态巨变的契机，也是对工商业、金融、社会管理、教育等各类产业形态的巨大挑战。在颠覆性挑战面前，我们应该能够掌控以下四个大致可以预见的走势。

首先，移动互联网的快速发展赋予了智能终端及其关联技术更加核心的角色，5G 改变的不仅仅是速度，绝大多数人的社会行为、经济活动都将更加依赖数字化、技术化、移动化而生存。

就像 DVD 终结录像机、数码相机终结胶卷一样，智能移动终端迟早会终结人们目前依赖的一些信息产品，而 PC、照相机和电视将首当其冲。所有受关注事件的当事人或目击者使用智能手机展开的现场多媒体直播，使传统内容产业的生产手段与流程显得冗长甚至多余。移动社交平台技术的推动，在信息生成与收集、传递方面有了更多的手段，用户生产内容的占比已经超过专业机构生产内容的占比。凡此种种表象的背后，一条曲线渐渐清晰起来：在几乎所有与生活、工作相关的环节上，移动互联网渐成依赖。

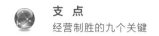

其次，移动互联网新应用颠覆了公众的注意力分布规则，推动产品连接用户的介质、渠道、形态进一步加速向用户的泛个性化消费取向融合。

以内容产品为例，要实现新媒体形态下的有效传播，在内容生产环节就生产制作出可供多种终端使用的内容产品，在发布环节通过 PC 端、移动端等多终端进行发布，使生产制作出的产品得到充分应用，并实现各终端之间的相互支撑和有机联动，使网民在任何时间、地点、终端都可以根据自己的需要获取内容。手机作为个人贴身智能化生活工具，承载产品及服务的多元化，使公众的信息消费取向呈现泛个性化和泛对象化特征。

再次，移动互联网催生多元化的"天量"数据，任何一种消费性产品的市场份额，在很大程度上都取决于大数据思维和小数据产品。

当大数据成为重要的生产要素，是否具备基于大数据技术的需求满足和市场细分能力，以及"数据突围""数据提纯"能力，便显得十分重要。当下的内容产业，正面临着前所未有的超大数据量、多信息源的挑战，各类产业都需要从数据角度来思索和重新梳理采集、分析、加工、分发、变现。

我认为，"大数据思维"是在拥有"天量"数据的同时可以通过知识化实现"数据突围"的思维。我们必须明白一个道理：用户需要的不是大数据本身，而是通过专业机构的知识化把大数据资源转化成可消费的小数据产品。基于此，信息知识类产品形态演进的

路径可以描述为：大数据资源→算法→知识化→结构化→可视化→
小数据产品。谁善于运用大数据算法分析技术，将所掌握的大数据
资源知识化和小数据化，将通用型、大众化的散点堆放的素材变成
一件件具有知识产权、用户消费感强的小数据产品，谁就能占据数
据资产和数据财富的上游。

最后，浮躁和喧嚣之后的移动互联网，将有可能出现一种变
化：媒体化、娱乐化速度减缓，知识化、生活化、工具化提速。

在中国接入互联网的初期，互联网的应用呈现泛媒体化和泛娱
乐化的态势，这与欧美以社会工作信息承载工具平台为主流的情形
有很大不同。在不知不觉间，中国的移动互联网生态圈几乎完整地
承袭了 PC 互联网所有优秀的和不良的基因。知识产权所有者与掌
握了技术、资本融合之道的各类新媒介终端用户所有者的交锋，搅
动着移动互联网的生态系统。社交化媒体的发展，推动内容生产方
式从专业化生产走向 UGC（用户生产内容）、PGC（专业生产内容）、
MGC（机器生产内容）等模式结合的生产方式。可以认为，UGC、
PGC、MGC 相互融合的内容生态圈将逐步进入良性发展轨道，在
这种情况下，发掘、拓展 UGC、PGC 和 MGC 信息渠道，将是数
据资源整合的重要方面，也将是信息知识产权创造者优势得以延续
的关键。

很多文化科技产业公司和创业者都已经从数据消费者转型进
入数据生产者的新赛道。依托大数据思维的数据可视化是当下数字
化表达的重要形式。数据成为驱动文化服务产业形成的核心资源之

一，不但是对文字信息流的扩充与延伸，也被当作独立的数字产品形式，成为造就文化服务产业核心竞争力的一种主要驱动方式。以图片、图表、漫画、3D 视频、XR、元宇宙等元素构成内容信息可视化产品的能力，也成为 5G 时代值得培育的有可能带来井喷式成长的产业竞争力。尽管如此，消费信息资讯仅仅满足了移动互联网用户的一部分基础性需求，知识化、生活化以及工具化（如导航、支付、炒股、订餐……）带来的创新性应用服务，终将成为移动互联网置顶的核心竞争力。

去中心化、社交化侵占了谁的利润

@ 谁动了电信行业的奶酪

在中国接入互联网的近 30 年间，中国电信行业经历了颠覆性改变，而这仅是我们见证过的诸多冲突风暴的中心之一。

大约 10 年前，在某电信行业专家举行的行业趋势分析会上，大家聚焦的主题是"如何对待去电信化"。对电信行业而言，这似乎是一个困扰整个行业的大问题。多数专家表达了焦虑，但没有跳出行业，以互联网思维看待这一困扰。

我曾与北京邮电大学吕廷杰教授有过这方面的交流，他认为，在去电信化之前，必须先弄清楚什么是电信化。电信行业，作为典型的自然垄断行业，其基本行业特征包括：一是横向的全程全网，通俗地说就是要完成跨地域的电信服务，必须依靠全网的配合，区域运营商不可能完成完整的服务；二是纵向的技术强关联，电信基础网络建设和运营与基础电信服务密不可分，即网业强关联，不能分离。电信行业自从它诞生的那一天起，作为一个自封闭的系统，无论技术还是业务创新，基本上都属于"圈子内"的事情。即使是出于横向的全程全网的需要而成立的国际电信联盟，作为技术驱动的最早的国际合作组织，也没有摆脱封闭的本质。

因此，我们可以判断，"封闭""圈子内"或许是电信行业与互联网产生冲突的根本原因，或者说，这是两种不同文化、不同基因的直接碰撞。

无须回顾通信产业发展不足时代处于垄断背景下电信行业的权利、权威以及由此带来的高额利润，那是一个较为漫长的过渡周期。电信行业格局的嬗变，起始于互联网的飞速发展和社交平台、多元信息消费的兴起。

在很长一段时期内，电信行业通过通信话费成为赢家。随着各种互联网应用工具的兴起，电信行业的话音业务被分流和弱化了，电信行业的利润也静悄悄地流失了。

电信行业被社交平台侵袭的情形来得十分迅捷。社交化生活、社交媒体真正带来的是一种冲突，这种冲突的本质在于重新连接人群、形成了圈子、培养了习惯、满足了熟人以及陌生人的代际社交需求，因而形成了新的信息消费范式，进而形成新型零售、广告等消费、赢利场景。

到底是谁动了电信行业的奶酪？

答案是：互联网去中心化、社交化的属性与趋势！

因此，中国电信行业面临的所有冲突并非来自"电信化"，也就不存在"去电信化"的课题。既然冲突的本质是互联网去中心化和社交化，那么，出路自然是更加深度地互联网化。

@ 谁分解了传媒行业的蛋糕

美国金融分析师玛丽·米克（Mary Meeker）近几年间每年发布一份《互联网发展趋势报告》，因其报告的准确性而受到全球产业界、媒体界和投资界的关注。

2014 年，米克在《互联网发展趋势报告》中重点阐述了互联网"重构"的五大领域：即时通信应用、内容和分发渠道、日常活动、数字货币、垂直产业。

2016 年，米克在《互联网发展趋势报告》中预测，视觉应用和视频直播将在未来继续普及，而类似于微信、脸书的消息应用也在社交功能之外持续拓展着新的功能与服务，并将逐渐进化为连接一切的消息平台。

2019 年，米克又在《互联网发展趋势报告》中提到新闻传播渠道的改变，称如今有 43% 的人通过脸书来获取新闻，21% 的人通过 YouTube，12% 的人通过 Twitter。社交媒体可以放大热门话题。

后面发生的事情我们确实都看到了，因为微信、脸书、微博、短视频等平台的发展，人类进入了"人人都持有麦克风""万物皆媒"的时代。大批小微企业进入自媒体行业，充分应用微信、微博、短视频的社交平台属性，成为信息传播生态中的有机构成部分，并且是活跃度很高的部分。这成就了一种新型生产要素——新媒体话语权，而自媒体创业、网红直播带货是最具代表性的形态。

倘若有空闲回顾一下新媒体诞生之前我们获取信息的形态，再感知当下新媒体带来的快意与莫名的挤压感，我们有必要思考一个问题：新媒体生态究竟是如何影响几乎每一个人的生活的？

以往，当重大事件发生后，我们会去看每天定时播报的电视新闻或定时发行的报纸，或者在走家串户时偶尔聊起发生的既定事实，而这些经常发生在事件发生了几小时甚至几天之后。而今天，随着新媒体时代的到来，事件亲历者能在当场发出信息，瞬间传遍世界每个角落，信息消费已经越来越即时化。正如玛丽·米克所说，新闻传播渠道发生了改变。2020 年 8 月 31 日至 9 月 7 日，皮尤研究中心开展了一项关于"2020 年社交媒体平台新闻使用情况"的调查，结果显示 53% 的美国成年人"经常"或"有时"通过社交媒体来获取新闻，且同时使用多个不同的社交网站获取新闻资讯。中国互联网络信息中心的报告显示，2021 年中国社交媒体用户数量达到 10.07 亿，即总人口中约有 70% 的人现在定期使用社交媒体，占全球社交媒体用户数 46.5 亿的 21.6%。可见，以微博、抖音等为代表的新媒体在新技术催生下迅速崛起，其势头如风卷残云一

般，形成了云计算、大数据、智能终端、多元传播介质交织融合的新生态链。

新媒体新生态链光速般延伸，改变了原有的媒体生态体系。美国皮尤研究中心在《2014年全球新闻媒体状况报告》中就已经明确指出，数字化已在新闻领域爆发，新的科技知识、新的资金和高级人才正在向新媒体行业涌入。可以说，新媒体生态已经像水和空气一样，成为我们生存环境的一部分。

在媒介融合的大潮下，媒体行业已经在发生离散聚合。传媒行业赖以生存和发展的广告行业被跨界力量和互联网去中心化、社交化所颠覆。未来作为独立形态的传媒行业是否还会存在？这已是一个必须面对的课题。工业时代被知识经济时代解构，传统的行业边界被模糊、被消弭，传媒行业首当其冲，今天各种跨界竞争扑面而来，不宣而战。

在这种趋势面前，各种机构竞相出招应对。在媒介社会化和社会媒介化的时代，强社交关系属性的传媒生态环境和传播关系链已经成为主流形态，这就是有专家评价的"无社交不传播"的真相。

@ 失衡与均衡：数字内容产业的重塑

在享受新媒体新生态带来无限便利的同时，全球媒体行业也在面临一个更加复杂的世界。如同大自然相互制约和依存的生态环境一样，新媒体新生态也是一个庞大的环境系统，只是它暂时缺乏足够的稳定与和谐，在以下几个方面存在明显的失衡。

一是过度媒体化带来话语秩序的失衡。随着直播、短视频、社交工具等大规模并快速地进入媒体领域，信息变得触手可及，但也出现了噪声、杂音冲淡真实声音的状况，导致高质量的言论受到挤压，舆论场上呈现众声喧哗、价值多元的失序状态。

二是快速发展与信息安全的失衡。伴随着信息技术的迅猛发展，新媒体在媒体生态中所占的比重快速攀升。在美国、日本、韩国等国家，新媒体的比重已然高于传统媒体，其虽然为网民提供了良好而便捷的用户体验，但在保护网民隐私方面尚缺乏完美的解决方案，用户个人信息外泄防不胜防。目前，网络安全在世界范围内都是一个令政府、企业乃至受众头痛的问题。

这两个方面的失衡，客观上使传统主流传媒机构从"唯一"演变为传播生态中"之一"的存在。

各类颠覆者获得大流量并通过流量变现获得巨额财富。

与电信业一样，传媒行业的颠覆性改变同样是互联网的去中心化属性和社交化趋势造成的。

既然发现了失衡点，就要寻求均衡点，这个过程就意味着数字内容产业的机遇，如知识化产品、个人信息安全保护产品、公共信息安全筛查产品等。

社交化成就了 C 端用户。随着 C 端的流量红利和存量用户的争夺趋于白热化，G 端（政府端）、B 端用户市场将是更具潜力的市场。

对传统媒体而言，只有深刻把握"数字技术＋社交化网络＋场景＋颠覆性变革"这一新兴媒介演变的底层逻辑，勇于拥抱大数据、云计算、物联网、人工智能、元宇宙等技术创新成果，才能重构优势，跨越发展。

当前在媒介融合理念的引领下，以互联网为核心的传媒产业格局正在逐渐成形，传统主流媒体正在紧抓内容优势，通过深度融合重掌话语权；传统主流媒体紧跟新技术潮流，在元宇宙、虚拟人、物联网等领域频频发力，甚至开始成为相关产业的引领者；传统主流媒体积极走进资本市场，利用资本和技术，使传媒走向一个更加智能化的生态体系……

互联网野蛮生长的时代行将式微，伴随传媒行业的内部调整，传媒行业将会走得越来越稳健。

"数据流"提升"现金流"的逻辑线

@"数据驱动"是如何实现的

当今世界是一个数据和数据化的星球。企业、消费者通过传感器、社交媒体、电商平台、移动社交圈……时时刻刻都在产生数据。几年前谈论大数据到底有多大时，很多人使用的是"海量"信息，而此时此刻，已然变成"天量"信息了。人们可能听说过或经常引用一句话，"全球90%的数据都是在过去两年内创建的"。不管这句话是否准确，数据量的增加及其持续增长是不言而喻的。近期，高德纳公布的 2022 年第二季度全球存储市场报告预测，到 2025 年全球数据量将达到 175ZB，其中中国产生的数据量预计达到 48.6ZB，全球占比约 27.8%。

大数据专家涂子沛认为："数据就是企业的财富和金矿，数据分析和挖掘的能力就是企业的核心竞争力。"

美国教授托马斯·H.达文波特及珍妮·G.哈里斯在 2009 年出版的《数据分析竞争法：企业赢之道》一书中说，各行各业都出现了以数据分析为竞争能力的企业。这种以数据分析为竞争能力的企业都是各自领域的领袖，它们都把自己的成功归于对数据分析的娴熟应用。正因为这些大企业大规模地采用了数据分析的方法，它们才成为行业中的领先者。

书中还提到，以低成本、高效率的方式来经营企业可以构成企业竞争基础。这要求企业制定流线型的商务过程，各个过程之间必须无缝隙、无摩擦地对接，并保证每一个商业决策明智、正确，在竞争的过程中不犯错误。而要做到低成本、高效率地运营以及决策正确，企业必须广泛推行以事实为基础的决策方法。大量使用数据分析来优化企业的各个运营环节，通过基于数据的优化和对接把业务流程和决策过程中的每一分潜在价值都挤出来，从而战胜对手，在市场上幸存。

消费电子产品制造商、零售商做广告资金投放决策，是典型的用户数据评估驱动决策的场景。做广告投放决策时考虑的核心是

"在哪里、投多少、如何投才能使知名度、销售额提高?"。从路牌、纸媒、电视到 PC 端、手机 App、社交平台、移动社交圈,是商家广告投放演进的路线图,背后的逻辑就是目标用户接触广告的密集度、便捷度、销售转化率(投入产出比)。及时洞察这种变化并做出投资转向安排的机构都获利丰厚。

2020 年,科创板诞生了第一家以数据分析为主业的上市公司"慧辰股份"。作为国内领先的数据分析产品与服务的综合提供商,这家公司持续多年为《财富》杂志世界 500 强企业及大型商业企业提供服务,扎根于垂直领域以及数据科学领域,有着丰富的服务经验和技术积累,将数据科学技术和垂直领域专业分析方法模型进行了有效融合,通过优化传统算法模型解决成熟行业客户的实际问题,并通过数据模型的迁移与应用落地,进行行业或者相关细分垂直领域的快速复制,实现业务的开拓。

创立数据分析生态链构成了慧辰股份的价值链。凭借专业的技术能力、应用落地能力和多年积累的服务经验,公司产品和服务覆盖众多商业领域,包括汽车、TMT(科技、媒体、通信)、快消、医疗、地产、金融等行业;同时在政府与公共服务行业,公司的数据分析与数字化应用能力也在农业数字化、智慧旅游、生态环保等多个领域得到应用。目前,公司已经服务过数以万计的商业企业,积累了海量的数据算法模型和领先的数据分析能力。

随着数据量呈现几何级数增长,高效使用数据成为千行百业竞相追捧的方向。慧辰股份基于数据处理、数据分析、数据应用在众多应用场景中的实践，积累算法模型、案例经验和专业人才，更加精准地寻找数与数之间的关系，实现提质增效，实现商业模式重构，实现经济价值再创造的过程。

公司不断推进算法模型、知识积累、应用场景等相结合的软件化发展路径，实现数据应用的广度覆盖。在商业模式上，采用"非标准化＋软件化＋定制化开发"的复合发展结构，进一步匹配客户，为客户提供一揽子数据分析应用解决方案。纵观慧辰股份超大型客户情况，客户续约率总体超过 90%，大多数合作年限超过 8年，这充分体现了数据服务模式创新的价值。

洞察消费行为，构成了慧辰股份赋能数字化营销的数字链路。公司围绕企业数字化营销活动的全链路，提供从内容创意到运营服务到系统平台搭建，从公域的"种草"到私域的引流、互动、购买、复购等一整套数据分析解决方案，实现客户增量创造、抢占市场先机的目的。而这一过程的价值是通过数据分析精准掌握消费者态度、消费者行为、企业运营机制、产业及政府运行逻辑。

自 2020 年 7 月 16 日公司上市以来，慧辰股份持续增加研发投入，研发了客户体验管理数字化产品"XMfactory 体验工厂"、场景化数字营销引擎产品"DMengine"及农业数字化 SaaS 产品，逐步将公司业务向产品化、标准化延展，进一步实现商业闭环，加速推进数据赋能千行百业，发挥数据分析的应用价值。目前，相关产品已经逐渐被客户所认可和部署应用，并获得好评。

慧辰股份董事长赵龙认为，数据分析如同数据"加工厂"，经

过数据分析师和技术的雕琢，数据就变成了企业的"撒手锏"。有数据且高效合理地运用，就会带来意想不到的价值；有数据但不好好运用，就会逐渐被市场所抛弃。就目前而言，只有有效果和产出，客户才会买单；一些花里胡哨的、看上去酷炫的技术，在发展中终会被市场所淘汰。

可以预见，作为大数据产业链条中的重要一环，数据分析前景广阔，其应用领域也将进一步拓维，进而促进国内数据产业蓬勃发展。

@ 大数据时代的"小数据财富"

"大数据的价值是小数据。"

"在大数据时代，最丰厚的利润潜藏在小数据里。"

"拥有大数据是基础，但用户消费的往往是小数据产品，将大数据提炼成小数据才便于转化为现金流。"

"大数据是成本中心，小数据是利润中心。"

你也许并不完全认同这四种说法。的确，当我在一次演讲中释放了这些观点后，听众普遍流露出疑惑的神情。演讲后的现场交流互动持续了近一个小时。

当大家认知到"数据—信息—知识—智慧"的内在逻辑线后，疑惑顿消。

对很多企业而言，数字化转型面临的是双重挑战，既不知道如

何处理海量的非结构化数据，也不知道如何从这些数据中挖掘商业
价值。

"大数据创造翻番的销售机会"，美国第二大零售商塔吉特百
货，曾利用大数据发现了孕期用品的销售商机，结果使孕期用品销
售呈现了爆炸性增长。

当掌控大量数据资产后，更重要的是数据分析、数据挖掘，其
目的是发现数据之间的相关性和规律，进而进行企业所需要的价值
判断。

这种价值至少包含了以下四种类型：

第一，可以更好地了解和预测客户行为，并因此改善客户体
验。分析预测客户消费趋向，不动声色地运用客户数据实现盈利增
长，已是数据分析公司的赢利模式。从浏览者的数据留痕，分析
客户潜力，如把不断浏览房子、智能手机、汽车的人群归为一类群
体，把手机号码作为商品销售的推送终端，就增加了推荐商品的成
功率。如沃尔玛发现了啤酒和尿不湿的关联性，并调整了柜台物品
的摆放，从而获利不菲。算法推荐技术的商业价值即在于捕捉浏览
特定信息的频次，并据此推荐潜在消费机会。

第二，即时、完整的数据链可以作为企业家决策的量化依据。
挖掘行业数据，推演发展趋势和机会；通过大数据更好地了解和满
足客户需求，改善运营策略。挖掘企业内部业务数据，如发现利润
增长曲线。及时发现成本黑洞、财务风险、员工异常行为等，作为
提升内部管理科学化、针对性的决策依据。受访者经常提到的其他

大数据应用，包括风险财务管理、员工协作和实现新的业务模式。

第三，在"以产品为中心"与"以客户为中心"两种主流商业模式之间架构敏捷性生产与服务的数据链。当挖掘到客户对产品使用情况的数据后，客户数据便成了商品，可以用来完善商品供给结构和服务质量。有评测机构的实验表明，在数据分析基础上调整客户沟通方式，可以提高客户响应率至少5倍。

第四，通过对历史数据的结构化和分析应用，获得新的价值和新的财富。例如工业软件开发必须依靠海量的经验数据，只有将商业案例结构化，才能实现智能化辅助决策，降低成本并提高效率。全球一流的数字化企业往往通过数据分析平台，利用算力、算法挖掘数据价值、开发产品、连接消费者，以强大的数据洞察力获得更高收入，这已是数字资产争夺的主赛道。

大数据专家涂子沛认为，传统的数据挖掘是在结构化的数据当中发现潜在的关系和规律。但随着商业竞争的白热化，更加高端的数据挖掘开始出现端倪，例如通过网络留言、视频记录、社交平台留痕挖掘客户的意见信息，正成为当前数据挖掘的重点领域。尽管如此，"天量"数据与应用数据能力不足的矛盾，仍是数据产业的一个痛点。

@ 企业数字化的收益模式

全球数字经济已然呈现不可逆的趋势，中国则是这一较长周期经济变革的重要推动者和受益者。企业若错过这一轮成长周期将很难有未来。

部分经济学家研究论证认为：数字化水平每提高 10%，人均 GDP 增长 0.5%～0.62%，整体失业率会下降 0.84%。2021 年 12 月国家出台《"十四五"数字经济发展规划》，把数字经济作为继投资、外贸、消费之后拉动经济的第四驾马车的趋势十分明显。

对企业家而言，对数字化转型需关注两个关键方面：一方面，如何通过对数据的采集、加工、建模、分析、结果呈现等过程实现业务数字化、数字模型化、模型业务化；另一方面，如何通过数字化实现收益。

的确，数字化收益实现模式对企业更具有挑战性，也是当下许多企业数字化转型的痛点之一。

大数据算法专家、曾长期担任日企德企高管的融道知变数据科技集团总裁王兴海认为，企业数字化具有以下五个方面的收益模式。

第一，精准决策。从决策理论看，如果说传统时代"管理就是决策"，数字化时代可以定义为"管理就是建模"。以前，企业家往往根据感性和个人偏好进行决策，但这样决策依据的信息往往不完备、不完整、不对称，导致决策失误的概率比较大。数字化转型成功之后，企业现状、产业未来趋势、行业均值利润、存量与增量、竞争对手动向、企业优劣势等信息数据都是清晰的，这为企业家进行科学的显著性决策提供了依据，并且会提升决策效率 50% 以上，从而获得决策上的高价值收益。比如，企业家通过一些投资决策模型，对项目的风险和收益进行科学评估和比较分析，能够理性判断此项目是否有投资价值，进而做出投资或放弃的决策。再比如，很多企业往往不能及时发现经营中的现实风险和潜在风险，有的陷入了经营困境甚至行将倒闭还不知道原因；数字化转型成功之后，企业可以通过财务风险预警模型，及时发现经营中的资产流动性水平、留存收益水平、息税前利润、偿债能力、周转能力、发展能力等方面的问题和风险，果断采取干预和规避的措施，避免造成不必要的损失。

第二，精准销售。在大数据时代，客户的信息从几百维到上千维，比较分散和多变，管理者想精准定位客户有一定的困难。通过数字化平台，管理者可以对客户多维零散的信息进行科学的画像建模分析，帮助企业构建符合自身业务特点的客户识别和推荐系统，从而实现精准获客和销售业绩的快速增长。通过 RFM（时间间隔、消费频次、消费金额三个维度）客户分类模型，帮助企业实现客户的分级、分类管理，有效识别出高价值客户、普通客户、低价值客户、重点挽留和重点突破客户，针对不同类型的客户采取不同的经营服务策略，实现客户价值最大化。

第三，业务创新。在数字化的世界里，构建产品的独特性和深度差异化才是企业经营之道。如果企业缺乏数字化平台，管理者对现有的经营、管理、财务等各项能力的认识就是模糊的、不全面的和不精准的。实施数字化转型之后，管理者可通过企业全景式经营能力分析，不仅可以对企业的经营、管理、财务等方面的多个能力指标进行综合的动态分析，而且可以与本行业的标杆企业的经营、管理、财务等方面的各个指标进行全方位的对标分析，及时找出自身的差距和短板，不断进行业务创新，提升自身产品与服务的不可替代的核心竞争力。

第四，降本增效。在中国的消费市场上，成本因素仍然是用户购买的高敏感性因素。如果管理者不能及时掌握企业的收入、成本、利润、资产、负债、现金流等情况，那么想改善企业的财务和经营状况将无从下手，只能在会计报告出来之后，即事后进行被动调整，而这时往往已给企业造成了不可挽回的损失。通过推进数字化转型，企业经营者可以利用资金需求预测模型，做好企业资金规划，降低财务成本；利用经济订货和生产批量决策模型（EOQ、EPQ）实现库存最优化、生产最优化，降低采购、库存、生产和质量成本；通过成本优化模型帮助企业细分成本习性，通过与行业成本均值数据或者竞争对手的成本习性数据进行对标分析，及时调整优化自己的成本结构，这样一般会降低综合成本 30% 以上，既降低经营风险又提升综合经济效益。

第五，自我管理。企业管理的核心是"知行合一"。我国中小企业很多没有 ERP（企业资源计划）、OA（办公自动化）、CRM 等信息化系统，管理粗放，往往做不到"知行不合一"，甚至很多还处于作坊式管理阶段，对于客户痛点是什么，需求变化是什么，应该生产多少，已经生产多少，还差多少，哪里有漏洞和问题等问

题，通常是问题发生一段时间后管理者才有所察觉，以致造成不可挽回的损失。企业数字化转型成功之后，企业管理者通过数字化平台可动态了解未来宏观和微观经济走势、行业发展趋势（存量与增量）、客户消费习性、购买偏好、竞品状况、内外部风险、供产销状况、投融资情况、企业财税状况等信息；每一位员工也可以随时了解自己的岗位任务完成情况、差距在哪里，通过自我管理、自我约束，激发自主行动的热情，立足于自己的岗位自发地寻找问题、解决问题，持续学习提升岗位能力和技巧，把自己融入组织，与企业共前途、共命运。

"数据洞察力"：财富新引擎

@ 数据资产：数字经济时代的"石油"

站在第四次工业革命的视角，企业家需要一次数据思维的革新和洗礼。数据是什么？数据是企业的重要资产，数据是智能化的"空气""石油"、驱动力、核心基础，因此，数据是一种新的商业能量。缺失数据战略和数据资产运营能力的企业是无法生存和壮大的，这是数字经济的时代属性所决定的。

人类的一切活动被信息工具连接起来就产生了大数据。这是一个离不开石油也离不开数据的新商业时代。

通俗地讲，"数据资产"是一种新兴资产。在大数据概念出现之前，人类的社会活动、经济活动就在产生和利用数据。自信息技术变革发生以来，最伟大的成就是互联网的诞生。互联网使万物互联互通成为现实，使设备、生产线、工厂、供应商、产品和客户紧密连接起来，衍生出设备数据、产品数据、研发数据、供应链数据、运营数据、销售数据、管理数据、消费者数据，将传感器、嵌入式终端系统、智能控制系统、通信设施通过 CPS 形成智能网络生态体系。智能网络使人与人、人与机器、机器与机器以及服务与服务互联起来，从而实现高度集成。

正是这种数据化的生态体系，改变了企业的财富形态，从而使数据成为新兴资产和数据财富的基础资源。

很长时间以来，信息孤岛效应一直存在。政府部门之间、专业社会组织之间、企业之间的信息数据无法通畅地流动，企业获得的仅是部分公开信息，价值有限。消除"信息篱笆墙"是一种文明进程。数据的结构化是重要商机。近几年来，对既往各种类型历史资料进行归纳、整理、标引使之成为格式化数据链，是一种重要的生意，这种业务的价值是争夺数据并垄断资源。随着数据挖掘和应用程度的深入，数据结构化会成为蓝海之一。

从类型上来看，可以把数据分为结构化、半结构化和非结构化三种。结构化数据通常也称作关系模型数据，表现为二维形式，可用关系型数据库来进行存储。半结构化数据指的是具备固有结构形式的非关系模型数据，比如日志文件，XML 或 Jason 文件等。非结构化数据是指没有固定模式，无法用统一的结构形态来表示的数

据，比如常见的 Word、PPT、Excel 等文档，以及图片、视频等，对其进行数据挖掘和数据分析的难度较大。因此，对零散的数据进行结构化处理成为不可或缺的环节。数据标引颗粒度越小，越方便使用，越有价值。

由于绝大多数以往的数据是非结构化的，一些初创技术公司发现了数据从非结构化向结构化转化的商业价值，通过向数据分析平台提供结构化、模块化的行业或单一产品的数据，获利不菲。视频领域率先试水的是无锡和杭州的一些企业。那里的小团队创业的传媒"雇佣军"采用数据驱动的新型可视化手段，通过界定垂直类方向收集、清洗并标引互联网数据，扮演结构化数据提供商的角色，成为大数据行业的首批获利者。

当今主流的数据收集模式是平台化收集和智能化标引。各种互联网企业疯狂地投资平台，尽可能多地实现用户连接，其最根本的目的是通过平台内嵌的应用软件收集用户数据。

连接的用户越多，数据资产的价值越大。这就是近几年平台公司受资本追捧、估值高的商业逻辑。电子商务、共享经济、社交媒体等之所以能颠覆线下商业模式，靠的就是连接并垄断用户数据。

数据资产成为开发各种赢利模式、推广各种应用的核心资源，因而成就了平台经济的高成长性。

巨大的"信息流"制造出多元化的"数据湖"。这使得云计算、人工智能迅速繁荣起来，也为数字经济从 1.0 向智能互动型的 2.0 跃升提供了基础性和战略性支撑。

@ 用户画像：企业开展精准营销的基石

2022 年 8 月，中国互联网络信息中心发布了第 50 次《中国互联网络发展状况统计报告》。数据显示，截至 2022 年 6 月，网民中使用手机上网的比例为 99.6%。

与此同时，商务部发布的《2022 年上半年中国网络零售市场发展报告》显示，基本生活类和升级类商品消费增长较快，在线餐饮、在线旅游、文娱等均有良好表现。从相关报告中可以清晰地看到网民在网络购物中消费品类的趋势变化、购买渠道的多元化，以及在多领域应用中的群体特征，即信息消费快速增长态势下我国网民的用户画像。

1998 年，被称为"交互设计之父"的阿兰·库珀（Alan Cooper）在《交互设计之路：让高科技产品回归人性》一书中首次提出"用户画像"（User Persona）的概念。阿兰·库珀认为，用户画像是真实用户的虚拟代表，是建立在一系列真实数据之上的目标用户模型。通过调研深入了解用户，挖掘出用户的真实需求，并根据用户在行为、动机和目的等方面的差异对其进行分类，提取出每一类用户群体的显著性或普适性特征，进而构建各类虚拟人物角色，建立起对用户的认知，最终形成用户画像。

用户体验专家大卫·特拉维斯（David Travis）提出，构建用户画像需要具备七项要素，包括基本性、同理性、真实性、独特性、目标性、数量性以及应用性。要素是否完备决定了用户画像的质

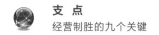

量。用户画像在企业产品定位设计、企业精细化营销以及企业经营决策分析等方面发挥着重要作用。

1990 年，美国学者罗伯特·劳特博恩（Robert Lauterborn）在《4P 退休 4C 登场》专文中提出了与传统营销 4P 理论相对应的 4C 营销理论，4C 即客户（Customer）、成本（Cost）、便利（Convenience）和沟通（Communication）。4C 营销理论以客户为导向，认为企业要比重视产品更加重视客户，企业必须从客户角度出发，为客户提供满意的产品和服务，才能在激烈的市场竞争中立于不败之地。

数字经济时代下的精准营销以 4C 营销理论为核心，通过大数据、人工智能和机器学习、深度学习等先进技术手段分析出客户或潜在客户的需求，对客户或潜在客户进行用户画像分析，根据分析结果为不同的客户群体提供精准、实时、高效的服务。通过与客户或潜在客户建立起动态、密切的交互行为来实现营销服务的高效化，最终不断提升企业的经营效能。

用户画像是企业开展精准营销的重要前提。借助用户画像，企业可以从海量用户中识别出有相似特征或消费偏好的用户群体，可以基于用户基本属性和行为分析提炼出消费特征从而精准找出目标消费群体和目标市场，可以根据识别出来的目标用户进行有针对性的广告信息推送，以及可以根据用户的特征和偏好设计并提供个性化定制服务。

依据一些数据平台的案例分析，建构一个有商业价值的用户画像体系，主要包括用户标签设定、用户数据采集、用户画像构建、用户画像可视化与优化四个方面。

用户标签设定：针对用户某一种特征的符号表示。用户标签可分为基础属性标签（静态标签）和行为属性标签（动态标签）。基础属性标签是用户客观的属性，可包括人口属性、空间/时间属性、社交属性等。行为属性标签可包括消费属性、行为特征、金融属性、兴趣偏好等。

用户数据采集：通过线下线上结合的方式对用户信息进行收集。线下通常采用访谈调查的形式，线上则可收集用户在企业自有平台上的浏览和行为轨迹信息，或者通过与第三方合作获取部分用户相关信息。

用户画像构建：从原始数据层和事实标签层分别构建算法和模型，分析出用户的兴趣和相似特征，并基于事实标签层进行深度挖掘，进行横向的数据关联和挖掘，进而得到更深层次的信息，比如潜在的情感倾向、人格属性预测等，从而构建出不同群体的用户画像。

用户画像可视化与优化：对不同群体用户或个体用户行为进行动态可视化分析。根据用户画像分析结果进行营销信息推送，得到新的用户行为反馈数据，并基于此不断优化用户画像模型，形成动态闭环。

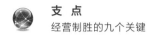

@让"数字洞察力"切削成本黑洞

上一节评述了"数据流"如何驱动"现金流"递增,下面则评述"数据流"如何切削"成本黑洞"。

企业通过数字化转型可实现全链企业管理数据的结构化,对结构化数据进行分析,可使企业家获得"数字洞察力"。从市场营销的视角看,可解决对客户数据的收集、分析问题,以客户数据驱动产、供、销活动和利润;从企业内部来看,不仅可解决生产所需要的"物"的数据连接问题,而且可解决企业管理所涵盖的系统性问题。可以说,数字化转型在使企业实现业务链流程化的同时,也使企业的管理要素实现了数据化。

数据化将促使企业家自觉变革管理思维、再造管理模式,尤其是数字化营销、重构资源配置关系、重构员工力量配置、重构营销模式。

不少企业通过对管理数据的分析,颠覆了以往主要依靠直觉、经验和资料获得的认知,也颠覆了管理模式。这种冲突很深刻,很尖锐,因为,很多人发现成本黑洞后十分惊讶。常识告诉我们,利润藏在成本和费用里,砍掉的成本和费用就是利润,但成本黑洞在哪里呢?

以下几方面是常见的成本黑洞所在,也是从企业管理要素数据化中获得"数字洞察力"的应用场景。

1. "二八定律"逻辑陷阱造成成本黑洞

自然科学领域有许多定律，是精准量化验证过的，具有规律性。而社会科学领域的一些定律，由于是概括特定条件下的现象，且条件会随之变化，并无规律性把握可言，因此并不能确定是一成不变的，不能盲目认知。企业家对经营管理涉及的所谓定律要具备批判精神和批判能力。"窥一斑而见全豹"会导致片面化看待问题。例如，"二八定律"本身就存在逻辑陷阱。企业管理实践中往往忽略对"八"这一部分的进一步优化和挖掘。企业通过数据可以清晰了解"八"包含哪些事、哪些人，但解构"二八定律"，就要在认知上确定，效率偏低的"八"并非必然和合理的存在，有必要把这个"八"再分成一个又一个"二八"，直至极限。只有砍掉真正冗余的和非效能的环节、岗位、人员，集中资源密集投入"二"，主业的支柱性才会逐渐呈现。

2. "惯例化的大公司病"造成成本黑洞

企业达到一定规模之后，如同一个人进入中年，总是会自然而然地出现一些容易被忽视的效率低下的问题，也许不会立即导致企业衰落，但会导致利润下滑。即使是一些规模不算大、设立时间不算长的企业也会出现导致效率低下的"大公司病"的特征。"大公司病"都有较长的形成周期，时间久了会发展成为公司治理的惯例，所有人都奉惯例为处理事情的圭臬，因适应惯例而变得麻木和懒惰，失去变革制度的勇气和动力，这对企业来讲是十分可怕的事

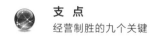

情。大量企业在用惯例管企业，明明知道有问题但依然按惯例处置问题，因为这些惯例是写在公司制度里的"法律"，写进制度容易，要改制度很难。提高利润率的努力往往败给了"惯例管理"。数据化可以帮助企业看清并果断改变低效甚至无效的"惯例"。

3. "抑制性制度设计"造成成本黑洞

抑制性制度设计是导致成本黑洞的因素之一，如对很多中小企业来讲，KPI 考核有时会成为一种陷阱。KPI 考核本身是一种工具和导向，而不是目的。考核本身是为调动员工的积极性、创造性，激励员工主动围绕企业核心目标去工作，而许多企业的考核却异化为管人的工具。往往是人虽然管住了，KPI 考核也过关了，但不出生产力，机构效率低下。这就要靠在制度设计方面不断创新，不断与时俱进，创造新的考核方法，激励和聚集员工朝着企业所需要的价值目标去努力。不少企业陷入了存量考核与增量考核的误区，均可以依据效益评估结果数据进行及时矫正。

4. "内卷"造成成本黑洞

绝大多数企业都存在或多或少的"佯攻现象"，这是一种不能容忍的消耗。假意投入时间和精力，仅仅是为了给管理自己的上级一种努力工作的印象，实际上会消磨团队意志。无效率的加班消耗员工意志力，用声势浩大的举动完成没有实际效果的任务，这些都导致了大面积的内卷化结果。一些先进企业参照计件产品生产的时

间成本数据，决定是否需要员工加班和加班的频率、时长，获得了
不错的边际收益。

5. 财报中的成本黑洞

财报的价值在于看清企业运行的真相，企业主不仅要看资产负
债表、利润表整体状况，而且要看销售、管理和财务三项费用异动
情况；不仅要看现金流总额，而且要看经营活动、物资活动、筹资
活动三类现金流是否符合正常逻辑；不仅要看绩效奖励是否与利润
产生主体相匹配，而且要看分配的效果，如是否存在平均主义的低
效分配，或是否存在把有限的奖励过多地分配给身边人的误区等。
传统概念中的财报数据维度无法满足新需求，企业整体数据化后，
可以便捷察觉费用异动、非正常开支、非合理分配等迹象，从而利
用动态数据流作为指引，对经营活动的病症进行及时诊疗。

"数据洞察力"是一种定量管理思维，也是驱动企业管理从经
验型管理向定量与定性相结合的科学型管理转变的新能量。

"新场景"如何创造"新财富"

@ 信任钥匙：打造数字身份与虚拟人

科技革命催生的产业变革，往往考验企业对应用场景的创新和
创造力。当元宇宙的风潮来袭时，这种考验更加严峻。

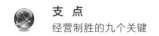

　　中国在元宇宙领域的一些先导性企业围绕消费元宇宙和应用元宇宙场景展开的探索与布局，已然成为搅动资本、股市和数字经济发展脉络的新生力量。业内专家认为，人们的消费方式、社会的生产方式、内容的分发方式以及平台应用层朝着"中心多元化"发展的趋势日益明显；过去中心化时代互联网机构垄断数据资产、滥用用户隐私的模式将会终结，新的"数据即财富"的时代正扑面而来。

　　北京百悟科技有限公司（简称百悟科技）是一家深度布局"云＋网＋物＋智"产业链、拥有自主知识产权和自主品牌的创新型企业。自 2010 设立以来，通过对语音客户服务热线（含 95、1010、10195 码号）、5G 消息、物联服务等的多维探索，打造了有竞争优势的产品组合解决方案，对移动互联网、金融、电商、医疗、交通运输等众多行业起到巨大的支撑作用。

　　凭借专业的企业通信服务能力，百悟科技迅速盘踞国内市场，并向国际市场探出"触角"，发掘海外机遇，在物联网、云计算、AI、互联网＋等前沿技术应用领域积累了大量的成功案例。

　　在深入赋能企业数字化转型的进程中，百悟科技找到了新的供需点：元宇宙的发展必将带来全新的产业供需格局，并且以变应变，开始探索基于 5G、AI、XR、虚拟人、区块链等前沿技术的场景应用，致力于打造元宇宙时代革命性的新一代企业级数字交互能力解决方案。

　　在虚拟的数字世界中，企业如何获取数字身份？数据资产如何连接顾客和商品？企业通信如何消除"信息篱笆墙"？百悟科技怀揣一把能够辨别身份的"信任钥匙",尝试打开通往元宇宙世界的大门。

聚焦企业级数字化交互,通过由工信部统一管理审批的 95 码号建立企业专属的身份通道,为企业提供数字身份,构建虚拟世界与现实世界统一的品牌标识,是百悟科技开辟的掌控数字财富的新路径。根据工信部最新政策,95 码号将成为拥有语音能力、短信能力和 5G 消息能力的多功能号码,未来还将具备视频通话功能。

百悟科技董事长张瑞海认为,随着 5G 消息视频通话能力、AI 智能客服和虚拟人技术得到广泛应用,95 码号也将成为用户和企业之间通信元宇宙的快捷入口,通过这个统一入口,用户和企业可以通过短信、5G 消息、语音、视频甚至 VR 在通信元宇宙的世界里建立映射连接。

从目前 95 码号具有的功能来看,其可为企业实现全国或本地统一号码接入,并支持自动语音应答(IVR)、智能话务分配、语音信箱及公共座席服务、快速搭建 24 小时客服中心等功能,可以有效提升企业的品牌形象和用户体验。百悟科技利用运营商通信网能力为企业量身打造企业营销宣传短视频产品,用户通过相应软件拨打 95 服务热线时,网络向主叫用户推送企业预先设定的图片或者短视频,为企业客户打造集客户服务与精准宣传为一体的视频媒体传播门户,一种企业对外自主传播"可视化名片"的应用场景便应时而生。

数字行业专家普遍认为,5G 消息作为短信业务的升级,是运营商的一种基础电信服务，基于 IP 技术实现业务体验的飞跃，支持的媒体格式更多，表现形式也更加丰富，未来极有可能成为企业私域流量的全新入口。而 VoNR（Voice over NR）超清视话应用以及 IVVR（Interactive Voice and Video Response）新型无线语音及视频应答增值服务，将与 5G 消息共同构成一种多模态、多媒体的应用新生态。

具体来讲，这种新生态将至少开辟三种数字财富场景。

首先，95 码号作为企业营销及服务一体化的统一入口，连接线上与线下、虚拟与现实。通过企业级数字化交互技术，能够向用户提供虚拟与现实组合的场景和沉浸式人格化的虚拟人交互体验，使企业与客户交互形象及内容人格化、打破时空界限，并且结合 5G 的 VoNR 技术和 IVVR 技术，可让虚拟人客服与真人客服相互融合，实现数实融合、虚实共生的场景体验。企业虚拟人形象生动，能够提供千人千面的服务，作为用户在元宇宙世界中的虚拟载体，必将成为企业在数字经济时代品牌加持的第一落点。

其次，百悟科技 95 系列产品结合 5G 消息信息服务 MaaS、5G 视频新通话智慧语音 VaaS，帮助企业重新定义元宇宙连接"人、货、场"。这种应用模式包括：虚拟人客服等形象定制服务、视频新通话营销与数字客服融合服务、知识库语料、数字资产数字版权服务等。这些服务基于典型场景进行体验优化和功能增强，还可以针对视频会议、远程定损、远程维修、金融"双录"（录音、录像）等场景提供"即插即用"的场景化应用。

最后，依托 95 通信 + 虚拟人 +5G 消息 +5G 视频新通话生态，为企业提供数字身份、交互场景及沉浸式体验，赋能企业数据交互能力，实现企业营销服务一体化，激发各行各业数字化水平提升。

权威数据表明，在新冠疫情背景下，中国数字经济增速最快，在国民经济中的地位更加突出。中国互联网行业强劲增长的态势更加体现在数字业务上，如云直播、云上学、云讲堂、直播场景广告以及百悟科技开创的系列应用等，连接了数量是几何级增长的用户，这从微观上交叉印证了宏观数据所预示的未来数字经济态势。

@ Web 3.0 时代：数字化生存的机会

Web 3.0 的概念是在以区块链为核心的技术驱动下形成的。Web 1.0 时代简单来说就是平台专业生产内容给用户消费的时代（PGC），比如新浪、搜狐等；Web 2.0 时代是用户自己生成内容给其他用户消费的时代（UGC），比如微博、抖音、快手、知乎、小红书、B 站等；在 Web 1.0 和 Web 2.0 时代，用户的身份、内容和其他数据都存储在应用平台上，应用之间是相互独立的，如果平台关闭，数据则会丢失，就像数据世界里有很多孤岛，它们满足我们不同的需求，但每个岛都有自己的生存和组织法则，我们在每个岛上按照各自的法则独立生存、成长和交往。

区块链技术的发展，革命性地改变了构建未来数字世界的思想，也将使得未来的数字世界在很大程度上和过去的数字世界形成

差异。

既然 Web 3.0 代表着未来技术发展的一种方向，那么它将如何改变人们对信息内容需求的范式呢？

区块链将数据信息按照一定规则保存在一个又一个链条当中，这些链条分别保存在众多提供存储和算力支持的节点服务器中，而这些服务器分属于不同的主体拥有者。只要其中有一台服务器工作，整条区块链就是安全的。如果要修改区块链中的信息，必须征得多数节点的同意，因此篡改区块链中的信息非常困难。区块链技术去中心化、难以篡改的特点使得区块链所记录的信息更加真实、可靠、可信，这些特点几乎对所有的数字应用和服务都会产生巨大的影响。

Web 3.0 时代是用户可以拥有自己"网络"的时代（User Generated Network，UGN），用户拥有跨平台的身份，目标相同、有共识的用户可以自组织完成特定的任务，实现共同的价值，获得共同的利益。这一切都将发生在区块链网络上，以去中心化、安全透明的方式存在，不再依赖于某一个平台，用户可以以同一身份在数字世界里游走，过去虚拟网络上缺乏信任，交往、交易成本高，虚假信息泛滥的问题将会得到很大改善。组织方式将更加灵活高效，在法律框架下，行业和兴趣不同的人可以低成本地建立自己可管可控的"网络平台"，提供基于 Web 3.0 的特定的信息和服务，并获得收益。

当我们进入基于 Web 3.0 框架，拥有高仿真沉浸式体验的元宇宙时代时，我们的数字化生存方式会发生颠覆性的改变，数字经济也将得到跨越式的发展。

Web 1.0 和 Web 2.0 时代里微信这样高效的熟人社交工具，阿里巴巴、京东、美团这样的可信任的电子商务交易体系，使我们的社交方式发生了翻天覆地的变化。基于区块链的身份和信任体系，使我们更容易、更快地寻找到并信任不熟悉的人，基于 5G+AI 技术的沟通方式也会进化到更接近"面对面"的随时可以进行的音视频沟通方式。过去 20 年阿里巴巴实现了"让天下没有难做的生意"，未来 20 年新的社交方式将会实现"让天下没有难认识的人"。

在元宇宙的数字世界里，满足用户在学习、工作、娱乐、消费、社交过程中对愉悦体验的追求，以及彰显数字化身份的需求有了极大的创新创造空间。虚拟资产和虚实结合的混合资产，其生产和消费将创造一片巨大的蓝海。随着数字消费需求的增长及数字资产市场规模的扩大，以 NFT 为代表的加密数字资产，将使大量从事数字原创的艺术家、设计师、音乐家、动画师、建筑师有更大的创作空间，以及更加高效的商业化途径。同时，景区、博物馆、美术馆，以及购物中心、商场商店等线下实体在元宇宙里将拥有各自的孪生数字空间，虚实结合的线上线下服务一体化，在复用人力物力资源的同时会扩大客户流量和交易规模，将会成为新的增长点。

科技及互联网产业资深专家、Web 3.0 社交平台"交往"的创始人唐波认为，Web 3.0 是技术驱动的构建数字世界观念和思想的升级。信任程度和信息真实程度的持续提高会使得沟通效率倍增，

去中心化的构建方式将更好地保护用户的数字资产，数字经济必将因此而蓬勃发展。同时，唐波也认为，Web 3.0 同样会面临很多新的挑战，如政策和技术、数字基础设施和应用生态、组织管理的中心化和去中心化等均会在博弈中探寻平衡，可以确定的是不会走向一种极端，不会只有一种实施模式，国内的 Web 3.0 会和美国的 Web 3.0 存在区别，但不论哪种模式，Web 3.0 都将极大地拓展数字经济的发展空间。

@ 元宇宙：应用场景与经济增值

观察当下中国经济社会演进形态，"元宇宙"是一个值得关注的特殊现象，因为从没有哪个国家或经济体在如此短暂的时间周期里实现相关知识的普及和产业应用走热。

从 2021 年 6 月 28 日国内有关元宇宙的搜索量从前一日的 0 暴增至 765 次开始，中国社会仅用一年多时间似乎已经完成了元宇宙概念的普及。2021 年末，那些凡是宣布进入元宇宙领域的上市公司股价均应声上涨，约 100 多家与元宇宙虚拟设备、数字平台、应用场景关联的企业，成为资本关注的新宠。也仅仅在一年多的时间里，相比最初在社会想象阶段"元宇宙"被"盲目叫好"或"一味唱衰"、质疑、担忧，社会和产业界认知逐渐趋于理性。

元宇宙究竟是什么？众说纷纭的各种花式解读让人一头雾水。清华大学沈阳教授主持的《元宇宙发展研究报告 2.0 版》给出的定义是："元宇宙是整合多种新技术产生的下一代互联网应用和社会形态，它基于扩展现实技术和数字孪生实现时空拓展性，基于 AI 和物联网实现虚拟人、自然人和机器人的人机融生性，基于区块链、Web 3.0、数字藏品 /NFT 等实现经济增值性。在社交系统、生产系统、经济系统上虚实共生，每个用户可进行世界编辑、内容生产和数字资产自所有。"

在沈阳教授看来，元宇宙具有"三维化"和"三性"，即"时空拓展性、人机融生性、经济增值性"的特质。

"只要能实现三维化，都可以归类为元宇宙。"在手机、PC 上呈现二维空间，只要接入 VR、AR、脑机接口、全息投影、数字永生等技术，即可实现人的三维化沉浸，这就达成了元宇宙的三维化体验。

"时空拓展性"是对元宇宙"三维化"概念的属性提炼，基于扩展现实技术和数字孪生技术得以实现，有空间拓展和时间延伸的特性，人坐在汽车、轮船、飞机等移动空间中，相对于躺在床上即属于动态空间拓展。而"人机融生性"是在元宇宙时代基于 AI 和物联网实现将虚拟分身、自然真身、机械假身融合形成"三身合一"的融生社会形态。在 AI 技术的支持下，人类不断适配虚拟人、自然人和机器人之间的关系，高品质虚拟人的多个分身协助人类在虚拟世界中进行能力拓展，实体化的机器人满足人类在现实世界的社会生活需求，而自然人则实现在现实世界、虚拟世界中解放自我。

元宇宙的"经济增值性"可以体现为在元宇宙中既能够延伸出

"虚拟原生"的经济体系，比如虚拟人、虚拟服装、虚拟宠物、虚拟房地产、虚拟装修、虚拟家具、虚拟办公用品等；同样也可以延伸出"虚实共生"的商业生态，将现实世界真实的内容映射到元宇宙中，将元宇宙经济和现实产业相融合，在融合的进程中转移、互补、演替和涌现。在未来元宇宙时代，不仅有虚拟系统内虚拟人的经济行为所产生的虚拟原生价值的增值，而且有类似于汽车元宇宙中的无人驾驶汽车与现实世界实体产业融合而产生的真实经济收益。因此，在社交系统、生产系统、经济系统上实现虚实共生，将成为未来元宇宙经济的发展脉络。

对于许多人关注的"如何构建一个相对标准的元宇宙？"问题，《元宇宙发展研究报告 2.0 版》给出了数字孪生、虚拟原生、虚实共生和虚实联动四个构建步骤，并分别以"百度地图泰山 AR 导航""天猫虚拟偶像 Aimee""电影《西蒙妮》中虚拟女明星"和"'Ingress'游戏页面"四种应用场景对应验证。

在沈阳教授看来，元宇宙的建设不是为了完全沉浸在虚拟世界当中，而是希望虚拟世界的建设反哺于现实世界。在虚拟世界中可以低成本模拟现实世界的部分运行逻辑，模拟优化后的运行逻辑再应用到真实世界中则能够提升现实世界的生产力、优化生产关系，所以在未来元宇宙时代中，"虚实"是和谐、共生、互补的生态关系。他举例说："未来人类探索宇宙中的星辰大海时会将宇航员送到火星上重建三维时空，把数据传回到地球，在地球上可以使用元宇宙设备（例如 VR 装置）接收信息，从而半实时沉浸式地感受火星环境。"这即是"虚实"共生、互补生态关系的一种未来形态。

"元宇宙时代已来!"的确,在全新的产业数智化革命中,产业元宇宙将成为实体经济的重要组成部分,那些先导性企业正在工业、农业、医疗行业、旅游行业、汽车行业、房地产行业等领域如火如荼地探索布局。尽管如此,元宇宙风潮乍起,高成本、低收益、长周期、技术短板、产业链稚嫩等还是迄今无法忽视的非确定性因素。

"从现实社会文明沉淀的数字化智慧,到 AI 辅助现实社会的生产过渡,再到'虚实'两个社会的共融发展",元宇宙探索未有穷期!

格局提升

成功者的修为与淬炼

- 企业家修为与淬炼的最高境界就是获得经营哲学和文化。

- 经营哲学往往体现经营企业的战略能力。

- 战略能力的崛起与战略能力的衰退,几乎决定企业兴衰的轨迹。

- 经营哲学和文化是一流企业家都在寻找的经营的最高境界,当既往的经济理论、经营理念、经营模式无法解答数字经济时代的新课题时,这种寻找更是超越自我的必由之路。

- 企业家的人设、软实力的自塑和控制力的提升,都依靠格局的提升。

- 企业一旦建构起自己的哲学与文化体系,便具有了灵魂、不竭的勇气与攻坚克难的力量;一旦失去战略哲学的支撑和文化价值观的引领,希冀成为百年企业那就是一个梦。

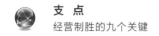

一流企业家到底在经营什么

@ 经营哲学与文化：一流企业的精神殿堂

一流企业家到底在经营什么？对企业家而言，这是一个重大的哲学命题，也是一个有关企业文化的命题。

一流企业家都在寻找属于自己的经营哲学和文化，因为既往的经济理论、经营理念、经营模式无法解答新经济时代的新课题。企业越过基本生存周期之后，都要追求拥有独特的经营哲学；伟大企业基本上都会经过漫长的时间和独特的实践，将经营哲学淬炼升华为企业文化，让文化成为植入企业血液的基因和力量。

哲学是理性看清世界本质的思维体系。而企业的经营哲学可以是企业为经营活动确立的价值观、基本信念、行为准则和方法论，目的在于洞察企业经营活动的规律，从而认识经营的本质，更好地经营。

所有成功的企业家都有属于自己的一套经营哲学，尤其日本、德国、美国还有中国，是盛产经营哲学的国度。"熟读唐诗百首，不会写诗也会吟"，这是指文学，而经营哲学则不同，了解300个案例是必要的素质养成，但对于经营好企业仍然是不够的，因为市场无定势，没有什么固定的套路，贵在智慧地遇变、识变、应变。

经营哲学往往体现经营企业的战略能力。战略能力的崛起与战略能力的衰退，几乎决定企业兴衰的轨迹。战略能力是一种远见，是透过现象看本质的能力，也是立足今天谋划未来的能力。战略能力不是每个企业经营者生来就能拥有的，它需要企业家拥有相当的学识和丰富的实战经验才能获得并发挥作用。

优秀的企业家同时也是战略家。企业家深刻洞察经济运行机理，洞见影响企业成长的细微因素，引导企业对复杂问题做出有效应对，成就企业的同时，也成就自己。作为战略家的企业家，其思维范式会与众不同。任正非的经营哲学就是一个独特的存在，"我在哲学上信奉灰度""改革的结果就是把自己杀掉""对于既没犯过错误又没有改进的干部，可以就地免职""烧不死的鸟是凤凰，从泥坑里爬出来的人就是圣人"等个性鲜明的话语，透射出哲学的智慧。

有学者认为，"真正的企业家不会因为蝇头小利而放弃战略利益"，这被视为经营哲学的顶格模式。

经营哲学立足于创造、维护和使用企业的核心利益。一流企业家将个人思想转换为企业成长与应变的哲学观，而使企业通过文化力量保持可持续发展。张瑞敏提出"海尔只有创业没有守业"，同仁堂提出"修合无人见，存心有天知"，以及日本松下倡导"讲求经济效益，重视生存的意志，事事谋求生存和发展"等，都是宣示企业经营哲学。

"经营者以'共生'和'利他'观念经营企业""经营好企业要立足于人心的本源""敬天爱人"，这是"经营之圣"稻盛和夫一再倡导"经营者要有出众的哲学"所产生的具体哲学理念。其著作

《经营为什么需要哲学》阐述了三个理由，即经营企业要有规范规则，用来表明企业的目的目标，可以赋予企业一种优秀的品格，迄今为止深刻影响了无数企业家。

一流企业家的灵魂深处藏着什么秘密？答案很清晰，那就是稻盛和夫、任正非这类人所达到的管理企业的心灵境界。

@ 聚焦真正的核心资产：经略高端人才

做企业无法避开一个命题：企业经营者到底经营什么？不同类型企业的经营者对此有不同的回答，如经营产品、经营渠道、经营人脉、经营产业链等。这些回答实际上都对，这些都是企业经营者的日常管理课题。对一流企业家而言，仅仅做好日常管理，仍然无法经营好一家企业，因为日常管理仅是管理的一个环节而已。

新时代，在最有价值的企业里，高明的企业家都在经营第一生产力。什么才是企业的第一生产力？在传统概念中，科技是第一生产力。这个论断曾经充分解放了社会生产力，对于中国数十年的经济发展，尤其是实现科学技术的飞跃厥功至伟。那么，科技背后的力量是什么？是高端人才。要解决"卡脖子"难题甚至赶超、替代，要突破那些前沿科技难题，得靠科技精英。在数字经济时代，高端人才是第一生产力。史上无数重大科技成果的突破都印证了一个道理：关键项目、关键环节、关键时刻，得靠关键人才！

我分析了一些在数字经济主赛道成就自我的大企业的经营理

念，也做过许多"独角兽""隐形冠军"的访谈，发现新经济行业的优秀企业家认为的经营环节重要性递增的五个维度依次是：收入—产品—战略—科研—人才。

这与传统行业的企业家的认知有很大不同。传统行业的企业家为什么在新经济时代总是感到力不从心，很重要的原因就在这里。一位传统制造行业颇有成就的资深企业家认为的经营环节重要性递增的维度依次是：产品—生产资料—市场销售—现金流—品牌。

表面上看，这两种经营环节重要性递增的逻辑线并无太大区别，但从经营哲学的视角看，虽然同样是五个维度，但顺序组合不同，导致的经营模式和链路逻辑差异很大。"以收入为起点，归于人才终点"的思维大多来自数字经济行业；"以产品为起点，归于品牌终点"的思维大多来自传统行业。分析典型案例可知，"以收入为起点，归于人才终点"的经营理念更利于企业提升延展性、灵活性和竞争性，更适宜于当下数字经济生态。

真正智慧的企业家都在经营"局"和"势"。这个"局"指的是企业制胜的所有关键要素的集合，围绕聚集这些要素展开的管理工作就叫作"布局"，"布局"就是战略谋划。"布局"经过与时俱进的不断完善并得到卓有成效的执行后，就可能形成"势"。这个"势"指的是企业聚集起来的所有价值要素发挥作用，形成一种日益趋近于达成企业管理目标的态势和能量。一旦这种"势"顺应了数字经济的趋势，顺应了行业成长的逻辑，顺应了利润法则，企业自然就会形成一种无法阻挡的可持续成长局势。

归纳一下，企业经营者在团队里最不可替代的价值就是布局企业全链条和掌控链条关键节点。企业经营实践证明，尽管关键节点有不少，但是最要害的关键节点是关键人！因此，结论是：企业经营者经营好企业的最大考验是能否布局好全链条以及能否管理好关键人才！

@ 仰望科技天空：经略可持续的未来

当今时代，前沿科技在主导产业的未来。新一轮科技革命正在重塑产业变革和经济增长的格局。美国科技主导型发展模式，塑造了跨国公司主导全球产业链的范式，主要是由于这些公司掌控尖端核心技术。

中美科技竞争的本质是大国战略博弈，重点是核心技术。海通证券发布的《策略专题－中美科技行业对比》数据显示，即使是高速成长的中国信息技术行业，其近几年的产能增加值也仅仅是美国的 30% 左右，先进制程芯片、工业基础软件、生物医药、材料、关键装备、核心零部件等领域的短板正卡着中国经济的喉管，这表明高质量发展战略遇到明显压制。

一流企业一定要有属于自己的科学研究，这是一流企业家的使命、责任与情怀，也是企业经略可持续未来的支点。

颠覆性技术突破是变革产业格局的基石。这种突破在于解决一些深层次问题。

以科研投入为例，中国正在发生结构性变化。2022 年 8 月 31
日，国家统计局、科技部、财政部发布的《2021 年全国科技经费
投入统计公报》（以下简称《公报》）显示，2021 年我国的研发总投
入约 2.80 万亿元，研发投入强度达到 2.44%，已高于欧盟 2.27%
的水平。根据世界知识产权组织最新发布的《2022 全球创新指数
报告》，中国已从 2012 年的第 34 位提高到 2022 年的第 11 位，位
居 36 个中高收入经济体之首，已迈入创新型国家行列。

值得注意的是，《公报》数据显示，中国的研发投入主要以研
究具体产品的试验发展为主，占比超过 80%，其次是应用研究，基
础研究经费占比仅为 6.5%。同时，尽管从整体研发投入上看，中
国企业研究经费占全国研发总投入的比例高达 76.9%，但主要投
入在应用研究和试验发展上，在核心技术基础研究投入上与欧美、
日、韩等国家先进企业相比仍存在差距。有关方面资料显示，欧美
等创新强国的企业研发经费中，基础研究占比普遍在 5% 以上，而
中国企业目前仅有 0.5% 左右。

这说明，企业作为创新性研究突破主体的作用并未充分激发
出来。中国企业在基础研究和投入上的不足，成为中国创新体系的
弱点。

回溯历史，源于科技突破的成果都成为决定企业兴盛的核心
因素，那些全球科技巨头的垄断地位，无一不是靠核心技术而确立
的。缺乏科研能力的公司，难成为一流的公司，这是数字经济的时
代性所决定的。

尽管中国企业在核心技术的整体研发上投入偏低，但也不乏像华为、阿里巴巴、腾讯这类科研投入呈现持续攀升的企业。

据《财经》杂志旗下自媒体"财经十一人"的研究报告，从衡量企业研发强度的关键指标研发费用率（研发支出／企业总营收）的排序来看，2021年排名前十位的中国ICT（信息与通信技术）企业分别是：华为（22.4%）、快手（18.4%）、百度（17.8%）、中兴（16.4%）、网易（16.1%）、拼多多（9.6%）、腾讯（9.3%）、美团（9.3%）、台积电（7.9%）、阿里巴巴（6.9%）。

对标行业先进企业的数据，"财经十一人"了解到，芯片半导体企业（如英特尔、高通）研发费用率通常超过20%，电信设备企业（如华为、中兴、爱立信、诺基亚）研发费用率通常超过15%，基础软件相关企业（如Oracle、SAP、Salesforce）研发费用率也普遍高于15%。成熟期的零售电商企业（如阿里巴巴、京东、美团）研发费用率通常低于10%，消费电子企业（如小米、联想）研发费用率则通常低于5%，电信运营商的研发费用率通常低于2%。

"财经十一人"的报告已给出提示：综合来看，华为等14家科技企业2021年的总研发投入已经处于中国企业的龙头地位，但和国际同类企业相比，不仅存在较大差距，而且差距还在扩大。这对中国应对下一个周期的全球科技竞争来讲，不能不说是一个值得关注的问题。

企业家的人设与自我塑造

@"倾听产品的哭泣声"

生存与发展，是所有企业都要面对的本质问题。30 多年前，管理学大师伊查克·爱迪思首次提出"企业生命周期"概念，有效扩展了观察企业命运的思维空间。他对企业组织生命波动规律的研究使企业界受益匪浅。然而，随着时代变迁，企业环境变革了，企业生长规律也变革了。

企业类似自然界的生物体，自然就有生命周期。每个单体在生命周期的不同阶段里，都会遇到完全不同的命题。假如把企业生命周期分为五个阶段，即起步期、青涩期、成熟期、转型期、衰落期，那么，最关键的三个问题是如何由青涩转型到成熟，如何延长成熟期和如何避免衰落期。

企业的关键阶段对企业生死攸关。史上无数案例表明，企业拥有最终决策权的关键人对企业的生命周期发挥着关键作用。而关键人的行为风格差异会导致企业出现迥然不同的结果。

每个周期所需能量各不相同。不同阶段转换期决策的不同，会引导企业进入不同的下一周期，要么趋向更好，要么趋向更差。好的决策延续最佳状态的周期，更好的决策提前预测第一增长曲线的走势，提前为孕育第二增长曲线乃至第三、第四增长曲线做铺垫，从而延展企业生命周期。

决定企业成败的因素有多个维度，从宏观上讲，外部大环境的突变对企业影响巨大，绝大多数企业很难超越经济周期律，除非有颠覆性逆势生长的因素；从微观层面看，企业设有许多高管职位，如 CFO（首席财务官）、COO（首席运营官）、CTO（首席技术官）、CIO（首席信息官）……但 CEO（首席执行官）才是关键支点。

企业行为是由一系列决策驱动的。决策是一种系统力量，而起支配作用的力量主要来自 CEO。

CEO 的行为风格决定企业生命周期。这种风格应具有与时俱进的品质。

真正好的行为，体现的是企业的价值观，体现的是企业家的人格，体现的是企业家的灵魂。被誉为日本"经营之圣"的稻盛和夫"抱着产品睡""倾听产品的哭泣声"，不知有多少企业家能领悟到此中的用心呢？

很多专家对企业家和企业的发展规律做过探究，有学者总结归纳的三句话值得咀嚼。第一句话说的是企业家成长的规律："短期拼机会，中期拼能力，长期拼人品。"第二句话说的是企业发展的规律："短期拼营销，中期拼模式，长期拼产品。"第三句话说的是企业爆发式增长的规律："短期靠管理，长期靠趋势。"这些智慧的分析从三个不同视角出发抓住了商业的三个关键点，但若将三者有机组合起来则可以更完整：企业赢的本质 = 过硬的人品 + 过硬的产品 + 过硬的洞察力。

在过去的 40 年里，中国高端日用消费品市场难以从根本上抓住消费者的心，核心问题依然是多数中国企业没能把"有趣的灵魂"注入自己的产品。产品的设计、制造、销售、服务价值链上总是缺些"火候"。

记得我曾在世界时尚之都米兰与意大利的一位品牌专家交流过这一话题。他说：中国的很多企业读不懂中国人的消费心理，无法让自己生产的商品显得精致、用心、舒服，更做不到满足人们的好奇心、阶层地位、自尊、审美意趣等情感需求。他的话很不客气，但发人深省。这恰恰是中国人热衷于花大价钱消费欧美时尚商品的核心密码。

企业管理的本质是不断面对挑战、解决问题，引导、推动企业不断"打胜仗"。赚钱的逻辑选择具有多样性，但其本质都是做好产品，做不好产品就做不好企业；做不出、做不好有竞争力的产品就赚不到大钱。而怎样才算做了好产品呢？这算是对企业家的"灵魂之问"吧！

2022 年的秋天，稻盛和夫走了，但他以"抱着产品睡"与"倾听产品的哭泣声"塑造的典型形象却依然存活在人们心中。

@ 企业家人设塑造的逻辑

在网络世界里，对企业价值观进行符号设定和推广，通常由企业家作为持有这种价值观的典范进行人设塑造，以提升企业辨识度、美誉度和品牌渗透率，获得用户和社会的尊重与支持。

"人设"这种转引自电影语言体系"角色定位"的表达已成为大众用语，是新生代消费人群通过网络带给当今社会的烙印。

事实上，欧美国家普遍热衷于塑造人设，并且有悠久的历史和典型的作品，用"普世价值"作为维系西方社会价值的纽带就是一个代表。塑造人设是政治运作的一种范式，同样也是商业运作的一种范式。如同政治讲求现实利益一样，企业设立和维护合理的人设可以带来源源不断的利益。换句话说，一流的企业家人设能直接带来市场份额、服务质量、品牌忠诚度、低员工流动率和利润。这完全是一个正能量的文化行为，这个并不容易的过程包含着可以把握的逻辑：认识—认清—认同—认知，是企业家和企业完成自我塑造的过程。

在当下的社会经济环境里，问题不是企业家选择要不要塑造企业人设的问题，而是如何看清塑造人设的逻辑，如何使用这一社会化手段塑造影响力。

企业家人设塑造关乎企业价值观。欲成为优秀的企业家，要经常自问：作为企业管理者，企业目前的方位和未来的目标是什么？企业的商业价值和社会价值是什么？企业满足用户需求的最好产品和服务是什么？企业经营理念是单纯追求利润最大化还是有着鲜明的社会责任意识？等等。

培养了39家独角兽企业"掌门人"的长江商学院对企业家有一个明确的要求，企业家"要知道如何创造财富，也要知道为何创造财富"。其创办院长、中国商业与全球化教授项兵在一次演讲中态度鲜明地提出，企业家要以更为宽阔的视野重视财富的整个循环，并从为何经商、如何经商、如何使用财富三方面，提倡企业家创造财富要取之有道，在财富使用与处置上要更富有社会责任感与人文关怀。这本质上是为优秀企业家的人设设定了财富与责任关系的维度体系。

从企业家人设塑造思维来看，抽象的提法需要转换为具象化的符号。"为了未来的理想，为了明天，要把打胜仗作为一种信仰"，当华为产业军团成立誓师时，任正非的"打胜仗"宣示了整个华为的使命、任务和"硬骨头"气节。"格力，掌握核心科技""让世界爱上中国造"作为董明珠一手打造的家用电器帝国的具象化符号，代表了格力的一种信仰、思维模式和科技气质，加上董明珠亲自登上广告位、亲自开设"格力董明珠店"电商平台等，完整地界定、演绎了一个科技实业家的形象。这一鲜明人设有效宣示了格力的品牌价值。

塑造企业家人设的价值取向是面向用户和公众传递价值。当众声喧哗时，需要权威信息披露。企业家除了一般的自然人，还具有更强的社会化属性，关键时刻的发声有助于以正视听、改变被动局势。

成功的人设塑造是企业价值的组成部分，良好的印象和口碑是生产力，而坍塌的人设损毁企业价值。当年张瑞敏抡起铁锤怒砸不合格冰箱的举动确立了海尔重视质量品质的"人设"，任正非面对高端芯片制裁立誓以科技突破硬杠的做法确立了华为有底气的"硬

骨头"调性，这些成功塑造优秀人设的行为都快速赢得了消费者的关注和尊重，令企业获益良多。

优秀的人设里蕴含着企业家的人格和精神，既可以让社会感觉到企业家的魅力和企业的影响力，也可以让企业内部有方向感、有共同的目标感，形成共同的行为准则和一往无前的内驱力。企业家能否成为员工的行为楷模，是一个容易被忽略的问题。有些企业家具有与生俱来的领袖气质，但绝大多数企业家的领袖气质是经年累月学习、训练、磨砺的结果。一位企业家说："我在车间弯腰捡起一个烟头，工人就会捡起无数个烟头或再也不好意思丢下烟头。我如果视而不见，工人会在乎吗？"

人设代表着价值观、诚信和软实力，真正优秀的人设杜绝虚伪和虚假的刻意包装。需要扭转明星式的炒作包装带给人设的片面和负面认知。世上并无所谓完美人设，只是要根据公司定位塑造最合理、最真实且被用户接受的形象即可。要紧的是不脱离真实，名实相符，防止名不配位；做好企业是本分，企业的沉沦是人设最残酷的坍塌事件；扭曲的人设贻害无穷、贻笑大方、令人不齿。

@ 提升格局：逆袭的最好途径

今天的企业面对的内外部环境，与 20 年前已经迥然不同。

数字经济的底层架构、市场交易逻辑发生了本质的改变。很多已经在经营上颇有成就的企业家都在感叹，当今企业难做，当今生意难做。为什么？我认为一个很重要的原因，就是企业家对当今市场交易逻辑发生的改变缺乏敏感性、洞察力和应对之策。

我注意到一个具有普遍性的现象，一些新的颠覆性技术或方法出现后，不少管理者无法理解、无法及时应对，只是观望甚至抵触。从根本上分析，这与管理者的知识结构老化、缺乏及时有效的更新有直接的关联。

在经营形态趋于数字化、社交化、智能化的数字经济新时代，没有有效的新知识、新思维、新能力支撑，就无法锻造适应新时代的经营模式。不少企业的倒闭，与企业家的这种状况不无关系。时代变了，但不少企业家仍津津乐道于自己熟悉的惯例、习惯于经年累月形成的认知，犯经验主义错误，这是一种很可怕的状况。

尤其在新冠疫情和逆全球化的背景下，一些企业家感到焦灼、茫然，甚至产生挫败感和无力感，更有一些企业家陷入悲观情绪难以自拔。

经营哲学告诉我们，商业没有恒久的鼎盛期，当企业遇到发展困境时，有效的策略是提升格局与逆袭，通过开启第二增长曲线、寻找企业的二次增长引擎，进入新的商业境界。

我们通常所讲的格局，是指对事物的认知范围、思维框架和布局。"格局"一词源于围棋，本质上是启发人们通过时间、空间、角度多个维度去探究新的布局和组局模式，用更加宽广的视野、更长远的眼光、更开阔的胸襟、更宏大的胆识、更高远的境界去应对更高层次的博弈。

　　企业管理者的追求永无止境，每攀登上一个阶梯，都会看到不一样的风景。是什么挡住了企业家前行的步履？是认知的局限和思维的定势。一度凭借 Windows 系统成为 PC 时代霸主的微软，曾错过了移动互联网发轫初期的兴盛，但 2014 年新任 CEO 萨提亚·纳德拉发动微软战略性转型，通过云计算、移动应用、智能硬件、人工智能、量子计算等前沿技术的突破，开启了以云计算为创收主体的增长周期，微软重回巅峰。假如没有对过分聚焦 Windows 升级思维的舍弃，也就不可能实现整体云服务收入接近总营收的 50%、市值从 2000 亿美元升至 2 万亿美元的成绩。

　　不是任何企业主、经理人都可以被称为企业家，也不是任何有成就的企业家都可以被称为经营大师或者伟大企业家。优秀经理人和成功的经营管理者有大体相似的特质，有规律可循；然而，伟大企业家大都具有不同于一般人的特质，模仿是徒劳无益的。

　　伟大企业家的不同体现在人生格局的宏大上。伟大企业家的层次从来不完全取决于金钱地位，其核心是胸襟、远大志向和实力。任正非打造的华为经历了无数围追堵截，历尽磨难而屹立不倒，凭借的正是他"心系中华，有所作为""在中国的土地上与世界一流企业比高低"的气势不凡的大格局，以及独步全球的 5G 通信技术标准、鸿蒙操作系统等接二连三的关键技术突破。可以说，华为是科技时代凭实力逆袭的楷模。

　　格局决定了企业家看世界的角度、看问题的深度和制定战略的高度，企业基业长青的秘诀大多仰仗于企业家的格局，而企业家格局的改变和提升意味着一次又一次深刻的自我革命。

企业家软实力体系塑造

@ 致命盲区：被忽视的软实力

拥有核心技术、巨量资产和可观的赢利能力等都被视为企业的硬核实力。在数字经济时代，企业力量结构发生了无数次延展。

观察信息文明演进特征，一个重要启示是属于领导力、管理理念、话语权、规避陷阱、数据思维等范畴的非物质化的软性要素在经济增长中占据的份额日趋扩大，正在成为塑造企业未来的更持久的力量。这种软实力思维是由数字经济形态所决定的，也是护佑硬实力发挥作用的空气、土壤和阳光。

英国企业管理专家丹娜·左哈尔在《量子领导者》一书中写道：企业领导人面临工业革命时代以来最大的一场技术颠覆性变革。新的文化需要重新定义一个新的领导模式，以便创造性地去适应更快速和复杂的变化、环境的不确定性与风险、全球范围内的关联性和去中心化。

这本由杨壮教授翻译并作序的著作提供了新的领导力思维体系，认为牛顿的机械论世界观正在转向强调整体论、非决定论、涌现性、自组织、兼容并包等思维方式的量子世界观。这不仅会对管理学领域产生颠覆性影响，也促使企业家检视甚至反思中国企业的

管理范式。

假如以公司治理制度设计为例，以"量子领导力思维"来分析，会发现很多传统管理学理念和方法的失效。

"掌门人"的职责就是决策与组织实施决策。经营决策的本质是围绕经营的目标诉求解决经营中的冲突，因而决策的内涵就是寻找解决冲突的支点与方法。在技术变革催生的商业变革过程中，管理面对的最大挑战并非来自以设备、资产、资本等决定硬实力的物化要素，而是来自整合、使用硬实力的理念、目标、人员等决定软实力的非物化要素。而这种与硬实力相对应的软实力往往是被企业家忽视的致命盲区。

在管理学大师德鲁克的视野里，管理是被当作一门真正的综合艺术来看待的，之所以被视为"综合艺术"，体现的是认知经营管理一系列冲突的思想力。

作为开创中国跨文化领导力研究的专家，杨壮教授提出的"领导力就是影响力""领导权不等于领导力"以及 VUCA 情境下的"三元领导力"（即思想力、专业力、品格力）模型思想等深受国内外企业家认同的新观念，体现的是认知企业内驱力根源的方法论。

无论是德鲁克还是杨壮，他们的研究本质上都指向企业以及企业家的软实力锻造。软实力不足，硬实力极可能缺乏生长的土壤。

数字经济形态下外部经济环境的裂变，促使企业自身对以往的经营模式进行有效的改造。支撑这种经营模式改造的维度主要有两个，一是对当下信息技术群对社会的改变有一个有效的认知，没有新知识、新思维，就不可能理解新经济；二是注意到数字经济活动有其自身规律，"旧船票"无法登上数字经济的"客船"。新概念的出现，会催生新机会，但不能因为新机会出现，就把经营模式完全建构在一种新概念之上。例如制造业仍然是经营活动的基础，合理的经营模式重构逻辑是把两者之间的关联建立起来。而这就是制造业为什么要进行数字化转型的原动力和源代码。

企业家需要洞察经济态势的周期律。新冠疫情过后，中国可能会进入一个新的红利周期。旧的红利周期集中指向廉价劳动力、房地产、供应链失衡带来的机会等。这些机会有些人没抓住，有些人抓住了，即使抓住了，有的也正在渐渐消失。但是经济发展往往受周期性波动影响，总是会出现新的周期、新的红利、新的均衡。关键是能够洞察这种周期性波动的规律，对新技术、新消费、新产业保持敏感。

企业一时的繁荣不等于可持续，没有永恒增长的企业，眼前的辉煌并不能证明持久增长。企业家对企业的周期性波动要有三个认知：第一，尽可能使低谷缩短，使增长周期延长；第二，再好的产品也难以避免和逃脱盛极而衰的自然规律；第三，始终要为第二增长曲线谋划，不要等第一增长曲线掉落下来之后才去谋划。

多元化应该是资本、人才等要素资源可配置、可保障的多元化，绷断产业链的赛道和无力掌控的空间都应该是企业的"禁飞区"。业务布局上的适度多元化有利于扩充和改变企业规模和格局，但盲目的、失度的多元化绝大多数成了走向衰败的元凶。还有一些

科技公司走到一定阶段，会犯一个共同的错误，就是科研疲劳症，伴生的症状可能就是掉队落伍。

诸如此类的思维演绎，实际上就是可以帮助企业获得方向感的软实力。研究诸多优秀企业的案例发现，强化这种软实力是解决企业耐久力、可持续成长问题的重要秘籍。

@ 商业竞争情报博弈

在经济全球化的时代背景下，与商业活动关联的政治、经济、军事、社会信息和行业竞争情报，是商业制胜的命脉。这一点从中国古代的信息博弈智慧和罗斯柴尔德家族构建庞大商业帝国的过程中都可得到堪称经典的验证。特别是罗斯柴尔德家族利用其超前建构的高效率的专用情报网，先人一步获得滑铁卢战役的战况情报，操控交易所对英国政府公债先卖后买的赚钱游戏，成为信息情报制胜商战的千古经典案例。

在距今200多年的时空跨度里，这个案例昭示无数商界精英，通过比别人更早、更快、更准地获取信息情报而掌握主动，可获得巨大成功。这方面的案例不胜枚举。

10年前，一家咨询机构对95个国家的企业管理者进行的调查表明，70%的受访者确认，是信息和分析的使用为其组织创造了竞争优势。在今天，这个比例已然更高。企业家构建专属于自己的竞争情报收集、分析、处理机制十分重要。

在商业价值的疆域里，竞争情报是一种有特定价值的差异化资产，是获取非对称竞争力的有效手段。不少企业设立 CIO 高级岗位就是为了解决信息力课题，通过信息力获得的优势往往支撑企业在关键时刻做出明智的重大决策。

当下，企业的信息环境发生多重嬗变。企业家处于一种新型信息孤岛的状态之下。这种新型信息孤岛的特征是多元化、窄道化、混沌化的组合，由此造成的结果是形成新型信息鸿沟或信息茧房。

商战越来越多地依赖信息情报，因此建构商业竞争情报的收集、分析、处理架构非常重要。如何构建企业商业竞争情报架构？

首先要突破信息茧房。月晕而风，础润而雨。"观天象观地润"做到"知彼知己"。政策性文件的价值和竞争对手的动向往往被不少企业家低估。企业家对这类信息的捕捉、分析、驾驭、使用，是一种基础性素养。这类信息往往在战略决策和商机捕捉上发挥筹码的作用。谁能准确判断信息价值，谁就能抢占先机，多一些胜算，而抢占先机的有效途径就是超前、全面获得信息，防止因对信息的不完全、不及时掌握而造成竞争劣势。因此，企业需要打造感知信息态势的"预警机"。

其次是信息洞察力。掌控信息非对称化现象加剧背景下的"价值信息链"。信息情报是优秀企业培植硬实力的软实力。信息情报是企业的"制空权""制海权"，最终也是话语权。企业家需要淬炼新技能——信息判断力、甄别力以及分析力，因此数据分析师、信

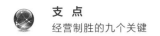

息顾问开始成为新的价值要素。

假如你的桌上有一张某国稀土矿址的遥感卫星影像图，它本身并没有特别的价值，但经过分析就有了对决策的支撑价值。分析师会按图索骥，从这个稀土矿六个月内的人员、车辆动态得出增产或不增产的结论。

最后是信息价值转化。对信息链数据进行分析是企业的一种战略价值支撑体系和非对称性能量。这种能量居于有形与无形或显性与隐性之间，可以有效地为决策者赋能，使决策者快捷地实现转型：从依靠直觉、经验、推理的定性式决策向依托精准、及时、全面、客观的定量式决策转变。

正常情况下，企业的决策从依靠直觉、经验的定性模式向定量与定性相结合的模式转型是一种必然。所谓定量，主要靠数据链提供的价值判断，但问题是很多时候信息链并不完整，管理者无法做出非黑即白的选择。很多时候管理者会面临一团乱麻的困局，在这种情况下，决策思维应该遵循"灰度法则"。最先提出"灰度"概念的任正非认为："一个清晰方向，是在混沌中产生的，是从灰色中脱颖而出的，并不是非黑即白、非此即彼的。"合理地掌握合适的灰度，是一种应对不确定性的智慧与技巧。当一个难题出现的时候，解决它的方法实际上也会相伴出现，问题是你如何找到。有时候，时间本身就是解决难题的一种有效办法，考验在于时机与度的把握。

@ 话语权结构重塑与企业软实力"自塑权"

很多企业家长久以来一直在询问一个问题：如何让企业的故事有人听、听得到？又如何让用户愿意听、能认同？这实际上是企业家话语权意识的一种觉醒，直接的效应是获取企业以及企业家形象、品牌等软实力的"自塑权"，进而避免"它塑"带来的被动。

在传统的话语体系里实际存在着文化壁垒，现实是科技浪潮、互联网的去中心化和社交化属性正在颠覆文化壁垒，人人持有"话筒"已然是当下的话语场景。关键是企业家如何认知和驾驭这个"话筒"。

从对企业界软实力铸造的经验、教训来看，有三点值得企业之间分享。

分享之一：抓住科技浪潮催生的话语体系多元塑造机会，构建讲好企业故事的硬实力。

早在 2010 年，《纽约时报》执行主编比尔·凯勒就表示，"《纽约时报》现在既是一家新闻公司又是一家科技公司"；而数字媒体先锋 Buzzfeed 则一直宣称自己是一家科技公司，将科技置于核心地位。

的确，科技正在重塑话语权，全社会都已深刻感受到这种危机。一方面，在社交化、移动化、视频化等趋势的冲击下，国际话语权的竞争正在转换赛道。另一方面，科技进化也为企业故事和信息传递工作提供了新的手段，开辟了新的可能。这体现在生产方

式、内容形态、用户体验等方方面面，要求企业必须建立新的方法论和工具箱。企业间的竞争环境变化正在加速，没有硬实力作为支撑，企业是无法适应这种剧烈而复杂的变化的。

分享之二：创新企业话语体系，提升品牌塑造的"软技巧"。

长期以来，中国在国际上一直遭遇种种误解、偏见、不信任。而很长一段时间以来，中国的对外传播存在无效传播的现象，比较被动。企业家群体烦恼的是，这种被动的状态也是中国企业界的常态。

这要求中国企业采取新的策略，从"企业故事"入手，增强话语的创造力、感召力和公信力。人们应该意识到，故事和音乐一样，具有跨越文化、种族和国界的力量，是消融传播壁垒、跨越文化鸿沟的利器。故事要讲述，而不是劝说（Tell，don't persuade），也许还应该像著名编剧罗伯特·麦基建议的那样：展示，不要讲述（Show，don't tell）。这样才有直击人心的力量。

中国企业故事要凸显中国气质。只有在故事中让全世界看到中国的民族脊梁，遇见中国人和中国制造产品的灵魂，才能进而对中国企业乃至中国经济有全新的认识乃至认同。一些讲述中国高铁故事的内容产品将有温度、有态度的百姓生活场景与先进前沿技术进行了视觉融合，留住了许多身在海外的人士对祖国无法忘却的记忆。这种细腻的家国情怀不仅触及了每一个中国人的灵魂，而且获得了海外受众的高度认同。

企业故事要塑造企业文化符号。通常企业所谈及的"逆差"指的是进销价倒挂的现象，实际上，没有多少用户会被企业急功近利的推销打动。这类逆差的形成关键就是企业文化符号认同感差。而讲好企业故事，就是提炼和塑造属于自己企业的文化符号，如中国空间站讲述科技与太空和人类的关系，更符合国际化叙事表达逻辑，因而使中国空间站的科学精神形象深入人心。

企业创新商业话语体系，要抓住"尊重"这个关键。要充分考虑不同用户场景在文化背景、风俗习惯、生活方式、宗教信仰等方面的不同，寻找企业与用户的利益交汇点、话语共同点、情感共鸣点，运用用户乐于接受的方式、易于理解的语言，使企业家讲得清楚、客户听得明白。这正是讲述企业故事的基本理念和努力方向。

分享之三：认知文化软实力短板，提升跨界影响力。

随着中国日益走近世界舞台中央，现今已经出现了世界发展"言必称中国"的场景。"领导者"（Leader）这个词不断出现在国际主流媒体对中国的报道中。这是由中国经济、中国科技、中国产品的全球作为、全球地位发生的跃升而产生的巨大改变。

然而冷静判断后会发现，中国的硬实力确实已经有了飞跃，但软实力还有明显差距，很容易成为跛脚的巨人。《美国新闻与世界报道》杂志和沃顿商学院联合发布的《2017 世界最佳国家》报告显示，中国经济影响力为 10 分，政治影响力为 9 分，军事实力为 9.6 分，均位于全球前列，企业创新力、企业技术实力、企业全球化活力等指标也有不俗表现，但文化影响力只有 3.6 分，是我国综合实力的明显短板。五年多过去了，在《美国新闻与世界报道》最

新发布的"2022 全球最佳国家"榜单中，中国排第 17 名，状况有所改善，但在文化影响力方面仍没有发生根本性转变。

这提醒中国企业思考一个问题：为什么中国市场消费欧美产品便接受了欧美文化，但海外用户每年消费中国产品达数十万亿美元却没有足够多的人接受中国文化？尽管存在意识形态偏见和文化差异，但中国企业依然需要探究"中国制造"的文化认同感差距的根源，最终让中国产品的消费者跨越文化差异。

权衡、制衡与均衡的学问

@ 失衡：商业冲突与生态紊乱的映射

自然界随时都会发生环境的突变，诸如荒漠化、热岛效应等，这种很大程度上源于人类生产生活的负影响导致环境失衡进而产生灾难性变化的情形被称为"灾变环境"。经济学家把这种现象与当今全球商业的态势进行比较，认为逆全球化风潮抬头，正在使商业环境处于"灾变环境"周期。这实际上是全球经济利益竞争加剧造成的多元冲突的一种表现。

处于灾变性商业环境中的企业，面临着竞争环境紊乱带来的冲突和巨大不确定性的挑战。

作为制造业和贸易大国，中国正在处于全球供应链、产业链重组周期。由于重组的原则是收缩化、阵营化、自主化，这明显削弱了中国企业的比较优势。麦肯锡全球研究院的相关研究显示，几乎所有商品生产价值链中的贸易强度（指总出口与总产出的比率）都有所下降，而且在那些最复杂和交易量最大的价值链中，贸易强度的下降尤为明显。有学者指出，这验证了全球制造业价值链呈现出"缩短"的态势。

新一轮科技革命和产业变革催生了新技术、新产业、新业态、新模式，以及单边主义、保护主义抬头，加大了总体处于全球产业链中低端的中国企业的竞争压力。中美科技领域的博弈导致的合作失衡正在成为一些中国企业的梦魇。有关部门的数据显示，由于工业软件和制造装备等的断供，明显迟滞了一些先进制造业企业的追赶进程。

实体经济是国家的本钱。中制智库理事长焦兴旺（新望）认为，实体经济占比太低或者下滑速度过快，就必然会面临发展不够稳健、不可持续的问题。一个城市经济结构过于单一，过于虚拟化，外部环境一旦有风吹草动，就将面临很大的风险和变数。他在《关键时刻的巨大问号："中国制造"从哪里来？往哪里去？》一文中列举了杭州的例子。杭州历史上实际是个实体经济、中小制造业企业非常发达的地方，但 2010～2020 年 10 年间，杭州市第二产业占比已从 47.8% 一路下降至 20%。在数字经济一路高歌猛进的荣光下，杭州工业的失落、产业空心化少有人问津。

当新冠疫情来袭导致全球产业链断裂的时候，尽管中国恢复较早，但依然出现了经济运行节奏失序，经济生活静态化、制造业一

度停摆，大量中小微企业无法正常开展生产经营活动的情况。特别是商业服务业领域，小微企业密集度较大，缺乏应变和抗变能力。

企业作为一种经济组织，本质是链状的社会化关系结构，如资金链、技术链、产业链、客户链、社区关系链、人才链，链链相扣，组成商业运行的逻辑。其中一旦有一个环节断链、脱链都意味着企业经营活动的失衡。当遇上灾变性商业环境时，没有多少企业能够置身事外。

当然也要看到，灾变环境冲突也是一种动能。如果能够清晰地认知冲突带来的是一种调整，那么通过调整依然可以获得新的动能。

全球产业链开始收缩、重构的趋势不仅考验产业链、供应链韧性，而且考验企业抗冲击的能力。当自主性、可控性、安全性、均衡性成为主要的价值取向时，这对商业环境失序背景下的企业而言，无疑也意味着危中之机。

@ 权衡与制衡：企业控制力的底层逻辑

什么是企业内部的权衡？企业的日常决策是个技术活儿。在企业战略确定之后，更看中的应是每一个日常环节的决策，日常决策是在定量、定性、优选中权衡的过程。而权衡的本质是管理学中通过控制力寻求达到均衡性的目标。

权衡经营的战略与战术是企业家首先遇到的课题。企业成长周期中需要清晰的战略，但战略型决策并非每年每月都要做。对企业家而言，不要误读战略，不要在不同战略选项之间跳来跳去。对企业战略的调整是周期性的，若一家企业存活 30 年，需要的战略调整次数恐怕也就三四次。颠覆性技术变革和颠覆性社会变革都具有长周期特征。尽管外部变化快，战略是应对"灰犀牛"的，企业管理实践中看产品生命周期就可以做出判断，企业讲战略不要进入频繁调换的误区；战术是应对"黑天鹅"的，当外部条件发生急遽变化时，要防止战略失效，就要权衡得失，防止因战术失当而引发战略失败。

　　企业家的权衡会面对"短期利益与长期利益如何均衡"的问题。数学家阿尔伯特·塔克最早提出了博弈论中的囚徒困境理论，说的是不完全信息条件下的动态博弈问题。而在经营管理活动中，经常会碰到各种难以确切下定义或下结论的问题，我们把此类问题概括为可以用"类囚徒困境理论"或任正非的"灰度理论"解决的问题。短期利益与长期利益如何均衡？使用人格完美的人还是人格有瑕疵但能解决难题的人，像这类很难做但又不得不做的选择，往往使决策者处于纠结的状态。经营是讲求规律性的活动，追求短期利益最大化是很多企业的窠臼，而过度追求短期利益将导致长期利益最小化的困局。为追求企业利益最大化而采取各种急功近利的冒进乃至违法、欺诈的行为，导致生产安全事故、企业内部管理混乱、产品安全隐患、重大环境污染等问题，都将使企业走向不归路。权衡的要诀是度和分寸的把握，防范因受短期利益诱惑而杀鸡取卵，防范

难以承受的违法代价。

经营活动中的均衡性原则，是一项贯穿企业组织始终的课题。企业要想健康运行，离不开多元维度的制衡。大数据分析显示，很多企业所犯的大错，大多发生在企业辉煌繁荣时期，背后的真相是决策失去节制、制衡机制失灵。伟大的企业之所以伟大，在于其有能力通过有效的制衡机制来解决企业控制力问题。

制衡是企业家的使命，目的是防止企业失衡。制衡一般依靠制度设计的科学性、合理性和有效性来实现。

对企业家而言，制度是行为规则，是企业的最大公约数。制度设计意味着控制的理念、控制的规则和控制的艺术。制度控制的是发展方向、节奏、稳定性和共性。很多人讲企业靠制度管理，其机理就体现在其中。企业掌门人为什么要念好制度经？制度是一种驱动力，是一种管事管人的行为规则，是一种运行效率的保证，是一种管控风险的安全阀。要让遵守者与违背者有不同的境遇，因此，制度是企业最好的"工头"。当然，不合时宜的制度也会导致"内卷"，制度的扬弃与制度的创新是企业家必修的一门学问。

制衡机制设置是公司治理的优化过程。中国的上市公司都要接受证券监管部门的约 1000 项制衡性制度安排。一流企业的决策权制衡也有很多创意，华为、海尔等优秀企业实行的轮值董事长制度有效解决了集体领导和分权的制衡问题，使企业实现了脱离人治，成为制度治理的典范。

依据大量企业的管理实践分析，控制力实际上是企业家的关键能力。关于这种关键能力，可以列出一个公式：控制力 = 战略方向 + 核心业务架构 + 关键人才 + 制度设计 + 行动

由此可以看出，企业家通过权衡、制衡来防范失衡和走向均衡，是一个贯穿控制力的逻辑过程。为了更好地管控企业，实践中存在直接控制与间接控制、制度控制与自觉控制、原则性控制与灵活性控制、绝对控制与授权控制。

尽管如此，丰富的经营管理案例告诉我们，企业家最高境界的控制力是影响力，当企业的控制力表现为"以一种被喜爱的方式左右他人行为的能力"，受控者的认知、态度、行为和信仰内化、外化为"一致行动人"时，企业家才算达到了经营管理的巅峰，即成为依靠哲学和文化经营的大师。

@ 企业诊断：洞察企业内部运行的真相

企业是社会经济的细胞，是一个有活力的经济生命体。在充满不确定性的世界里，企业只有拥有强健的"体魄"才能保持旺盛持久的生命力。企业也像人一样，在成长过程中会出现各种病变，需要有病早治，无病早防。诊断意味着通过"望、闻、问、切"，对企业的组织结构、战略计划、规章制度、决策体系、流程管理、人力资源、风险管控等进行研判，分析管理模式的有效性，发现存在的病灶（问题），提出相应的建议和对策，以达到提升管理水平、改

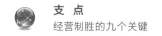

善经营效益的目的。对企业家来说,用诊断思维进行经营态势感知是一项必备技能。

发现人财物的真相是掌控企业命脉的基本功。在一定程度上,企业家管理能力的高下体现在解决问题能力的强弱上。虽然企业家对内部存在的问题洞若观火,也能通过多途径感知并获取真实情况,但往往因为对一些弊端习惯成自然、听之任之而难以判断其对全局的影响,或者身为局内人为尊者讳而不便明说,或者囿于思维惯性而落入信息茧房导致决策上出现偏差,这一切都凸显了事关企业全局性、系统性的诊断分析具有重要价值,通过企业诊断可窥一斑而见全豹。没有正确的诊断,就没有全面准确的决策;没有全面准确的决策,就没有精准到位的管理行为。

企业诊断是为了掌握真实运行信息,有时候被诊断出的问题其实并不是"问题"(如合理的负债、合理的应收款),不能把诊断发现的异常、瑕疵都视为问题。因为,企业在运行中存在一些问题是常态,关键是及时采取措施,防止问题失控、恶化。

企业诊断可视为一种深度的管理咨询。从诊断方式看,企业诊断可以分为企业内部诊断和企业外部诊断。企业内部诊断也就是自我诊断,企业内部专家或管理部门牵头进行项目诊断、业务诊断,或者对下属机构开展诊断。企业外部诊断即聘请外部第三方专业咨询机构、专家牵头对企业进行全面或某方面的咨询诊断,并形成分析报告或管理建议书等。

1. 企业家需要借鉴：一场诊断给华为带来了什么

在华为的成长历程中，企业诊断在重要时点起到了撬动发展的支点的作用。关注华为发展历程的人会对任正非请 IBM 做管理咨询的经历耳熟能详。把视线拉回到 1998 年，在业绩显著增长但同时问题日益暴露的背景下，华为做了一件"自讨苦吃"的事。作为华为的灵魂人物，任正非意识到管理是制约华为从小作坊范式向跨国企业蝶变的瓶颈，决心选择一家"世界级老师"拜师学艺。他把目光瞄向了 IBM，想用高昂的费用聘请外部专家为华为做一次诊断。他的诚意打动了带领 IBM 这头大象起舞的郭士纳，后者通过数年变革带领 IBM 实现了华丽转身。

1998 年 9 月 20 日，对华为来讲是个特殊的日子。这天，任正非和其他华为高层人员现场听取了 IBM 顾问给出的管理问题诊断。听着 IBM 顾问系统阐述对华为管理问题的十大诊断，其中不乏尖锐表述，任正非的表情变得越来越凝重。在此之前，任正非和其他华为高层人员也都清楚研发体系存在着问题，但又无法准确说出症结所在。他提议暂停会议，请公司其他副总裁和总监级干部也来参会，由于人太多，很多人甚至席地而坐听取了这场十大诊断报告会。

这次的管理问题诊断，使华为对自身存在的缺陷以及如何解决扩张过程中出现的管理不善、效率不高和浪费严重等问题有了更多感知，对于少走未来发展中可能存在的弯路，也有了新的思路。事后，任正非庆幸地说：这次请 IBM 当老师请对了。华为就是要

请这种敢骂我们、敢跟我们叫板的顾问来做诊断。2003 年 12 月，IBM 顾问在撤出华为的前一天，给研发部门上了最后一课。对比五年前列出的华为管理问题十大诊断，至少有九个问题已得到解决并达成共识。

这次诊断成效如何呢？ 1998 年 12 月，IBM 顾问在对华为供应链进行变革之前，曾对华为的运行现状做过一次详细的摸底调查，那时候华为的订单及时交货率为 30%，而世界级企业平均为 90%；华为的库存周转率为 3.6 次 / 年，而世界级企业平均为 9.4 次 / 年；华为的订单履行周期为 20~25 天，而世界级企业平均为 10 天……

2003 年 12 月，IBM 顾问再次给华为梳理出的数据显示：订单及时交货率已达到 65%，库存周转率则上升到 5.7 次 / 年，而订单的履行周期也缩短到 17 天。

今天的华为已然不同凡响，20 多年前的这场诊断给任正非本人和华为带来的改变显然是深刻而持久的。

2. 企业家还需要认知：诊断避险是高质量发展应有之义

"两弹一星"元勋钱学森讲过一门系统论课程，核心观点是系统的复杂性和安全性不能同时提高。一个系统的复杂性越高，安全性就越低。企业也是如此，组织机构、人员规模越大，则风险管控压力越大。

对企业经营活动进行诊断分析，内容涉及方方面面。针对管理薄弱环节寻找差距和短板，不仅要看到表面问题，而且要剖析深层原因，对潜在风险及时预测、分析、评估，并制定对策，将风险控制在可控范围内。企业最为宝贵的人力资源也会通过诊断，倒逼人员素质和专业素养提升，进而带动企业治理能力提升。

企业诊断主要指以下四个维度的诊断和问题处置。

维度一：诊断经营态势。包括诊断企业经营战略、经营环境、经营计划和目标、业务竞争力等。经营战略作为企业发展的"导航灯"，其诊断涉及判断战略制定的背景依据、主责主业、重点内容等。经营环境诊断，涉及政策和经济环境、所处行业和市场对标等，有助于客观评价外部环境对企业经营的影响。经营计划和目标诊断，主要在于分析年度经营计划和目标是否体现经营战略，是否契合实际、突出重点，以及与财务预算编制的匹配情况等。业务竞争力诊断，则涉及分析业务比较优势、市场占有率、销售模式、目标群体、竞品情况等。上述诊断有助于研判形势，有重点、有步骤地推进目标和任务落地。

维度二：诊断人员和组织架构。企业家的首要任务是经营人才。人员诊断重在对企业管理者和员工的知识结构、创新能力、工作经验、敬业精神等方面进行研判分析，为优化人力资源管理提供支撑。组织架构诊断涉及评价管理组织的形式、层次、机构、部门等设置是否合理，上下、左右和内外的关系能否协调配合，组织机构的效率如何，以及能否进行有效的指挥、命令和调配。该诊断有助于企业管理组织设置合理化，工作高效化。

维度三：诊断财务成本管理。企业经营活动结果最终体现在财

务报表上。财务诊断一般包含两方面内容。一是对企业财务状况和经营成本进行诊断。依据财务数据，对企业资本结构、资金周转、赢利能力、偿债能力、增长能力、成本构成等方面进行分析，特别是使用一些量化比率分析指标，比如"两利四率"。二是对财务管理工作本身进行诊断，对企业的财务管理体制、财务管理机构、财务管理人员、财务管理方法等进行检查。财务成本管理诊断可以结合日常财务分析和财务检查，也可以合并或者复用到企业财务审计、专项审计的结果和管理建议书中等。

维度四：诊断内控制度。制度健全和规范有助于扎紧管理的"篱笆墙"，使得企业管理"有天、有地、有界"，相应地减少因制度漏洞和决策失误而带来的经济损失和管理风险。进行诊断需评价制度合理性、系统性、时效性等，涉及考核制度时还需评价激励性。通过诊断，查漏补缺，解决因制度不完善而导致的流程不畅、推诿扯皮、责任主体缺失等问题，把制度执行落到实处，避免沦为"稻草人"摆设。

"康商"：企业家不能忽视的另一种使命

@ 沉重的话题：企业家群体存在五大健康误区

企业家的英年早逝是一个沉重的社会性话题。一位卓越企业家去世，不仅是一个个体生命的终结，而且事关一家企业的生死存亡，有时甚至攸关一个经济行业的发展成长。所以说，企业家的英年早逝是一种巨大的社会损失。

北京泰济堂中医医院院长、泰济堂生命科学研究院院长张克镇先生，对中国企业家群体的健康现状有着独到的观察。

企业家群体实际上是健康弱势群体。在剔除外力意外致亡的因素后，企业家去世的平均年龄比正常值要小。《2022 中国民营企业家健康绿皮书》的数据显示，73% 的企业家出现过失眠问题，"颈椎异常"检出率高达 66.9%，脑卒中、心梗的年龄日趋年轻化，肺癌、肾癌、乳腺癌、肠癌、淋巴癌等在企业家群体中成为高发恶性疾病。

经历过或者正在从事企业管理的人群都能够体会到，企业家实际上是从事繁重的脑力和体力双负荷劳动的一个特殊群体，尤其是竞争性行业的企业家所承担的压力非常人所能想象。常人看到的大多是他们的光鲜一面和高光时刻，其背后的身心俱疲、纠结忧虑、生死考验等往往只有自己知道。除器质性病变外，不少企业家被心理性、社会性和个体习惯性因素引发的抑郁等精神类疾病折磨。

《中国企业家》杂志发布的《中国企业家工作、健康及快乐状况调查报告》显示，在接受调查的企业家群体中，男性企业家对自己的健康评价为 3.6 分，女性企业家为 3.3 分（满分为 5 分）。有 1/3 的企业家每天工作时间超过 12 小时；用在会议、社交、商务旅行上的时间占全部工作时间的比例为 84.8%；有 60% 的企业家承认工作压力大，90.6% 的企业家存在"过劳"倾向。很多企业家表

示长期处于精神高度紧张、过量饮酒、运动量不足、高盐饮食、体重超标等不良生活状态中。

在张克镇看来，影响企业家健康的因素很多，由于缺乏正确的医学知识和认知以及科学有效的健康管理，健康成为不少企业家素质能力结构中的短板。

张克镇把企业家群体广泛存在的健康误区归纳为以下五类。

第一，缺乏对自我生命健康的敬畏感。不少企业家对自己的身体状况盲目自信乃至自负。有些上市公司的老板，公司上市没多久人就垮了甚至去世了。很多企业家"一累二忙三怠慢"，从没时间看病变成了没机会看病。

第二，把健康的希望寄托在医疗上。人体是由实体与空间共同构成的。从治疗的视角看，一个存在隐患的身体，如果各种病因长期作用就会导致功能失常，从而产生各种症状、指标异常和内脏器官退化二种后果。疾病从无到有、从小到大，实际上核心是空间的失常。所有仪器设备（包括 CT、核磁共振等）都在针对实体器官，只有实体器官发生了严重的病变，才能够被发现，但这在医学临床上可能已经丧失掉了治疗机会。以结果为导向而不是以病因为导向的治疗，很难真正解决健康隐患问题，效果有限。

第三，把医疗的价格当成价值。不少企业家往往有个误区，感觉自己生病了，可以买到最好的医疗手段和最昂贵的药物。但实际上不一定能买到最好的身体。临床上经常遇到的情况是过度治疗。这里面涉及医疗的价格和价值的问题，是价值决定治疗的方向，而不是价格。

第四，把科技含量高的医疗技术当成正确的代名词。科技的进步给人们带来许多便利，但在判断健康标准方面，仅依靠先进仪器难以做到对健康全面精准的鉴定，还应从不同角度进行综合评估。实际上人体不需要那么多噱头、时尚的东西。生命只需要一个前提，就是顺应生命本身的规律，不能自我戕害，不要超越自身承受限度。

第五，把维护生命健康当成医生的事。很多企业家一有身体不适，就找医院，似乎把医院当成了汽车修理厂。韩启德院士多年前就提出过这样一个观点：医疗对人体健康只起 8% 的作用，真的对健康起决定性作用的那 92%，是生活方式、生活条件等非医学因素。如果不改变生活方式，很难走出健康困境。

@ 生命空间论：认知现代健康医学的"钥匙"

"我们为什么离健康越来越远？"提出这一问题的是 10 多年来在医学体系自主创新领域十分活跃的中医科学家张克镇。

2018 年 9 月，张克镇应邀在华盛顿《科学》（Science）杂志社总部做《人类医学的未来之路》讲座，国际医学同行对他运用首创的"生命空间论"阐释人类医学未来的方法论产生了浓厚兴趣。这一理论将传统中医理论用现代科学方式进行解读与发展，建立起从

㊀ https://www.cas.cn/xw/zjsd/201405/t20140529_4128821.shtml.

疾病原因入手寻找解决疾病方法的"循源医学"体系。2020 年 3 月 4 日,《科学》合办期刊《研究》(*Research*)发表了张克镇的题为"人体中的空间及其医学意义"的文章,从人体空间的独特视角,重新认识并解读人体结构及生理病理规律,探索诊治及预防疾病的理论和方法,从而弥补了目前医学在医学模式、医学理论及医疗方法等诸多方面存在的不足。这被业内专家认为是"中医研究在国际化道路上的新突破"。

以实体为中心而忽视人体空间存在的医学思维方式,导致在临床上诸如疾病诊治、病因认识、疾病预防等方面的一系列问题。张克镇认为,医学模式发展的过程,就是人类为医学体系寻找病因的过程。只有知道医学体系本身存在哪些缺陷,才有条件反思就医、保健行为,找到获得健康的正确方式和路径。

生命空间论认为,存在于人体中的空间不仅仅是人体简单的组成部分,也是连贯生命体各种要素的纽带。正是由于体内存在的这些空间的作用,才使人体各要素之间形成了一个内外相连的、完整的、适度开放的整体。在此基础上,张克镇进一步提出了生命体的六大结构要素理论,科学地诠释了疾病的产生、发展、诊断、治疗、预防等。

"循源"而不是简单针对检查结果的医疗思想,实际上是对古老中医学"治未病"理念的弘扬。张克镇认为,一个好的医疗体系应该使健康人群的数量和生命的质量越来越高,而医疗成本和医疗风险越来越低。在临床上应该用一种循源的方式分析病因,追溯到疾病源头，否则，"治未病"就是一句空话。例如，一个偏头疼的病人一直在吃止痛药，但他的头疼实际上可能并不是头本身的问题，而是颈椎问题造成的。而颈椎问题又是由病人的生活习惯、工作习惯不好造成的。只要病人改变不良习惯，症状就会大为缓解。

在清华 EMBA 课堂上、在哈佛大学、在妙佑医疗国际（Mayo Clinic），张克镇站在维护个体生命健康的视角，清晰地阐释了"循源医学"以及来自临床实践和理论结合的现代健康医学的一系列新理念，改变了很多人对生命健康的认知。

例如，过多地依赖现代化医疗设备，让我们犹如一个借助拐棍走路的行者，忘了自己双脚的存在。任何仪器设备都代替不了医生的思维判断和医患之间的交流。过度依赖与迷信现代化医疗设备，有可能导致误诊。

再比如，无论作为病人还是医生，都不能简单地把治病理解为"吃药"，药物滥用是导致医源性疾病增多的重要原因。很多疾病越治越复杂，有可能是因为不分析疾病原因，总是用药物去调控结果造成的。

针对被问及较多的"超常节奏下如何把握住健康"这一普遍性问题，张克镇放下深奥的医学理论阐述，讲了 10 条有趣的生命健康观点。

（1）你一定要认识一下医学，认知医学的正确知识和医疗的局限。医疗在维护人体健康中所占的比例实际上只有 8%。

（2）人体不是汽车，医学、医院也不是 4S 店。汽车零件损坏

了可以换，人体器官损坏了可不是想换就换的，即使可以换，排异反应也会缩短新器官的存活时长，目前医学科学还没有解决好抗排异问题。

（3）不良生活习惯有不少跟"贪"字有关，贪玩、贪嘴、贪杯、贪凉……毕竟，影响健康的因素中生活方式占了60%。人类体质并不是在进化，而是一直在退化，男性的平均体温50年间降低了0.59%，女性降低了0.3%。这个变化的危险性在于影响代谢，而代谢出问题会直接影响生命质量。

（4）不当医疗、过度医疗都会影响健康。医生看病不是简单地开药、动手术，好医生是用思想看病的，药物与手术刀只是治疗的工具。生命健康要掌握在每个人自己手中。

（5）最弱的器官决定一个人的健康程度和寿命长短。你要用一段时间检视一下自我，找到合适的医生把短板补起来，然后用一生的时间，保持良好的生活节律。

（6）未来的15～20年间，眼部疾病、帕金森、阿尔茨海默病会大幅度增加。因为过度使用手机会造成眼底等空间通道的提前衰变，导致眼底供血障碍、脑供血不足、记忆力衰减，而记忆力衰退就是脑细胞退化的一个标志。

（7）生命健康无边的奇迹源自简单规则（健康的生活态度、生活方式和生活习惯）的无限重复。实际上，生命是否健康取决于一些简单规则的无限重复，如果是不良的习惯无限重复，那么你就会变成一个病人；而如果是良好的习惯无限重复，你就会成为一个健康的人。

（8）防止外源性环境因素控制你的情绪和心理。古人讲"不以物喜，不以己悲"，坏情绪是健康的天敌，旷达乐观的情绪是疾病的天敌。

（9）免疫力是保障人体健康的核心，拥有健康的生活态度、生活方式和生活习惯是保护免疫力不受破坏的根本方法。

（10）保持健康最需要做什么？实际上就是一句话，最好的医生是自己。解决亚健康的最好方式是自我调理，遵循生命本身的规律（如作息规律、运动规律、饮食规律等）。认知大自然四季更替的规律，身要动，心要静。

@"康商"：走出健康困境的生命价值观

生命，总会在某个特定的时间节点终结，无论高贵还是卑微。万物皆有周期，人的生命也是一样，联想到不少科学家、企业家英年早逝，四五十岁即撒手人寰，不禁心生悲怆，悲悯生命的脆弱和无常……

人的生命仅有一次绽放的机会。它是一个既坚强又脆弱的矛盾体，有时坚如磐石，有时又弱如走蚁，一切的结局都可能是始料不及的。

绝大多数人，一生付出很多的心血去追求智商、情商的极致，尤其是对物质的追逐更是很多人生活的日常。尽管较高的智商和情

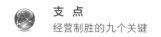

商是人作为社会人立足于世的基石，但是在我们所浸润的教育里，多年来缺少一个环节，就是对生命的一系列问题没有给予足够的科学有效的关注。

生命健康理念的某些缺失，是一个社会问题。有必要为公众探索构建一个新的生命健康理念，那就是"康商"。

"康商"可以简约地界定为"有关生命健康的知识和行为能力"。我认为"康商"应该与智商、情商并列为生命价值的三大支柱。智商决定着一个人的智力可以达到的高度，情商决定着一个人应对环境变化的社会化、社交化水准，而"康商"决定着一个人生命的活力、质量和长度。"康商"解决生命价值链上"1"的问题，而智商、情商解决"1"之后的 0，1，2，3，…，8，9 的问题。

作为一门学问，"康商"应该超越医学，是一种把健康之门的钥匙授予大众的社会学。生命健康需要正确的而非似是而非的知识和认知，建构个体或社会的健康生态也需要科学有效的行为能力，这是"康商"要解决的基本课题。与此同时，"康商"也是把自己健康的主导权从医院、医生手中拿回来，由自己主宰自己生命长度和质量的学问，是少去甚至不去医院的课题。

概括而言，健康是所有财富的载体。财富多与少、荣誉大与小、朋友多与寡，核心价值都归结于你的健康水准。而健康水准一般由"康商"决定，包括生理与心理、活力与质量、长度与厚度的均衡等。

生命的价值固然不能仅以长度泛泛而论，但是健康且有长度，始终是生命价值的核心。《科学》杂志 2018 年发表的一篇研究论文指出，基因不是生命长度的最重要因素（只占 16%），决定寿命的因素中个体的生活习性、生活环境占 60% 以上，[一]也就是说寿命主要取决于一个人的生活态度和生活方式，会生活的人会设法规避影响生命质量的各种诱因，把"康商"提升到与智商、情商相匹配的地位。

虽然医学科学有很多未解之谜，但迄今为止人类对生命、对身体探究的所有知识的甄别和利用能力，已足以支撑建构起个体的"康商"体系。"康商"是每个人的生命盾牌。

生命健康是有规律的，人的一生的确应该掌握"康商"的基本法则。"康商"低的人，会把健康全部交给医院；"康商"高的人，会在科学指导下建立自我健康模型，手握属于自己的健康钥匙。对个体来说，基因无法选择，但生活方式可以选择。切勿把生活方式错误地建立在自戕、自虐以及暴殄天物的基础之上！

"康商"的密码就是使自己具备管护自己健康的正确理念、知识和技能。假如你自己都不关爱自己或不能呵护自己的健康，那也就不会有什么人能帮得了你了，家人不行，医生也不行。每个企业家都有自己的精彩人生，没什么可以炫耀的。如果要炫耀点什么，那就是你的"康商"、你的健康了！

企业家决定企业生命周期。在中国企业家博鳌论坛上，企业家英年早逝问题成为关注热点。张克镇在演讲中提出"企业家要把生

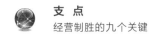

命健康作为战略性的投资"，在他看来，企业家不是简单的一个个体，还担负着家庭、企业和社会责任，从这个意义上讲，走出健康误区、维护生命健康是企业家的另一个崇高的社会使命。

如何走出健康误区呢？张克镇认为：关键是要改变理念、改变生命价值观，树立一个健康的生命价值观和正确的财富价值观。企业家要静下心来思考一下：身体健康是怎么回事？人们往往把金钱、房产、股票当成最重要的财富，很少有人把健康当成一种真正的财富，大多忽略了健康是"1"、其他都是"0"的道理。把钱花在健康上不是浪费、不是消费，而是一种投资。

为此，我要特别强调"健康管理"的重要性，企业家需要进行健康管理，企业更需要对员工进行健康管理，设立"健康运营官"，加大对健康管理的投资。所谓健康管理，是指对个人或人群的健康危险因素进行全面检测、分析、评估以及预测和预防的全过程。健康管理在中国还是一个全新的概念，但在西方国家，健康管理经历了 20 多年的发展，已经成为医疗服务体系中不可或缺的一部分。中央电视台在《"健康中国 2030"规划纲要》报道中援引世界卫生组织的数据称，在慢性病的预防上多投入 1 元钱，在治疗上就能节省 8.5 元。

越来越多的事实证明，改变不健康的行为或生活方式，是提高生命质量的核心。按照 1979 年《世界卫生组织宪章》中提出的著名健康新概念：健康不仅是不生病，而且是身体上、心理上和社会适应能力上的完好状态。健康在生物属性方面，不纯指人体没有病痛，而是强调人在气质、性格、情绪、智力等方面的完好性。而世界卫生组织提出的健康标准则更具体：①有充沛的精力，能从容不迫地应对日常工作和生活；②处事乐观，态度积极；③善于休息，睡眠良好；④应变能力强；⑤抗疾病能力强；⑥体重适当，身体匀称，站立时头、肩、臀部位置协调；⑦眼睛明亮，反应敏捷；⑧牙齿清洁整齐；⑨头发有光泽，无头皮屑；⑩肌肉丰满，皮肤富有弹性。

如果对照上述健康标准，企业家们的得分将如何呢？

我们常说，企业家有未来，企业才有未来；企业有未来，国家和社会发展才有未来。换句话说，企业家有了"康商"体系，才会拥有健康，才会持续拥有创造未来的能力。所以，企业家需要时时把健康"护照"拿在手里：定期运动，保证足够的睡眠，健康和均衡饮食等。这些看似简单的做法，就像生命的种子，播撒好，培育好，就会正气存内，一生向阳。

团队塑造

构筑人力资本基石

- 高端人才是影响企业命运的核心要素。

- 几乎所有成功企业家的智慧都集中体现在用人哲学上。

- "科学是第一生产力",毋庸置疑,支撑科学的是关键人才的力量,从这个意义上说,关键人才是企业的第一资源。

- 人力资本是公司基业长青的基石。

- 企业的人才制度设计是一个具有战略价值的环节。

- 从人力资源管理视角来看,企业的人才制度起到三大作用:规范人才行为范式、引导人才努力方向、限定人才不为的范围以规避风险。

- 有效的制度促进人力资本价值释放,反之,则成为抑制力。

- 如果你需要的是具有虎狼之气、敢于创新的团队,你的制度设计就要具备激励支撑的条件。

骨干人才困局的破解之道

@ 失衡的新经济人才匹配度

一个时期以来，遇到的企业家大多会谈及人才难觅的现象。

以制造业的数字化转型为例，一位著名的制造业的企业家描述道："我用了一年的时间确定了数字化转型的战略，但一觉醒来惊出一身冷汗，原来身边没有人能帮我实施，即使开出高价也招不够足以适应公司智能制造战略的信息技术人才团队。"这种困境并非个案，在当今的中国具有普遍性。

中国正在经历一场有史以来最宏阔的经济、社会、生活的数字化转型。20多年前，尼古拉·尼葛洛庞帝的数字化生存理念给中国企业家带来了冲击，拒绝与适应两种态度造成了今天中国企业格局的差异。拒绝数字化生存道路意味着路越走越窄；相反，适应并拥抱这一变革，产生了一批数字英雄，成就了掘金无数的数字经济先驱。

有专家说，中国动辄成就一个世界第一的行业经济规模，对前沿学科人才的规模化需求是无止境的。创新企业找不到足够好、足够多的人才，这是个难解的课题。

《哈佛商业评论》曾经发布对当代首席执行官的研究报告证明，这一问题在全球范围内具有普遍性。调查显示年轻的公司总裁普遍把"没有给特定岗位找到合适人才"视为"对公司伤害最大的商业错误"。

《中国数字经济发展报告（2022 年）》数据显示，2021 年中国数字经济的规模跃升至 45.5 万亿元，占 GDP 比重达 39.8%。这一惊人进程首先对数字经济行业的人才供给侧构成了无法言喻的挑战。尽管中国高等院校每年培养约千万名高等教育人才，海外留学人才也越来越多地归国创业，但大批企业依然面临前沿科技人才、复合型管理人才短缺造成的严重制约。

客观分析，中国成为世界制造大国的过程，经历了产业人才的洗礼和蜕变。进入数字经济时代，中国再次面临新型人才的洗礼和蜕变。不同的是，信息技术主导型新业态对适用人才的需求改变是很多企业始料不及的。

规模庞大的企业在数字化转型、智能化升级、短板技术研发、新商业范式建构、新应用场景开发运营等过程中，普遍面临缺乏人才的严峻挑战。浓缩一句话就是：企业新型人才的供求匹配越来越不均衡。

2021 年 9 月，中国信息通信研究院发布的《数字经济就业影响研究报告》指出，中国数字化人才缺口已接近 1100 万人，而且伴随着全行业数字化的快速推进，数字化人才需求缺口还会持续加大。

大数据、机器人等一些前沿科技领域，尤其是智能制造领域出现"工程师荒"，以电磁波专业人才为例，有调查机构称招聘成功率只有 1%。这个窘境短期内不会有大的改变。企业家需要为此超前做出相应的制度安排。

@ 抢人大战：关键人才争夺日趋激烈

中国企业到底缺怎样的人才？

2016 年，领英发布的《中国互联网最热职位人才库报告》显示，在互联网人才需求与供给领域，研发工程师最为热门，数据分析师最为紧缺，研发工程师、产品经理、人力资源、市场营销、运营和数据分析六大职业最为惹眼。

随着社会经济的发展变化，关键人才的争夺发生了哪些变化，又集中体现在哪里？为此我询问过许多企业家。综合分析，新经济时代的人才困局形成具有多元性，且显现出一种结构性短缺状态。半导体、生物基因、高端制造设备等前沿高科技企业科学家范式的领军人才严重匮乏；尖端科技基础研究以及研发成果转化、应用场景开发面临的人才短缺问题极其尖锐；传统制造业的数字化转型和互联网、物联网、大数据、区块链、人工智能乃至元宇宙等领域支撑数字经济形态的关键科研骨干、工程师、数据分析师人才的短缺最为突出。

中国制造业的特征是部类最完整、体量最大。高速成长的工业经济对人才的需求始终处于紧平衡状态。尽管每年从高等院校走出的毕业生人数近千万，但真正能适应前沿性产业要求的也就一半左右。

消费行为发生的重点人群持续快速转移到互联网上，大批企业适应互联网消费模式的设计、运营、管理人才严重不足。同时，企业走出去战略，面临适应国际化营商环境的复合型人才供给不足。有咨询机构曾通过用人单位发布的数据进行过测算，中国企业每年需要掌握国际贸易法律、商务领域的复合型专业人才约 7.5 万人，但实际只能找到约 5000 人，供求比例大体是 1∶15。

尖端科技基础研究以及研发成果转化、应用场景开发面临的人才供求矛盾更加尖锐。

以上仅仅是粗略扫描了科技型企业用人的状况，无法掩饰的本质是数字经济 2.0 时代的前沿专业人才供给侧矛盾是企业家的一道坎！

国家权威人力资源管理部门有过预测，中国当下急需的人才主要有八大类：以电子技术、生物工程、航天技术、海洋利用、新能源新材料为代表的高新技术人才，数字信息技术人才，机电一体化人才，农业技术人才，环境保护技术人才，生物工程研究与开发人才，国际贸易人才和律师人才。其中，数字信息技术人才需求最火爆，价码最高，供需失衡困局最为急迫。2020 年，人社部的报告就曾显示，我国人工智能人才缺口已超过 500 万人，国内供求比例为 1∶10，供求严重失调。

大数据是人工智能的核心，因此，互联网领域大数据人才尤其是大数据开发工程师、大数据分析师、大数据算法工程师、Hadoop 工程师、ETL 工程师、Spark/Flink 工程师……几乎是全面吃紧。其中，数据分析师最为紧缺。为什么？大数据最关键的就是数据分析和数据价值挖掘，这也表明，通过对数据的系统化、

模块化处理，然后做出预测性的、有价值的分析，获得洞察力，提供决策支撑力，进而转化为商业竞争力，是数字经济时代的稀缺能力。

当今世界人们日常活动所产生的数据早已达到"天量"。有专家分析，近两年全球生成的数据量约等于有史以来被记载数据量的总和。大数据经过有效分析才能产生价值，具体到商务环节上，只有通过对数据的有效管控、分析及使用，才能达到降低成本、增加收入、提高生产效率，以及提升客户满意度、客户忠诚度和市场美誉度的全链效果。数据的这种价值转换过程，就需要大量的数据科学家和数据分析师。

需求量大，育之者寡，自然难找。

@ 人才与雇主的双向"审视"

这个时代，很多事都处于一种非对称状态。企业家在寻找赖以托付的关键人才时，那些职场上奋力向上攀升的精英也在挑剔地比选雇主和平台，双向审视甚至双向"拷问"由此而生。

怎样的雇主才算"好雇主"？

猎聘大数据研究院基于职场人对雇主需求的大数据研究，提炼了"六感"模型，并作为评价企业打造雇主品牌的维度。"六感"模型涵盖了安全感、公平感、成长感、认同感、愉悦感以及价值感。

无独有偶，北京大学社会调查研究中心联合智联招聘也对雇主品牌进行了研究。依据新雇主经济理念的演进以及中国雇主发展现状，从企业文化体系、激励体系、成长体系、组织体系出发，提出四大雇主品牌评价体系，并细分为雇主文化、组织管理、雇主形象、工作环境、薪酬福利、成长发展六大维度，对企业本身以及更大范围的职场人展开调查。

这个基于大数据的调查，按照上述六大维度分解出了 18 个理想雇主要素指标，并依照员工打分情况进行排序。通过对调研数据的分析，得出一个结论：尊重员工、践行对员工的承诺、与员工贡献匹配的薪酬回报、公平公正的用人原则以及企业具有良好的发展前景这五个方面是员工对于理想雇主的主要诉求，归纳一下就是尊重、信诺、薪酬、公平、发展。

基于这两份报告，以及笔者管理一家连续多年被评为"最佳雇主"上市公司的实践，大体可得出值得企业重点关注的价值信息有以下三条。

- 员工对"安全感"的诉求高。两份数据报告均发现职场人对安全感的感受最强烈，意味着安全感是职场人择业的首要倾向，这与很多雇主的选人倾向有一定差距。
- 把"价值感"看得重。根据北京大学社会调查研究中心、智联招聘统计的企业"六感"重要性排名，首位是"价值感"；按猎聘大数据研究院的统计，"价值感"为第六位。
- 对"公平感"很上心。两组数据均显示"公平感"为第二位次。与此同时，"成长感、认同感、愉悦感"以及"尊重、

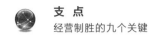
信诺、薪酬、发展"这些关键词处于两组数据统计的前列。

猎聘对职场人的择业偏好也进行了调查。当问及在当前形势下职场人的择业偏好时，28.39%的职场人选择了"相对安全稳定的平台，不用经常加班的公司"；26.77%的职场人选择"考公务员，进入政府或事业单位"；仅有8.7%的人选择进入互联网大厂，排名第四。互联网大厂从无数人向往的首选目标变为第四，对职场人的吸引力明显下降，这充分表明了当下职场人求稳的心态。

北京大学社会调查研究中心和智联招聘的调查发现，员工十分看重与收入相关的维度，如薪酬回报、收入前景，以及与体验直接相关的诚信、公平、高效等维度。而雇主则更注重企业文化、社会责任、技术产品的创新以及未来的上升空间。整体来看，雇主更注重长远和宏观，而员工更注重当下和承诺。

"雇主与员工之间的关系更像是共存关系，而共存的深层基础则是双方价值认同，雇主与员工双向审视、双向奔赴、彼此成就"，这道出了当今时代的新型人力资源格局。

首席执行官还是首席人才官

@ 夜不能寐的时刻

回想起来，做总裁的10多年间，最使我夜不能寐的时刻，无外乎两种情形：一种是担心能否看清趋势，做出适合公司的战略性布局；另一种是担心能否根据布局找到合适的关键人才。这在我与多位著名公司 CEO 的交流中竟然获得了高度共识。

无论做什么事情，人才都是制胜的关键。

史上有很多智慧可镜鉴。如果把刘邦、刘备作为创业团队的 CEO 来看待的话，他们的智慧对当今的企业家有重要的启发意义。比如汉高祖刘邦，平民出身，文不能书，武不能战，史学家评论他"智不比张良、勇不如韩信、才不敌萧何"，但他最值得称道的是"善用人才"。他成功的秘诀就是广聚天下人才为己所用，利用秦末暴乱之机，兴汉灭秦，成就中国历史上第一个平民皇帝的辉煌。又比如刘备，为成就帝业，他屈尊三顾茅庐恭请诸葛孔明出世，建立了一番旷世伟业。可谓明主呼唤良臣，良臣需要平台，将相同舟共济，团队共克时艰，蜀国大业方成。

再好的战略和项目，所托非人，也注定要失败。

观察公司关键人才这个角色，可以从很多维度来分析。丰子恺有过一个妙论，他把人生分成"三层楼"，分别是物质生活、精神生活、灵魂生活。这与马斯洛需求理论一脉相承。

企业家需要看清一个事实：当今时代，关键人才很"挑剔"，关键人才很"贵"，延揽人才得有"金刚钻"。这里描述的"贵"不仅仅指薪酬高。很多公司掌门人选人才时把高薪作为核心，这其实存在很大的误区，甚至会导致落入陷阱。

关键人才往往处于较高的段位上，作为雇主如何吸引并留住关键人才？这是一个难题，分析起来似乎没有什么秘诀和定式，但确

实有一些值得借鉴的方法。

"我开高薪聘请他，为什么总也打动不了他？"有家 IT 公司总裁去挖一位人工智能专家碰壁了。他的疑问具有普遍性。

延揽关键人才却总是受挫，公司掌门人不得不刀刃向内问缘由。

- 难道是薪酬不够诱人？高薪是硬道理，但只要许诺高薪就能捆住凤凰？关键人才对公司商业战略、商业赛道、商业价值判断同样是硬道理。了解真实诉求并满足合理诉求是重要一环。

- 企业主自身的"成色"够吗？事实证明，一些关键人才把公司领导者的领导力、格局，以及三观是否相近，是否具有共同理想看得很重，甚至超越薪酬。这意味着雇主自己要首先成为人才楷模，一些著名技术公司的掌门人把自己作为产品经理，参与开发程序，产生了巨大的向心力和凝聚力。企业对关键人才的投资是收益回报率最高的投资，高明的企业家让关键人才成为合伙人，共同成就变革梦想。

- 公司和个人有未来吗？跨越唯高薪酬的误区之后，关键人才更重视公司和个人的未来。有经济学者评价乔布斯"任命更多以发现为动力的人才担任高管，于是苹果公司再度扬帆创新"。这里的"以发现为动力"的人才理念，倡导的是培育创新型管理团队，只有创新型管理团队才能驾驭创新型企业，否则不可能出现创新型思维、创新型产品和创新型商业服务模式。

解决这些"刀刃向内"的课题是吸引关键人才的重要一着。

@ 企业家的"灵魂三问"

如何塑造最好的团队，是企业家要解决的核心课题之一。商场是不见血的战场，丛林法则依然是企业管理者要面对的基本法则。在这一法则面前，建立共同遵守的行为准则、共同创富的行动力、共担风险的核心团队，共同释放潜力，获得人人成长的氛围和机制，显得十分重要。

未来 10 年将是中国新生代企业精英崛起的时代。世界经济论坛 2018 年发布的一份报告指出，未来 20 年，将有 65% 的岗位是新创造出来的。

在大数据时代，预测未来并不难，难的是如何应对未来趋势。塑造能应对这种趋势的共存共生的团队，对企业家是一种考验，也是一种灵魂拷问。

一问：优秀人才为什么会加盟或离开公司？

答案是多种多样的。科学家拉里·特斯勒为何会离开施乐帕克研究中心而选择加盟苹果公司？根据《创新者的基因》一书里的调查，在施乐帕克研究中心，拉里·特斯勒用了几年时间给主管演示团队开发的图形用户界面技术样品，但主管始终无法理解该技术，也就无法将该技术投入充分的应用。而乔布斯通过对施乐帕克研究中心的两次拜访并看了样品之后，很快就理解了图形用户界面技术

的精髓，受启发产生了 MAC 电脑的关键想法，这就是苹果电脑受欢迎的鼠标和图形用户界面新系统。施乐帕克的主管因为不懂计算机，也不了解计算机的潜力，与计算机行业一次伟大的成功失之交臂；而乔布斯拥有潜在革命性技术的发现力以及创造条件推动研发团队实现想法的能力，不仅成就了苹果公司，而且成为吸引图形用户界面技术人才选择新老板的核心因素。

二问：优秀人才有没有形成成就事业的团队生态？

如同军队作战要合理配置有效火力并确定战术一样，公司的竞争同样需要配置团队队形和协同规则。在企业面临的人才难题里，缺乏团队队形配置和内部人才协同机制是一个重要因素。

与所有其他组织一样，公司这种组织同样具有层级特质。人才在不同的层级，职责不同，价值也不同。在传统观念里，公司上下级之间往往被单一地认为是提携与被提携的关系，高级管理人员不情愿培养下属是一个普遍现象。而实际上则不然，公司上下级之间往往是互相培养的。

明白"上司与下属之间总是互相培养、互相成就"这个道理，是成就卓越经营者的重要理念。汉高祖刘邦的驭人术对当今商业管理仍有启示价值。企业家不可能是万能的，在骨干团队建设方面要掌握"扬长补短"的逻辑，切不可扬长避短。公司团队缺什么人，无论如何都要找到这个人，否则，你的短板永远是短板。无独有偶，中西管理思想具有一脉相承的认知价值，迪士尼掌门人罗伯特·艾伦的自传《一生的旅程》中最反复强调的商业理念就是："请最优秀的人来帮我。"

三问：优秀人才有没有命运与共、生死相依？

战场上因为有了"背靠背"生死相依的战友，士兵才能无后顾之忧、共赴残酷的战火。企业家决战商场同样需要这种"背靠背"的"铁杆兄弟"。公司如何锻造同生死、共命运的"铁杆团队"是一个严峻的挑战。挑战的根源在于人才已经进入了新型要素市场化配置阶段，除了合伙人和部分高管，很多人是无法经受住外部高薪和更好发展理念、更优越环境的诱惑的。我在互联网行业工作 10多年，切身感受到互联网行业硝烟弥漫的人才大战，也更加透彻地体验过数字经济领域员工的忠诚度大幅下降的趋势。各种招聘信息都意味着新的发展机会，骨干人才跳槽的频率高，其职业生涯选择与外部劳动力市场依附关系愈加明显，而与雇主的依附关系被消解和弱化。"良禽择木而栖"，骨干人才在多个雇主间跳转如同在各种网络应用系统间跳转一样方便，在这种状态下，企业家如何培育骨干人才与企业生死相依的关系，显得急迫而又艰难！

归纳一下，对关键人才"给予足够的理解和信任，提供成就事业的生态以及培育命运与共、生死相依的信念"是一流企业家成功的一个秘诀。

@ 谁是企业真正的 HR

成功企业之所以成功，总是有着诸多因素，但在战略清晰之后

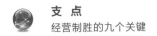

的很多行为上，尤其是对待关键人才的认知、态度和行动上的分歧会导致结果的巨大差异。找人、选人甚至抢人是一些企业掌门人的日常。

对 CEO 而言，"要做什么""让谁来做"是两个看似简单，实则烧脑的事情。苹果公司的兴盛与乔布斯人才理念变迁、亲自打造团队关系极大。乔布斯说："我花了半辈子时间，才充分意识到人才的价值。"他还说，他"把四分之一的时间用于招募人才"。据说，乔布斯一生面试过 5000 多人。其深刻的思想动因是"选人就像是在赌博，选错人就会满盘皆输"。字节跳动创始人张一鸣也曾说，他在 10 年间面试了约 2000 人。因此说，"所托非人"，事业大劫，诸事难成！

乔布斯为什么要用大量时间去做 HR 该做的事情呢？其实，包括张一鸣在内，很多一流企业的掌门人皆是实质上的首席人才官。这并非错位，而是成就优秀企业的一个诀窍。

很多企业家清楚地明白"谋人胜过谋事"的道理。研究大量企业家在选人才方面的理念、思量、谋略，可以发现一些很有价值的逻辑。当 CEO 用相当精力做 HR 的时候，不是为取代 HR，而是这是提升公司的人才战略和优化人才生态的关键一招。

"有什么样的人才做什么样的事"，虽然这句话耳熟能详，但运用起来还得费些脑筋。CEO 用什么标准选人，选人的导向决定企业成败。用人可能是战术问题，但用人不当可能导致战略失败。

在人的问题上很容易出现误区和陷阱。很多企业家可能都遇到过如下"烧脑"的问题。

（1）选合适的人还是选最好的人？调查显示，很多 CEO 选择了看似最好的人，其实效果并不理想。选合适的人，才是圭臬。

（2）选比自己强的人还是选不如自己的人？管理学中的"奥格尔维定律"给出的答案是："每个企业家都雇用比自己更强的人，企业就能发展成为巨人企业；如果你雇用的人都比你还差，那么他们就只能做出比你更差的事情。"

（3）选相对完美的老实人还是选有缺点的带刺的能人？在专业领域，CEO 最需要的是具有专业和特长的人，可惜很多高级管理者由于怕麻烦和担心难管理而放弃了他们。其实，对公司而言，有本事但有缺点的能人只要放对了位置并建立有效约束，更容易产生新思路、新产品、新业务和新模式，也更可能催生团队整体创新的能力，引领他人创新。

（4）选服从既有规则的人还是选特立独行有创见的人？前者可能循规蹈矩地执行命令，但应变力不足；后者善于顺势而为当机立断，但可能因违反预设的规矩而担责。从受众普遍喜爱李云龙的"亮剑精神"和打胜仗的结果看，答案显而易见。

（5）"因人设事"还是"因事设人"？这个来自管理实践中的问题，很多企业并没有有效地解答。实事求是地分析，企业作为生产型组织，有别于行政型机构。围绕生产效率布局岗位时，不能一味否定因人设事，很多事没有合适的人是做不成的。很多时候只有规划和设想，而没有合适的人或所托非人，最终将一事无成。有什

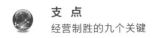
么专业人才做什么专业的事。缺什么人才，就找什么人才帮自己，才是处理问题的辩证法。

管理实践表明，当公司 HR 遇到这些"烧脑"的问题时，往往难以从全局和岗位实际对关键人才的准确需求出发做出最佳选择，这就导致用人岗位对 HR 的非议。在关键岗位遴选关键人才环节，只有 CEO 承担起 HR 角色，才可能做出最契合大局的决定。这就是 CEO 也是首席人才官的逻辑。

合伙人的撕扯与合伙范式再造

@ 合伙人撕扯：合作经营的"魔咒"

民营企业经营管理的制度设计越来越成为一个热门课题，致使"合伙人"概念越来越广泛地被企业家关注。相应的合伙模式也以不同的形式出现在不同类型的企业中，如何制定合适的合伙人计划则是值得每个企业深思的事项。

理论上，通常理解的合伙人制度是把企业的经营管理权、控制权、利益分享权紧密捆绑的制度，一般有股份合伙和事业合伙两种类型，不同企业制定的合伙人制度和所达到的效果各有不同。

早期的合伙人制度出现在咨询公司、律师事务所、会计师事务所中。因为这些机构都是依赖相应的知识来进行经营活动的，为了业绩增长、稳定团队，所以制定了合伙人制度。

合伙人按照一定的规则分为高级合伙人和普通合伙人，并按对企业的贡献大小获得相应的股份分红，若被取消合伙人资格或者辞退、辞职，则无权再享受这部分的股份分红。这样，在这类企业中成为合伙人将会是业务骨干的奋斗目标，同时获得合伙人资格的骨干人员也不会轻易违反合伙人制度或者跳槽去新的企业。

从机制上来说，合伙人制度是一种升级版考核激励机制。这种机制更多针对核心管理人员和骨干员工。基层员工所承担的任务比较明确和单一，相对容易制定量化的考核指标，如生产线工人的计件工资、销售人员的提成奖励等。对于承担较为复杂任务的骨干员工，就需要用更复杂的考核和管理工具，如 KPI（关键绩效指标）、OKR（目标与关键成果）。公司的高级管理人员以及一些关键核心岗位，其任务更有探索性、创新性、挑战性，量化指标考核难以起到激励和约束的作用，就更需要风险同担、利益共享的合伙人制度，才能充分绑定核心人员和股东的利益。

另外，合伙人制度也是人类对企业管理认知和外界挑战交替升级的结果。合伙人制度是企业初创期的组织形式之一，那时没有成熟的企业管理科学体系，管理上更多要依靠人的主动性，依靠人的智力资本，所以将经营管理权、控制权和利益分享权紧密捆绑的合伙制度成为当时的主流组织形式。

时至今日，不少企业仍在沿用初创期的合伙人制度，显而易见，"撕扯"成为这类企业的常态，以至于不少企业主喟叹：寻觅一个靠谱的合伙人简直难于登天！

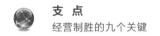

很多案例表明，创业初期的盟誓会随着企业规模、利润扩大而不断消弭，导致决策效率下降，内部矛盾频发，尤其是利益分享难以均衡，"兄弟"反目，以致企业分崩离析。究其缘由，合伙人制度不完善，责权利的划分并不十分清晰；管理半径有限，个人出资能力有限，抗风险能力有限，难以实现扩张。

@ 从"人合"走向"资合＋智合"的制度流变

随着各类管理理论的成熟和企业制度的兴起，用更加科学和量化的管理理论和方式对企业进行管理成为可能。管理中人的主观因素影响下降，制度的因素影响上升，规模扩张成为可能。在这种情况下，资本的因素占据重要位置，形成了以"资合"为主体的企业制度。

但随着科技的进一步发展，信息化革命开始，企业面临的市场形势变化加快，单纯依靠管理制度和职业经理人的大公司，难以应对市场的迅速变革并做出反应。而风险投资行业的兴起助推了创业的发展，以风险投资的资本和创业企业家的智力资本相结合，形成了"资合＋智合"的管理制度。在这样的制度下，管理者投入的资金较少，但是需要对企业的发展负责，拥有企业较大的控制权和利益分享权。资本方则主要拥有企业的财产监管权和利益分享权。这也形成了现代合伙人制度的原则架构。

分析企业管理的实践，现代合伙人制度的组织形式不断演变，每一种形式都各具优劣，迄今为止并没有哪一种形式能够成为企业制度设计的定式，对企业主而言，所有的企业制度设计都应该围绕一个理念：合适！

传统的合伙企业是合伙人共同出资、共同经营、共享收益、共担风险的。在现代，这样的合伙人组织形式一般出现在一些"纯智合"的行业中，如咨询机构、律师事务所和会计师事务所等。由于这样的组织形式受限于合伙人个人的出资能力等因素，目前即使是这些领域的企业也开始尝试其他形式的合伙人制度。

在有限合伙企业架构下，资本方作为有限合伙人（LP），以出资额为限对企业承担有限的责任，且不干预企业的日常管理；管理者则作为普通合伙人（GP），需要在出资额相对较少的情况下，对企业承担无限责任，拥有对企业的全部管理权。有限合伙制是现代合伙人制度一种典型形式，基本体现了现代合伙人制度"资合 + 智合"的主要原则。在这样的制度下，资本方要让渡一部分经营管理权和利益分享权给企业的普通合伙人，形成一种优势互补范式的权益结构。

在实践中，我们看到更多的是有限合伙制和普通公司制的一种折中，普通合伙人的权利和需要承担的责任往往有所调整，从而形成在公司制下的合伙人制度。通过股权架构的设置和公司章程、股东协议的约定，管理层合伙人在一般的有限公司或者股份有限公司的框架下，会比在有限责任公司承担更大的责任，也拥有更大的管理公司的权力。

由于这类组织形式可以由公司股东自行约定，所以理论上的模式可以有很多。比较典型的是风险投资领域的创业公司。在创业公司的架构下，通常创始团队合伙人在初期出较少的资金，但拥有公司的全部初始股份，然后投资机构以溢价进入，常常会提供公司大多数的资金，但是因为溢价增资，只占有公司的少数股份。这时，创始团队一般都拥有公司控股权，从而享有公司的控制权和更多的利益分享权，而资本方只享有与其持有的少数股权相对应的公司权利，一般会拥有和财产权利相关的共同决策权和监督权。

这种有限公司的实际管理和利益架构与有限合伙相似，创始团队合伙人类似有限合伙的普通合伙人，甚至分享利益更多，而资本方的权利则接近有限合伙制下的有限合伙人，虽然可能在监督权和财产权利上会多享有一些权利。

如果风险投资领域的创业公司上市了，那么创始团队合伙人团体将享受更多的权益和完整的控制力。但有时候，创业公司在上市前融资次数较多，使创始团队合伙人团体的股权被稀释到不足以完全控制公司，这就产生了"股份公司架构下的合伙人制度"。

在这种"资合"的股份公司形式下，创始团队要想保留他们对公司的控制权，主导公司未来发展，就需要建立一些制度，比如AB股制度，把股份分为A、B两种，创始团队持有A股，每股投票权要远大于投资人的B股，或者在章程上做一些特别约定来保护创始团队的控制权。事实上，大量美国上市公司都采用了这种机制，如谷歌、脸书等。阿里巴巴合伙人制度也是一个著名的案例，通过享有对董事会多数成员的提名权获得对企业的控制。

由于每个企业面临的现状不同，内部管理体系和文化背景也存在差别，因此在主流的合伙人制度之外，也衍生出了大量个性化的做法。比如华为的员工持股计划、小米内部的合伙人制度。这类制度都是围绕着利益分配（股权激励）和公司控制权而展开的。

现代合伙人制度和早期以"人合"为主的合伙制度和以"资合"为主的合伙制度不同，是因应现代企业"智合"的趋势而产生的，更多是一种"资合＋智合"的模式，是对德鲁克所说的知识型员工的最高级别的绑定机制。合伙人群体代表"智合"的部分，更多地以知识能力来赢得公司的经营管理权和利益分享权。随着科技进步带来的市场变化节奏加快，企业面临越来越复杂的局势，更需要合伙人群体的管理经验、责任担当和业绩表现。因此，现代合伙人制度已经越来越多地体现在现代企业的组织架构中。

@ 谁是企业真正的合伙人

合伙人之间为何总是会发生撕扯？伴随着商业变革的加剧，矛盾冲突的根源也越来越复杂。

对合伙人的定义将直接影响管理的效果。实际上，合伙人有广义与狭义两种。有人出资金、有人出技术或其他价值资源，构成合伙人制的公司，这些人就是狭义合伙人；实践中，出资的股东只享受资本收益，不负责产生增值价值，并非出资人或合伙人的企业

其他关键人才在企业发展中却发挥着重要作用，他们就是广义合伙人。但在现实中，广义合伙人的合理收益并没有得到有效的制度设计保障。这个问题十分突出。

现代社会在经济生活形态方面发生了质的改变，特征是经济活动的核心价值创造，由原先少部分人参与，演进为绝大多数人参与。复杂的科技活动需要依赖掌握复合技能的人才来推动。因此从这个意义上也可以说：人才是第一生产力！

关键人才是企业成功的命脉所系！与其说企业家在经营企业，不如说企业家在经略关键人才。

研究众多企业管理实践，所谓关键人才是指那些具有不可替代性和互补性的六种人：

第一种，能够引领企业发展方向的人；

第二种，能够发现企业问题并寻找解决方案的人；

第三种，能够执着于研发、完善核心产品，具有核心竞争力的人；

第四种，能够广泛连接用户、价值人脉并放低身段服务社会的人；

第五种，能够带领团队冲锋陷阵"炸碉堡"的人；

第六种，能够心怀使命、信仰，与企业甘苦与共、不离不弃、生死相依的人。

我认为，以上这六种人本质上就是公司的合伙人。

商学院把持有企业股权的人称为"合伙人"，这一狭隘的定义限制了很多人的思维和视野，是对"企业"这种组织的本质的认知停留在狭义阶段、缺乏深刻体察的外在表现。这种认知起码忽略了"企业"这种商业组织构成的多元性，因为，绝大多数企业并不是股份制企业；而在多数股份公司里，绝大多数人并不持有公司股份；还有，很多股份公司的持股人是不参与公司经营的，这类人除了提供资金外，基本无法对公司制胜发挥作用。如果把狭义的法律意义上的合伙人、持股人视为公司的合伙人，会导致一个致命的问题：对公司发展很有价值的群体会失去对公司的热爱，进而导致忠诚度下降。

公司高管团队作为广义的合伙人，多数情况下是在一些很复杂的因素影响下组建而成的。除了家族式的民营企业外，绝大多数公司的掌门人面临的最艰巨的考验来自如何团结班子、形成共识、高效决策，进而通过班子成员凝聚其他各层级、各类型的关键人才，共同攻坚克难，向着能打胜仗的目标迈进。

在合伙人精神的问题上，很多成功企业的经验是相通的。比如说，华为创始人任正非的个人持股比例并不高。他把更多的利益分给了企业关键人才，这就使很多关键人才成为广义上的合伙人而获得丰厚回报。沃尔玛创始人山姆·沃尔顿在谈论成功经验时，特别提到一条值得重视的规则：视同事为合伙人，与他们共同分享利润。正是这种理念和实践，造就了伟大企业相对稳固的关键人才基石。

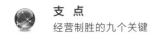

腾笼换鸟：企业人力资源的竞合效应

@ 活力曲线与竞合效应

竞合（Co-opetition）是基于合作与竞争结合的经营战略，由商业竞争者合作能够带来收益的思想衍生而来。合作竞争以实现合作或竞争双方共同利益为目标，有别于传统的零和博弈或负和博弈。在人力资源管理上，员工间也同时存在竞争与合作；员工的个性、能力、价值观等，能否与企业的产品、服务、技术等相契合，决定了他的核心竞争力。从企业家角度看，激励绩优员工、周期性"摔饭碗"，让淘汰成为一种机制，持续进行"腾笼换鸟"，有利于打造始终充满活力的环境，从而形成持久的人才竞争优势。

2008年《中共广东省委、广东省人民政府关于推进产业转移和劳动力转移的决定》（也叫"双转移战略"）正式出台，即珠三角劳动密集型产业向东西两翼、粤北山区转移；而东西两翼、粤北山区的劳动力，一方面向当地第二、第三产业转移，另一方面其中的一些具有较高技能和素质的适用型劳动力向发达的珠三角地区转移。源自区域经济发展的这一理念，在现代企业管理中同样适用。企业发展是动态的，相应地，人力资源配置也该是动态的。"流水不腐，户枢不蠹"，只有让人才因时而动、因势而移，保持高度的人岗匹配率，才能保持创新创业活力。

"腾笼换鸟"理念与管理大师杰克·韦尔奇的活力曲线理论不

谋而合，杰克·韦尔奇的活力曲线理论把员工分成三组：前 20%
的 A 组，"充满激情，致力于让事情发生"；中间 70% 的 B 组，"对
公司至关重要，并鼓励他们加入 A 组"；底部 10% 的 C 组，"表现
不佳的人通常都得走人"。这体现了企业发展与人力资源间的结构
性偏差。对于不符合发展需求的 10% 人员，要周期性"摔饭碗"，
确立周期性淘汰机制，企业主体的凝聚力和活力才能有效提高。

　　绝大多数成功企业都是实践人力资源"腾笼换鸟"策略的典
范。杰克·韦尔奇被业界广泛誉为"当代最成功、最伟大的企业家
之一"，他在掌舵通用电气期间大刀阔斧地进行改革，活力曲线理
论得到了有效验证。他竭力尊重有能力的人，而让没有能力的人离
开；小心关照公司的最佳人员，给他们回报、提携、奖金和权力，
而不花太大的精力试图改变不符合公司文化和要求的人，直接解雇
他们，然后重新寻找；换人不含糊，用人不皱眉，剔除没有激情的
人。在他的领导下，通用电气这家老牌工业巨头企业很快将业务扩
展到金融及咨询服务领域，市值从 120 亿美元增至 4000 亿美元以
上，成为那个时期全球市值最高的公司之一，也从全美上市公司赢
利能力排名的第十位进化成全球第一梯队的超级巨头。

　　华为也是一家以大魄力"腾笼换鸟"的企业。任正非对公司发
展常怀忧虑，把活下去作为华为的最低纲领，也是最高纲领，要求
"把寒气传递给每一个人"。这种危机意识从管理层贯穿到基层员
工，塑造了拼命向前奔跑的精神气质。

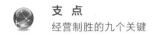
@ 如何让淘汰成为一种企业治理机制

淘汰机制在很多国内外企业中广泛应用。需要注意的是，成功实施淘汰机制的企业关注点不在淘汰这个动作，而是整套人力资源管理制度和体系是否相互支撑。淘汰本身不是目的，而是要通过建立淘汰机制，充分提高人力资源使用效率，充分激发员工的自驱力和潜力，为企业获得竞争力。如果为了淘汰而淘汰，效果可能适得其反。

要建立行之有效的淘汰机制，首先要有相匹配的文化。文化是制度的内核，如果企业价值观中没有竞争的意识，没有奋斗的自觉性，没有融入血液的危机感，制定淘汰机制必然水土不服。当企业建立起良性的竞争文化，并通过会议、培训等种种方式不断宣传贯彻后，员工就会对可能产生的淘汰结果提前做好心理建设。

其次，要有科学的评价体系。末位淘汰机制是指企业为满足竞争需要，通过科学的评价手段对员工进行合理排序，以一定比例对排名靠后者予以调岗、降职、降薪或辞退处理。末位淘汰首先要产生"末位"，这要视排序标准而定，与排序工具的信度和效度密切相关。一套科学、客观、公正的标准与工具至关重要，制度的严肃性和灵活性都蕴含其中。正所谓"巧妇难为无米之炊"，有些员工业绩不好，很可能不是个人的问题。进行绩效考核时，要考虑外部环境的变化、企业资源的支持等情况，如新员工应有保护期、新业务要有孵化培育期，避免"被末位淘汰"。

再次，要有对应的优秀激励制度。既要责罚慵懒也要奖掖勤能，对排序后 10% 的员工采取必要的管理措施，同时做好最好的 20% 员工的正向激励。必须对最好的 20% 员工给予精神和物质上的爱惜、培养和奖赏，因为他们是创造大多数业绩的人。这不仅是对他们表现的肯定，也是对其他员工做出的示范，引导更多人努力向优秀者靠近。

最后，要体现人文关怀。员工在绩效考核中被末位淘汰，只能说明不适应现有岗位，要先为其提供培训或调岗。如果仍然不能胜任，那么可以提前一个月进行书面通知，并给予其补偿金。通过设置缓冲期、进行内部调岗或轮换、提供返聘机会等，善待拟调整或辞退的员工，不仅是一家企业人文关怀和法律意识的体现，而且可有效减少末位淘汰机制的实施阻力。而当员工符合禁止解除劳动合同的法定情形时，企业也不得以末位淘汰机制为由与其解除劳动合同。

@ 企业管理要警惕"三失"

无论哪种类型的企业，其高管团队都具有核心价值，是企业领导力构成的基石。一些超一流企业，集中体现企业领袖的独特价值，而更多中小企业的治理是依靠高管团队。

在现实经济环境下，无论是出资人还是董事会、高管团队，往往讲激励多于讲约束和制衡。这可能是一些企业既难以防范"黑天

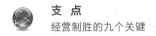
鹅"也难以防范"灰犀牛"事件发生的一个重要原因。究其背后的深层次原因，不外乎三种情况：决策失去制衡、管理失去秩序和高管失去和睦。

决策失去制衡往往会成为企业的灾难。一家房地产企业使用杠杆率超 300% 的融资工具来融资，这种任性甚至疯狂的行为之所以能够在当下经济领域发生，至少说明两个方面出现了严峻的问题。一方面是房地产企业制衡机制缺失，过度使用高杠杆融资工具，这是一种饮鸩止渴的行为。在决策制度设计上，无法超越少数企业威权人士的独断，抑或少数利益相关者是始作俑者，发生利益群体对决策的裹挟，最终结果是高杠杆率导致企业爆雷。另一方面则是银行业的失责、失序以及制衡机制失效。这种骇人的现象令人触目惊心。

管理失去秩序导致"内卷综合征"。管理失去秩序表现为企业不同环节不断出现个体行为被架空，个人利益凌驾于企业利益之上，对各种妨害企业利益的行为视而不见、听之任之，这些行为得不到及时制止、纠正和惩戒，便可能造成一种企业治理制度虚化、软化的局面，最终导致企业共同价值观的坍塌，失去凝聚力、竞争力。管理失去秩序还体现为公司治理出现漏洞，一些见利忘义、损公肥私、贪污受贿、挥霍浪费的行为乘虚而入，这也有可能酿成企业失控的灾难性后果。从管理学视角来看，管理失去秩序也往往是高管团队失责的必然结果。

高管团队失去和睦往往带来企业内部的文化分裂。失去和睦在企业管理实践中表现为管理层不睦、相互指责、相互拆台，直接后果是企业丧失了统一意志，拉帮结伙，以人划线，直接削弱企业能级。一家信息技术公司的五名创始合伙人在七年前"歃血盟誓""桃园结义"创立公司，他们表现出了新生代企业主少有的吃苦耐劳和团结，在公司打地铺长达几个月毫无怨言。一款软件产品爆红后，公司业绩迅速蹿升。但好景不长，该公司最终没能熬过"七年之痒"，五名创始合伙人因股权分置、利益分配、人员配置方面意见不一而撕扯两年之久，亏损飙升，最后各自分担数十万元债务后分道扬镳。

实际上，在企业管理实践中很少有企业的高管团队是没有冲突的，尽管撕扯是一种常态，也是一种符合逻辑的存在，但问题是高管团队必须控制个体行为，谨防失去和睦导致企业失去有效控制。

这些现象具有普遍性，因而引发了很多企业主的思考：如何建构对高管团队决策的约束、制衡机制？

撕扯、失去和睦最核心的症结是信任缺失。建立高管团队信任的核心是构建企业价值观认知共同体，最根本的方法是通过认知层级的提升，实现"三观和谐"，而这至少需要有同向的价值观，并且杜绝一些扭曲的想法和个体利益的植入。

为了实现淬炼企业高管团队价值认知这个目标，一家上市公司与高管团队"约法五章"，以示公司关键人群的共同追求：一是胸怀公司发展大局，有理想、有抱负，尽职尽心尽责，敢于担当，善于创新，勇于开拓新局面。二是坚持民主集中制，明确角色定位，在决策过程中勇于发表见解；敢于自我批评，善于开展批评；严于

律己，宽以待人。三是注重政治素养培育，讲政治，守纪律，讲规矩，讲正气，讲奉献；淡泊名利，廉洁从政，遵纪守法，克己奉公，风清气正。四是重视新知识、新技能、新方法的学习和应用，精于业务，精通专业管理和团队管理。五是讲求工作艺术，为人正派，处事公正，勤于沟通，善于团结，高度和谐；不争功，不诿过；重协同，勤提醒，善补台。

"约法五章"尽管只有不到250字，但来源于管理实践，内涵丰富，落地生根，对公司治理中的失和、失序、失责、失控现象具有一定的约束力和抑制力。

企业激励的误区与范式创新

@ 企业激励的不等式

当下，企业家越来越形成一种共识，即企业之间的高阶竞争已然演化为人才的竞争和争夺，经营企业实际上是在经营人才。而经营人才最关键、最具挑战性的问题就是如何激励人才，如何引导他们与企业相向而行、携手同行。

在一些先行成功者的示范带动下，越来越多的企业管理者想方设法在激励方面进行创新改革，员工持股、股票期权、虚拟股权等经济激励形式不断涌现、扩展、迭代，曾经的前沿做法已经逐渐主流化，加大经济激励力度似乎成为企业发展制胜的"金钥匙"。

但是，无论是现在还是将来，清醒的管理者都会发现，并不是所有企业都能因为加大经济激励力度而取得成功，也有部分企业因激励不精准而无法产生预期效果，有时甚至产生负面效果。关于这个问题我们可以从下面三个不等式中找到答案。

1. 激励 ≠ 员工积极性

一些管理者认为，经济激励一定能够调动员工的积极性，两者之间是一种线性正相关的关系。实际情况是，经济激励并不意味着一定会产生员工积极性，两者之间的关系呈现出多样的正相关性。其中，至少有三个维度发挥着影响作用。

第一个维度是需求匹配。马斯洛需求理论提出了人类需求的五级"金字塔"模型，由底部向上依次为生理需求、安全需求、社交需求、尊重需求和自我实现需求。企业员工的需求和激励偏好不尽相同，不少人并非单纯需要经济激励，他们也具有很强的自我发展及认同需求。如果企业没有准确地认识和把握这一点，激励措施与员工需求错配，则会使激励效果大打折扣。

第二个维度是实现标准。激励与考核是一体两面、辩证共存的，不存在没有激励的考核，也不存在没有考核的激励。问题是，考核指标和指标值的设定会影响最终的激励效果。标准太高，容易导致大量员工难以获得激励，反而会挫伤他们的积极性；但是标准太低，又容易导致人为制造绩效"天花板"，不利于最大化挖掘员工潜力。理想的标准当然是"让员工跳起来够得着"，但是怎么跳、

跳多高等问题，都对管理的智慧和水平提出了挑战。

第三个维度是兑现程度。员工完成考核指标后，如果企业在激励兑现方面打折扣甚至不兑现，将极大地影响员工的信任度和积极性，从而产生"反噬效应"。从全局和长远来看，企业也将因"契约精神"的缺失，在人力资源市场上产生难以弥补的负面影响，对后续引进人才造成障碍。

2. 激励≠团队合力

"内卷"是当前的一个热词，其含义简单理解就是相互竞争以获取有限资源，以及产生低效量变。

在一定的情况下，企业可用于激励的"盘子"总是有限的，激励对象也需要符合特定条件，因此激励总是会流向"绩效高地"。这本是企业管理者希望实现的。但是如果缺乏平衡的智慧和技巧，也很可能导致企业内部不同人、不同团队、不同部门彼此竞争、争夺资源、零和博弈，从而导致企业陷入"内卷化陷阱"，无法实现部门合力最大化。

这样的平衡也体现在兼顾效率和公平方面，往往需要结合当前发展阶段和主要矛盾做动态调整。如果一味地追求激励的效率，短期内会对高绩效部门带来强刺激，但因未能充分体现协同部门、后台支撑部门的贡献，可能产生内部不公平，形成内部矛盾，必然降低整体效率，从而导致团队作用失灵。

另外，一些企业重视单位一级考核激励，忽视对部门层面的二级考核指导，也会产生激励不平衡问题。如果团队内部不能细化考核激励，没有进一步精准激励到个人，很容易造成部门管理的随意性或部分成员"搭便车"的现象，这对做出更多努力、更大贡献的成员显然是一种不公平，也会影响团队合力。

3. 激励 ≠ 股东收益

由于企业所有权和经营权分离而产生的代理等问题，同样也会投射到激励方面。因各方目标诉求存在差异，加之存在信息不对称、偏好不一致、契约不完备等原因，企业实施的激励较难实现股东与经理层、员工等利益完全一致，甚至会因为差异较大而出现明显的利益冲突。

有的上市公司在实施股权激励时，受到不少中小股东反对，被质疑存在授予价格过低、考核指标"注水"等问题，甚至引起监管部门关注。

另外，经济激励还存在边际效用递减规律。当激励达到一定水平后，企业的一些经理层、员工对激励的敏感度会降低，反而更多考虑维持利益、规避自身风险等问题，企业再通过加大激励力度来提升业绩的成本就会越来越高。

@ 股权激励的误区

股权激励作为一种相对新型的激励方式，是长时间热度不降的

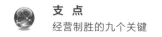

焦点话题，越来越多的企业特别是股权多元化的国有企业，希望在这方面进行探索。

股权激励的实质，就是把企业的部分股权分给管理层、核心骨干或其他发挥重要作用的员工，允许激励对象分享企业盈余，实现股东利益与员工利益绑定，从而发挥促进作用，助力提升企业的长期价值。

我们今天所熟知的苹果、谷歌、阿里巴巴、腾讯等不少科技创新企业，事实上都采用了这种激励制度。通过授予股权，吸引并留住顶尖人才，进而为企业快速发展提供可靠保障。

但我注意到，对于股权激励这种普遍化、常态化的激励手段，还有一些人的认识存在误区。

其一，笃定股权激励是"万灵药"。股权激励并不是普适的，它是"挑"企业的。什么样的企业适合开展股权激励？一定是那些市场充分竞争、处于行业前沿、具备较好成长性的企业。

以市场充分竞争这个必要性为例，如果是一家垄断性企业实施股权激励，那么激励对象似乎就是在"躺赢"，激励就背离了初衷。如果是一家没有成长潜力的企业实施股权激励，大概率也不会有多少员工积极响应。更为重要的是，股权激励只是一种中长期激励方式，能否真正发挥作用还需要配套的治理机制、管理模式及其他短期激励形式。

其二，用股权激励为引进人才"画饼"。很多处于初创阶段和成长阶段的企业，因为现金不够充裕等原因，为引进、留住关键人才，往往采用股权激励的形式。但是，人才对激励的需求是立体的、全周期的。股权激励作为一种中长期激励方式，与当期薪酬激励是互补关系，并不能彻底解决短期激励不足的问题。并且，如果股权价值无法体现，或看不到未来退出机会，这样的股权激励就容易引起"画饼"质疑。

从员工视角看，股权激励也不是"天上掉下的馅儿饼"，而是"金手铐"。因为它有一个非常重要，但是常常得不到足够重视的条件，就是行权条件。员工行权、解锁是必须以企业效益增长为前提的，甚至还有业绩对赌协议。再加上股权价值还会受到行业发展、资本市场变化等因素的影响，员工即使以较优惠的价格获得公司股票，也可能出现亏损。

其三，把股权激励当成员工福利。员工福利强调公平性、普惠性，股权激励与员工福利截然不同，前者的性质决定覆盖范围有限，激励对象一般是在经营管理中发挥重要作用的人员，包括中高级管理人员、重要项目负责人、骨干员工和特殊人才等。从时间线来看，员工福利一般是当期给予的，属于短期性"奖励"，而股权激励一般会设置锁定期，以保证较长时间的激励效果。

企业若为缓解现金流不足，把股权激励当作员工福利手段来用，会使股权激励变为股权奖励，实际效果严重"缩水"。对国有企业而言，现有政策精神也明确要求股权激励非全员化、非普惠化。

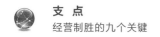

@ 激励模式的创新思维

随着互联网时代知识经济的崛起，知识的价值越来越凸显，承载着知识与资本的天平正在逐渐倾斜，原先企业股东获得绝大多数剩余利润的情形遭遇挑战，需要针对激励的相关问题，对企业分配机制进行重新设计。

从企业激励的实践发展看，优化中长期激励成为重要方面。股权激励是中长期激励的主要路径之一。事业合伙人与跟投机制作为股权激励的升级版和扩大版，具有更强的针对性和灵活性。

什么是事业合伙人？日常工作中接触到的会计师事务所、律师事务所等采用的都是合伙人机制，这是法律意义上的合伙人。激励机制意义上的事业合伙人，是企业适应新经济时代的发展，为了激发人力资本创造力而设计的一种类合伙人机制。它激励管理层和核心员工等合伙人转换角色，从之前的为企业打工变成为自己打工。

企业在内部或部分板块探索推行事业合伙人制度，必须满足三个条件，即知识个体性、股权分散性、业务封装性。腾讯、阿里巴巴、华为、万科等企业都采用了不同层次的事业合伙人机制。

事业合伙人机制比较精髓的特征是，企业管理者作为合伙人部分取代股东，成为企业的劣后受益人，与股东共创事业、共享收益、共担风险。这样，管理层自然就有更强的动力去创造卓越收益，从而解决创造超额利润和分配超额利润两者的不平衡问题，进而解决所有权和经营权分离的问题。

跟投机制在风险投资领域比较常见，在房地产行业项目中也比较普遍，在国企经营激励方面尚处于探索阶段。跟投机制主要针对新业务、新产品、新项目的管理团队，鼓励项目团队与企业共同出资、共享收益、共担风险，有利于创造更高收益。这既是一种激励工具，也是一种风险控制措施。

万科作为房地产行业龙头企业，2014 年推出了合伙人持股计划、项目跟投机制，除部分特殊项目外，所有的新获取项目都必须配套跟投计划，且跟投情况是公司最终决定是否投资的首要考虑因素之一。安防行业上市公司海康威视 2015 年就发布了《核心员工跟投创新业务管理办法》，目前员工参与跟投的项目覆盖萤石网络、海康机器人等多个创新业务板块。

正是因为跟投机制可以针对单一创新项目、业务，所以其激励对象和措施更为精准，实现了利益和风险的高度绑定。

另外，国家为鼓励科技成果转化，出台了一系列政策规定，但各地科技成果转化落地难问题仍然普遍存在。原因之一是，只有在科技成果转化后期且转化效果明显时，这些规定才能真正得到应用。国内外科技企业都在积极探索专利技术在研发早期与资本的对接。

美国通用电气公司将多种专利技术特许给专利基金公司，分别对每种专利技术进行投资，不断孕育新专利技术，最终实现可持续收益。航天科技集团在借鉴国际经验基础上，2016 年通过所属投资公司设立专利基金，建立以市场为导向的科研投入机制，更早地

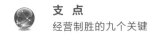

介入企业科研项目，将资本引入研发阶段，由投资股权更多地转变为投资要素，将专利技术作为投资标的，推动专利技术的产业化。

这种专利基金提早介入科研项目的方式，有效助推科研机构的市场化、产业化，不但有利于解决技术成果转化前期所需资金，还有助于理顺科技成果归属和利益分享机制，从而更早地对科研人员建立激励机制，激发科研人员的创新积极性和科研成果的转化动力。

2022 年 10 月终稿